TINA GROLL UND CEM KARAKAYA

DIE CYBER-PROFIS

LASSEN SIE IHRE IDENTITÄT NICHT UNBEAUFSICHTIGT

Zwei Experten
für Internetkriminalität decken auf

ARISTON

Sollte diese Publikation Links auf Webseiten Dritter enthalten, so übernehmen wir für deren Inhalte keine Haftung, da wir uns diese nicht zu eigen machen, sondern lediglich auf deren Stand zum Zeitpunkt der Erstveröffentlichung verweisen.

Die in diesem Buch geschilderten Fälle basieren auf wahren Begebenheiten, wurden aber abgewandelt und anonymisiert. Aus persönlichkeitsrechtlichen Gründen wurden Namen, Adressen, Orte, Aussehen und Beruf verfremdet.

Bibliografische Information der Deutschen Bibliothek

Die Deutsche Bibliothek verzeichnet diese Publikation in der Deutschen Nationalbibliografie; detaillierte bibliografische Daten sind im Internet unter www.dnb.de abrufbar.

Verlagsgruppe Random House FSC® N001967

2. Auflage
© 2018 Ariston Verlag in der Verlagsgruppe Random House GmbH,
Neumarkter Straße 28, 81673 München
Alle Rechte vorbehalten
Redaktion: Dr. Evelyn Boos-Körner
Umschlaggestaltung: Hauptmann & Kompanie Werbeagentur, Zürich
unter Verwendung eines Fotos von Kay Blaschke
Satz: Satzwerk Huber, Germering
Druck und Bindung: CPI books GmbH, Leck
Printed in Germany

ISBN: 978-3-424-20183-3

Für unsere Töchter, für eine bessere Zukunft

Inhalt

1. Eine Begegnung mit Folgen 11
   Das Opfer 11
   Der Präventionsexperte 15
   Warum wir dieses Buch schreiben und an wen es sich
   richtet 18

2. Meine Identität gehört mir! (von Tina Groll) 25
   Wie man die Identität eines anderen stiehlt 30
   Identitätsdiebstahl, Identitätsmissbrauch und die Sache
   mit der Statistik 32
   Ein Blick auf Täter und Taten 35
   Cem Karakaya erzählt aus dem Polizeialltag: Gesucht
   und (nicht) gefunden 38
   Cem Karakaya erzählt aus dem Polizeialltag: Stalking
   durch den Ex 44
   Die Schuldfrage in Zeiten von Big Data 48
   Die Täter werden selten erwischt 56
   Cem Karakaya erzählt aus dem Polizeialltag:
   Cybermobbing an Schulen 59

3. Fake-Chefs, Fake-News, Fake-Pässe: Identitäts-
   missbrauch in Wirtschaft, Politik und für Terror ... 63
   Cem Karakaya erzählt aus dem Polizeialltag: Gefakte
   Chefs 65

Entfesselte Skandale: Wenn ein Shitstorm die Reputation
zerstört 79
Propaganda-Bots und Wählermanipulationen 81
Von Kettenbriefen und Hoaxes 92
Cem Karakaya erzählt aus dem Polizeialltag:
Cybermachenschaften von Terroristen 97

**4. Daten und Taten:
 Wozu sich Daten missbrauchen lassen** 106

Wie Big Data uns ein zweites Ich verschafft 106
Datensammelwut frei Haus: Woher die Daten kommen 110
Abschied von der Anonymität 114
Was unsere Haushaltsgeräte über uns verraten 116
Cem Karakaya erzählt aus dem Polizeialltag:
Die Taschenlampe, der Spion 118
Was wir zu verbergen haben 121

**5. Kleinkriminelle Gauner, hochkriminelle Hacker und
 hackende Geheimagenten: Die Täter im Fokus** 124

Die Maschen der Täter 129
Cem Karakaya erzählt aus dem Polizeialltag:
Wie die Attacken funktionieren 131
Cem Karakaya und das Wiedersehen mit Julia 141
Cem Karakaya erzählt aus dem Polizeialltag: Ausgetrickst
im Kaffeeladen 144
Cem Karakaya erzählt aus dem Polizeialltag: Ich will
befördert werden! 148
Neuland Internetkriminalität? Wie die Polizei arbeitet 153
Cem Karakaya erzählt aus dem Polizeialltag: Stell dir vor,
die Polizei glaubt dir nicht 155
Tatort Darknet 157

6. Wie aus digitaler Beute echtes Geld wird **168**

Abenteuer Internetliebe 173
Bitcoins und Onlinecasinos 185

7. Die Folgen für die Opfer und wie man sich schützen kann **192**

Noch Jahre später falsche Daten (von Tina Groll) 201
Tipps zum Schutz: Wie kann man sich gegen Cybercrime absichern? 207
Exkurs: Präventionstipps für Kinder und Jugendliche 214
Cem Karakaya erzählt aus der Präventionsarbeit:
Wie man Kinder anspricht 215
Frühe Sensibilisierung 216
Vorsicht vor Challenges 217
Zur Medienkompetenz gehört auch Rechtsverständnis 218
Vertrauen ist der Schlüssel 219
Ein Test für die Medienkompetenz 220
Regeln für die Mediennutzung 221
Handy erst ab 16 Jahren 223

8. Verräterische Daten:
   In welcher Welt wollen wir leben? **226**

Überblick über Verschlüsselungstechniken 235

Quellenangaben **240**

Kapitel 1
Eine Begegnung mit Folgen

Das Opfer

Ich habe Angst, den Briefkasten zu öffnen.
Seit vielen Jahren.
Wenn ich nach Hause komme, gehe ich sofort zum Briefkasten. Wenn ich länger in den Urlaub fahre, werde ich schon Tage vor der Heimreise nervös beim Gedanken, den Briefkasten nach der Rückkehr öffnen zu müssen. Ist es dann so weit, pocht mein Herz laut, meine Hände schwitzen. Ich hoffe, dass ich im Briefkasten nichts Schlimmes finden werde. Und damit meine ich Schreiben, die ich »böse Post« nenne. Nein, ich bin nicht verrückt. Ich leide auch nicht unter einer seltenen Phobie.
Ich wurde im Jahr 2009 Opfer eines Identitätsdiebstahls.[1] Monatelang flatterten mir beinahe täglich Mahnungen und Drohschreiben von Inkassounternehmen ins Haus. Und obwohl der Datenmissbrauch schon so viele Jahre zurückliegt, bestimmen bis zum heutigen Tag falsche Daten mein Leben immer wieder fremd.
»Weil Sie auf die vorbenannten Forderungen noch immer nicht reagiert haben, leiten wir jetzt das Mahnverfahren ein«, stand beispielsweise in den Schreiben. Schulden sollte ich gemacht und Waren bezogen haben von Unternehmen, deren Namen ich noch nie gehört hatte. Die Sachen wurden an Adressen geliefert, die nie die meinen waren. Dort sollte es sogar Menschen gegeben haben, die – so stand es in einem Schreiben einer Inkas-

sofirma – »zweifellos bezeugen können, dass Sie, Tina Groll, dort gewohnt haben.«

Sogar Haftbefehle lagen gegen mich vor. Monatelang suchte die Polizei in anderen Städten nach mir, es gab Einträge ins Schuldnerverzeichnis, ich wurde sogar in Abwesenheit verurteilt. Alles das passierte, während ich nichts ahnend mein normales Leben als Journalistin in Berlin lebte.

Ich arbeite als Redakteurin in der Onlineredaktion einer großen deutschen Wochenzeitung. Durch meinen Beruf konnte ich für Berichterstattung über meinen eigenen Fall und das Phänomen an sich sorgen, dadurch schenkten mir die Inkassounternehmen schneller Glauben. Doch die allermeisten Opfer von Identitätsdiebstahl und Internetkriminalität können das nicht. Seit 2010 betreibe ich unter der Domain identitaetsdiebstahl.info eine Informationswebsite für Betroffene, die den Opfern die wichtigsten Antworten auf ihre meist drängenden Fragen geben soll. Mit Sorge stelle ich fest: Die Zahl der Betroffenen, die sich bei mir melden, steigt ständig. Waren es in den ersten Jahren eine Handvoll Menschen im Monat, schaffe ich es heute kaum noch, den vielen Anfragen nachzukommen. Und alle Opfer sehen sich wie ich damals einer Situation des Kontrollverlusts ausgesetzt, die aus der Feder von Franz Kafka stammen könnte. Unschuldig bedroht, völlig verunsichert, was gerade geschieht, und absolut im Unklaren darüber, welche falschen Daten im Umlauf sind und welches Ausmaß der Schaden hat.

Aber auch wenn so gut wie jedes Opfer den Eindruck hat, völlig allein zu sein: Identitätsdiebstahl und Identitätsmissbrauch sind zu einem Massenphänomenen geworden. Studien zufolge soll schon jeder dritte bis fünfte Deutsche Opfer geworden sein.[2] Tendenz steigend.

Ob das wirklich stimmt, lässt sich nicht ohne Weiteres feststellen. Denn es fehlen verlässliche Statistiken. Niemand weiß, wie viele Identitäten in Deutschland, in der EU oder weltweit schon gestohlen worden sind. Geschweige denn, was Kriminelle mit den gestohlenen Daten anfangen. In der Regel nutzen sie den Namen, das Geburtsdatum und andere personenbezogene Daten eines Fremden, um damit Straftaten zu begehen. Warenkreditbetrug wie in meinem Fall ist dabei noch eher harmlos.

Viele glauben, die falschen Forderungen seien der eigentliche Albtraum – aber das stimmt nicht. Der wahre Schaden entsteht dadurch, dass die falschen Daten mit den realen Daten des Opfers über Auskunfteien, datenverarbeitende Unternehmen, Behörden oder Institutionen zusammengebracht und weiterverteilt werden – schlimmstenfalls weltweit. Einmal im Umlauf, können falsche Daten eine fast toxische Wirkung entfalten und dazu führen, dass man in ständiger Angst lebt. Plötzlich gilt man als Schuldner, Krimineller oder Terrorist: Und selbst wenn man es erreicht, dass falsche Daten gelöscht werden, heißt das nicht, dass sie auch überall dort bereinigt werden, wohin sie weitergeleitet und weiterverarbeitet oder wiederum von dort gestohlen wurden. Im schlimmsten Fall muss man sich ein Leben lang gegen falsche Vorwürfe wehren. Da wird jede Ein- oder Ausreise in oder aus einem Land wegen der Furcht, unschuldig im Gefängnis zu landen, zur Nervensache.

Mich hat der Identitätsdiebstahl ein Jahr meines Lebens und rund 800 Arbeitsstunden gekostet. Allerdings nicht die Überzeugung, dass das Netz eigentlich etwas Gutes ist. Ich bin mit Computern groß geworden, das Netz war immer ein selbstverständlicher Teil meines Lebens und notwendiges Rüstzeug für meinen Beruf. Heute betrachte ich die Erfahrung, Opfer von Internetkriminalität geworden zu sein, als etwas, das leider zu den normalen Lebensrisiken in der digitalen Welt gehört.

Das war allerdings nicht immer so.

In den ersten Jahren nach dem Datendiebstahl wollte ich die Tat nur noch vergessen und auch nicht mehr damit in Verbindung gebracht werden. Warum? Weil ich immerzu gefragt wurde, wie denn so etwas passieren konnte. Weil ich es satt hatte, dass Menschen staunend und gruselnd an meinen Lippen hingen, wenn ich von den Haftbefehlen erzählte und dem Kampf, die Behörden davon zu überzeugen, dass nicht ich die Kriminelle war, sondern dass schlicht Fremde unter meinem Namen Straftaten begangen hatten.

Und was mich am allermeisten ärgerte, war die ständige Annahme, ich sei nicht sorgfältig mit meinen Daten umgegangen. Mich machte diese Unterstellung zornig. Ich wollte nicht mehr das vermeintlich naive Opfer sein, das möglicherweise fahrlässig den Datenmissbrauch in Kauf genommen hatte. Ich wollte nicht mehr jeden davon überzeugen, dass es auch ihn hätte treffen können. Denn im Zeitalter der Digitalisierung, in Zeiten, in denen immer wieder neue Sicherheitslücken in Software und Hardware bekannt werden, ist es für Normalnutzer unmöglich geworden, verantwortlich mit seinen Daten umzugehen. Niemand weiß, wer welche Daten gespeichert hat. Angesichts von Prozessorlücken wie im Fall von Intel,[3] die erst Jahrzehnte später publik werden, kann niemand davon ausgehen, dass seine Geräte wirklich absolute Sicherheit bieten und Daten nicht einfach ausspioniert werden. Opfer von Cyberkriminalität sind in der Regel nicht nachlässiger mit Daten umgegangen als alle anderen auch. Sie sind auch nicht selbst schuld an dem, was ihnen widerfahren ist.

Es kann sogar Menschen treffen, die gar nicht Mitglied in einem sozialen Netzwerk sind, die nicht im Netz einkaufen und auch kein Onlinebanking nutzen. Und schon manch ein Kryptoexperte und Datenschutzspezialist ist bereits Opfer geworden. Wie das möglich ist, das werden wir in diesem Buch zeigen.

Der Präventionsexperte

Cem Karakaya kennt die Tricks der Täter. Er weiß, wie sie vorgehen, wie sie ticken. Er hat sie viele Jahre lang gejagt. Früher arbeitete er als Polizeibeamter im Auftrag der türkischen Interpol, heute kümmert er sich als Präventionsexperte bei der Münchner Polizei darum, dass weniger Menschen Opfer werden und es die Kriminellen im Netz etwas schwerer haben. Cem Karakaya hält Vorträge über die Gefahren im Netz. Seine Zielgruppe sind vor allem ganz gewöhnliche Internetnutzer. Außerdem berät er regelmäßig Bürger in der Telefonsprechstunde der Polizei München für Internetkriminalität. Ein besonderer Schwerpunkt seiner Arbeit liegt dabei auf Präventionsvorträgen an Schulen und in Bildungseinrichtungen. Denn gerade Kinder und Jugendliche sind sich der Gefahren häufig noch nicht bewusst.

In Cem Karakaya steckt aber nicht nur ein Polizist, sondern auch ein Technikfreak und Internetnutzer der ersten Stunde, der bis heute an die Idee eines freien Internets für alle Menschen glaubt und möchte, dass das Netz ebenso wie die reale Welt ein sicherer Ort ist, in dem sich alle Nutzer frei und gefahrlos bewegen können.

Leider ist der Polizeialltag im Bereich Internetkriminalität ein ständiges Katz-und-Maus-Spiel. Oft fühlen sich die Ermittler so, als verfolgten sie mit einem Dreirad Kriminelle, die mit einem Porsche davonbrausen. »Wir staunen immer wieder, wie ausgefuchst und erfinderisch die Täter sind«, sagt Cem Karakaya.

Schon seit 1988 ist er bei der Polizei. Seine Ausbildung begann er in der Türkei – genau an dem Tag, an dem sein Großvater nach vielen Dienstjahren in Pension ging. Später besuchte er die Polizeiakademie und noch später wurde er, der mehrere Fremdsprachen spricht, von Interpol rekrutiert. Hier arbeitete er in der Abteilung für auswärtige Angelegenheiten. Und weil er sich schon damals sehr gut mit Computern auskannte, war seine Karriere gewissermaßen vorgezeichnet. Schon nach einem Jahr wurde er Feldagent bei Interpol, spezialisiert auf den Bereich neue Medien und Internetkriminalität. Nach einigen Jahren als Agent bei der türkischen Polizei wechselte er schließlich nach München, wo er seither in der Prävention tätig ist.

Auch Cem Karakaya ist mit Computern aufgewachsen. Seinen ersten bekam er von seinem Vater als Teenager, ein Commodore 64. Mit Computern und Technik hatte Vater Karakaya eigentlich nichts am Hut. Aber er spürte: Diese neue Technik würde die Welt verändern. Und dass es wichtig sein würde, dass sein Sohn sich so früh wie möglich mit der neuen Technologie auskennen sollte. »Noch bis heute bin ich meinem Vater dankbar dafür. Er gab mir den Rechner mit den Worten: ›Sohn, das ist die Zukunft. Schau, dass du damit klarkommst und lernst, wie man damit umgeht‹«, erinnert sich Cem Karakaya. Schon nach einer Woche hatte der Junge den Computer dazu gebracht, den Namen des Vaters blinkend anzuzeigen. Und so brachte sich Cem Karakaya das Programmieren selbst bei und auf den ersten Rechner folgten weitere. Nicht lange sollte es dauern, bis Cem Karakaya mit einem 56K-Modem ins Internet ging.

Diese Erinnerung ist bald 30 Jahre her. Seither hat sich extrem viel getan: Wir befinden uns mitten in der digitalen Revolution. Nicht nur die Arbeitswelt verändert sich rasant, auch unser Kommunikations- und Sozialverhalten wird tief greifend durch neue Techniken verändert. Die Jugendlichen von heute telefonieren nicht mehr stundenlang miteinander, sie chatten. Auch unser Umgang mit Privatsphäre hat sich völlig verändert. Als wir früher in einer Telefonzelle telefonierten, schlossen wir die Tür, um ungestört zu sein. Und heute? Finden wir nicht nur kaum noch Telefonzellen, denn jeder hat ein oder sogar mehrere Smartphones und wir sind fast immer online. Wir telefonieren in überfüllten ICE-Abteilen und plaudern sorglos über Firmeninterna. Wir posten bei Facebook, was wir gerade machen und wo wir uns gerade befinden. Wir haben für diverse Apps die Ortungsfunktion eingeschaltet und unser Telefon meldet unseren Standort sowieso permanent. Unser Smartphone speichert alles. Denn es ist ein Computer, der Mikrochips und ein Betriebssystem hat. Und das Verrückteste dabei ist: Wir tragen damit freiwillig das allergrößte Spionagegerät der Menschheitsgeschichte mit uns herum und sind auch noch völlig verknallt in dieses Spielzeug. Wir können es kaum erwarten, bis das neueste Modell mit noch mehr Überwachungsfunktionen auf dem Markt ist. Und wir zahlen sogar noch viel Geld dafür.

Wir können auch andere mit diesem Gerät jederzeit überwachen – und wir machen auch fleißig und begeistert Gebrauch davon. Zum Beispiel beim Chatten: weil ein zweites Häkchen dem Gegenüber zeigt, dass wir eine Nachricht gelesen haben.

In der digitalisierten Welt bezahlen wir ständig und überall mit unseren Daten. Und es ist für uns völlig normal geworden. Wir denken nicht einmal mehr darüber nach und fragen auch nicht, was mit unseren Daten passiert oder wofür jemand Angaben wie Name, Adresse oder Geburtsdatum haben will. Manchmal kommt es uns sogar komisch vor, wenn wir nicht ständig nach diesen sensiblen Daten gefragt werden. Es hat eine völlige Bewusstseinsumkehr stattgefunden. Als verdächtig gilt mittlerweile, wer seine Daten nicht freiwillig angeben will. Doch es lohnt sich, für die Privatheit dieser Daten zu kämpfen. Denn in ihnen steckt so viel mehr: unsere Likes, Kontakte und Freunde, Gewohnheiten, Interessen, Träumen, Hoffnungen – unser Leben.

Warum wir dieses Buch schreiben und an wen es sich richtet

Die kriminellen Missbrauchsmöglichkeiten in Zeiten von Big Data sind schier unendlich. 23 Millionen Deutsche sind im Jahr 2017 Opfer von Cyberkriminalität geworden. Das zeigt eine aktuelle Studie des US-amerikanischen IT-Sicherheitsunternehmens Norton by Symantec.[4] Hinzu kommen erstens Sicherheitslücken wie beispielsweise Meltdown und Spectre,[5] die von Prozessoren ausgehen. Oder zweitens Hackerangriffe auf Unternehmen, die darauf abzielen, horrende Lösegelder zu erpressen mit zerstörerischer Software wie im Fall von WannaCry oder Petya. Diese sollten beispielsweise Krankenhäuser und Unternehmen aus der Versorgungs- und Energiewirtschaft lahmlegen. Oder auch drittens die Angst, dass Hacker Wahlen manipulieren könnten.

In der digitalen Welt lauern viele Gefahren, mit denen wir umgehen lernen müssen und an die sich die Gesetzgebung erst nach und nach anpasst. Die EU-Datenschutz-Grundverordnung (DSGVO) oder das Netzwerkdurchsetzungsgesetz (NetzDG) sind zwei Beispiele dafür, wie die Politik und Gesetzgebung erst Jahre später auf Phänomene des digitalen Zeitalters reagiert haben, um auf neue juristische Probleme eine Antwort zu geben.

Die digitalen Gefahren sind das eine. Wir möchten mit diesem Buch aber keine Ängste schüren, keine Technikkritik üben, nicht fatalistisch werden. Denn eine globalisierte, digitalisierte Welt bietet auch herausragende Möglichkeiten. Das Internet, Big Data und die Digitalisierung generell machen unsere Welt in vielen Bereichen besser. Menschen überall auf der Erde können miteinander jederzeit in Kontakt treten, Ideen und Gedanken teilen oder gemeinsam lernen und miteinander wachsen. Beteiligung und Teilhabe sind durch die neuen Technologien so viel einfacher möglich. Das ist eine Chance für die Demokratie, eine Chance für mehr Gerechtigkeit und Toleranz, für gegenseitiges Verständnis –

und somit auch eine Chance für mehr Frieden auf der Welt. Vorausgesetzt, wir überlassen das Netz nicht den Kriminellen, Schurken und Terroristen, aber eben auch nicht Staaten, Geheimdiensten und Wirtschaftsmächten allein. Das Internet hatte immer auch eine basisdemokratische Grundidee – und daher brauchen wir Netzkompetenz einerseits, digitale Bürgerrechte andererseits sowie Aufgeschlossenheit und Neugierde und den Mut, niemals aufzugeben.

Fakt ist: Kriminalität und Menschen, die keine guten Absichten verfolgen, gibt es in der Online- wie auch in der Offlinewelt. Man kann zwar Türen und Fenster verschließen, sein Haus mit einer Alarmanlage sichern und doppelte Schlösser anbringen – und trotzdem kann es doch passieren, dass es zu einem Einbruch kommt. Und nicht jeder kann sich ein umfassendes Sicherheitskonzept mit teuersten Vorkehrungen leisten. Auch das ist die Realität. Daher ist auch niemand schuld daran, wenn er oder sie zum Opfer wird. Das gilt für Verbrechen in der realen Welt ebenso wie Verbrechen in der digitalen Welt.

Doch noch immer wird in der Debatte über Datenschutz und Cybercrime so getan, als trügen die vielen Opfer eine Mitschuld daran. Dabei hantieren Unternehmen oft fahrlässig mit Kunden-, Nutzer- oder auch Mitarbeiterdaten. Behörden und Firmen halten sich oft nicht ans Datenschutzgesetz – und auch wenn das deutsche bzw. nun europäische Datenschutzgesetz eines der besten auf der ganzen Welt ist, so greift es doch in vielen Fragen viel zu kurz. Und nationalstaatliche Gesetze oder auch Regelungen auf europäischer Ebene sind zwar ein Schritt in die richtige Richtung, funktionieren aber in einer globalisierten Welt mit weltweit agierenden Akteuren wie Microsoft, Facebook oder Google einfach nicht.

Wir brauchen dringend einen besseren Datenschutz, der Opfer von Datenmissbrauch stärker schützt. Das neue Datenschutzgesetz sieht zwar eine Beweisumkehr und kräftige Bußgelder vor für den, der mit Daten schlampt – inwieweit normale Verbraucher hier ihre rechtlichen Ansprüche aber wirklich werden durchsetzen können, ist derzeit noch nicht absehbar. Straftaten verhindert das neue Gesetz sowieso nicht.

Darum sind generell mehr Erkenntnisse darüber nötig, wie Kriminelle in der digitalen Welt vorgehen und wie wir diese digitale Welt sicherer und damit besser machen. Denn das Internet oder die neuen Technologien zu verteufeln oder gar technisch so massiv aufzurüsten, dass sich diese Sicherheit am Ende nur die Reichen leisten können, entspricht nicht dem Wesen des freien Internets.

Daher fordern wir mehr medienkompetente Bürger, die verantwortlich mit der Technik umgehen können. Dieses Buch soll einen Beitrag dazu leisten. Und gerade weil Aufklärung dringend nötig ist, weil es immer mehr Opfer gibt, beschäftigen sich auch immer mehr Menschen mit der Frage »Wie kann man Internetkriminalität stärker bekämpfen oder gar verhindern?«

Dem ging auch ein EU-Förderprojekt nach, das zum Ziel hatte, auf internationaler Ebene Schutzmechanismen gegen Identitätsdiebstahl zu entwickeln. Das europäische Kooperationsprojekt hatte den Titel VISIT – Victim Support for Identity Theft. Im Rahmen des Projekts fand auch eine internationale Konferenz im Herbst 2016 in München statt. Hier begegneten sich die Journalistin Tina Groll, das Opfer von Identitätsdiebstahl, und der Ex-Interpol-Agent und Cybercrime-Experte Cem Karakaya. Wir stellten schnell fest, dass es uns beiden ein Anliegen ist, dem normalen Internetnutzer verständlich die Risiken aufzuzeigen – ohne Angst zu machen, ohne Sensationslust zu schüren und ohne zu komplex und technisch zu werden. Denn warum machen es viele Menschen den Kriminellen so einfach? Weil sie mit Kryptotechnik nicht zurechtkommen. Weil das Thema Sicherheit im Netz meist als sehr kompliziert dargestellt wird. Weil eben nicht jeder ein Technikfreak ist, aber trotzdem sicher seine Bankgeschäfte im Netz tätigen möchte. Und das ist auch richtig so. Denn viel Sicherheit kann schon mit wenigen und einfachen Mitteln geschaffen werden. Die zentrale Frage lautet daher: Wie sieht es mit meiner Firewall aus?

Damit meinen wir nicht die Geräte oder die Software darauf, sondern das, was wir die menschliche Firewall nennen. Diese hat sehr viele Löcher und Kriminelle nutzen genau die.

Diese Löcher, das sind die ganz menschlichen Eigenschaften wie Vertrauen, Hilfsbereitschaft, Gutgläubigkeit, Unsicherheit, Angst oder Respekt vor Autorität. Tatsächlich greifen Internetkriminelle gar nicht immer den Computer an. Beim sogenannten Social Engineering zum Beispiel braucht es oft nur einen Anruf oder zwei, um das Vertrauen eines Menschen zu gewinnen, der aus Unbedarftheit oder Gutgläubigkeit oder weil er unter Druck gesetzt wird wichtige Daten einfach so preisgibt. Wer die Tricks der Täter kennt, kann sich besser schützen. Das muss nicht zu ständigem Misstrauen führen, sondern idealerweise zu einem Bauchgefühl, das sich wie eine echte Firewall rechtzeitig mit einer Warnung meldet.

Einen Beitrag dazu soll unser Buch leisten. Wir wollen ein möglichst umfassendes und nachhaltiges Update liefern und damit die größten Sicherheitslücken schließen. Was wir hingegen nicht tun, sind komplizierte Kryptotricks aufzuzeigen, die sich an ein Fachpublikum richten würden.

Wir wollen mit diesem Buch all jene aufklären, die ohne vertiefte Technikkenntnisse im Internet surfen, und eine Übersicht über die verschiedenen Erscheinungsformen von Cyberkriminalität geben. Wir zeigen, welche wichtigen Akteure man in der digitalisierten Welt kennen muss. Mit diesem Buch wollen wir aber gerade keine Angst schüren oder verunsichern, sondern Mut machen und Orientierung schaffen sowie leicht umsetzbare Tipps geben, wie man sich vor Datenmissbrauch schützen kann.

Die Wahrheit ist jedoch: Wenn irgendetwas mit einem Netzwerk verbunden ist, besteht immer ein gewisses Sicherheitsrisiko.

Eine hundertprozentige Sicherheit gibt es daher nicht. Aber selbst wenn man Opfer von Cybercrime wird, ist das kein Weltuntergang. Das zeigen wir mit eingestreuten mutmachenden und unterhaltsamen Geschichten.

Weil Identitätsdiebstahl mittlerweile eines der häufigsten digitalen Verbrechen ist, widmen wir das zweite Kapitel diesem Phänomen. Wir klären auf, was der Unterschied zwischen Identitätsdiebstahl und Identitätsmissbrauch ist, wie verbreitet das Phänomen ist, warum mitunter erst eine Reise ins Ausland darüber Aufschluss gibt, dass man betroffen ist, und wofür gestohlene Personendaten missbraucht werden können – Betrug, Stalking, Mobbing sind hier nur einige wenige Beispiele.

Welche Schaden gefakte Chefs und ferngesteuerte Politiker anrichten können und was passiert, wenn Terroristen sich der Identität von gänzlich Unbescholtenen bemächtigen, werden wir im dritten Kapitel erzählen. Hier geht es um mehr als nur »normale« Kriminalität im kleinen Stil – in der digitalen Welt sind die ganz großen Straftaten oft nur einen Mausklick entfernt und können auch durch Sie, den normalen Mitarbeiter, verursacht werden. Wir werden beschreiben, wie einfach es geworden ist, Ausweise und Urkunden zu fälschen. Gleichzeitig geben wir Einblick in die Arbeit internationaler Ermittlungsbehörden.

Dass wir alle mittlerweile ein zweites digitales Ich haben, das oft sogar mehr – nämlich unbewusste Teile – von uns kennt, zeigen wir im vierten Kapitel. Überall hinterlassen wir mittlerweile digitale Fingerabdrücke, auch dann, wenn wir selbst gar nicht im Netz unterwegs sind. In Zeiten von Big Data sind Daten das neue Gold. Mit all den Informationen lassen sich spielend einfach ganze Bewegungs- und Persönlichkeitsprofile über uns erstellen. Mittlerweile sind sogar unsere Haushalts- und sonstigen Gebrauchsgegenstände daran beteiligt.

Das fünfte Kapitel wirft schließlich einen genaueren Blick auf die Täter und erzählt von Kleinkriminellen, hochkriminellen Hackern und Geheimagenten: Wer sind sie, wie gehen sie vor und wo agieren sie? Wir unternehmen eine Reise ins Darknet und zeigen, was hier passiert und wie es funktioniert. Und wir stellen einige gängige Methoden der Täter vor.

Im sechsten Kapitel widmen wir uns der Frage, wie aus digitaler Beute echtes Geld wird. Hier ist zu erfahren, wie Geldwäsche funktioniert und welche Rolle dabei Waren- und Finanzagenten, aber auch Onlinecasinos spielen. Auch erklären wir, warum digitale Währungen wie Bitcoins zwar eigentlich mal eine gute Idee waren, aber nicht nur zu Spekulationen einladen, sondern auch eine schwarze Währung der kriminellen Unterwelt geworden sind.

Kapitel 7 kommt zurück zu den Opfern. Welche Folgen hat Cyberkriminalität für sie? Wie bekämpft man einen Identitätsdiebstahl und welche Rolle spielen dabei eigentlich Schufa und Co.? Wir zeigen auf, wo es Hilfe gibt und welche Erste-Hilfe-Maßnahmen man ganz ohne technisches Expertenwissen sofort treffen kann. Auch erklären wir, was man konkret präventiv tun kann, um sich zu schützen. Uns ist dabei auch wichtig, dass Eltern erfahren, worauf sie beim sicheren Surfen ihres Nachwuchses achten sollten.

Im letzten Kapitel möchten wir auf die menschliche Firewall eingehen. Denn jeder technische Schutz kann zwar noch so gut sein – irgendwo auf der Welt aber gibt es sicher immer einen Hacker, der auch hier eine Lücke findet. Wir zeigen auf, was Verschlüsselung wirklich bringen kann. Was sie aber nicht verändern wird, das ist die menschliche Natur.

An dieser Stelle noch drei Hinweise. Erstens: Die Namen und sonstige Identitätsmerkmale der Personen in den Fallbeispielen sind in der Regel frei erfunden, zumindest anonymisiert. In einigen Geschichten werden wir auch erklären, wie die Ermittlungsbehörden und Geheimdienste arbeiten. Manches wird Sie erstaunen, anderes zweifeln lassen – es sei aber versichert, dass die Geschichten ihren Ursprung in den Erfahrungen haben, die Cem Karakaya während seiner aktiven Zeit als Agent bei Interpol gemacht hat. Zweitens: Wir haben uns bemüht, weitgehend eine genderneutrale Sprache zu verwenden und daher oft die männliche wie weibliche Pluralform benutzt. Allerdings verwenden wir an einigen Stellen zur besseren Lesbarkeit auch das numerische Maskulinum. Es ist uns wichtig zu betonen, dass wir damit ausdrücklich keine Frauen diskriminieren wollen. Drittens: Sollte der Begriff »Hacker« in einer negativen Konnotation verwendet werden, geschieht auch dies zur Vereinfachung. Wir sind uns über die Vielseitigkeit des Begriffs im Klaren und gehen später auch darauf ein.

So oder so wünschen wir Ihnen sehr viel Spaß beim Lesen und dass dieses Buch ein Sicherheitsupdate für Sie sein wird, das sogar Freude macht.

Tina Groll und Cem Karakaya

Kapitel 2
Meine Identität gehört mir!
(von Tina Groll)

Sich der Identität eines Menschen zu bemächtigen und damit dessen Leben fernzusteuern, ist heute einfacher denn je. Und es passiert jeden Tag: Cyberkriminelle geben sich für andere aus und verüben in ihren Namen Straftaten. Wie das funktioniert und welchen Horrortrip die Opfer dabei erleben, das zeigen wir in diesem Kapitel.

Es ist der Tag vor Weihnachten 2009, der mein Leben nachhaltig verändern sollte. Geschafft! Vor mir liegen die Feiertage, die ich bei meinen Eltern und guten Freunden in Schleswig-Holstein verbringen wollte, und hinter mir liegt ein ereignisreiches Jahr, in dem ich als junge Journalistin in die Onlineredaktion einer großen Wochenzeitung gewechselt bin. Meine Tasche für die lang ersehnten zwei Wochen Urlaub ist bereits gepackt. An diesem Abend will ich endlich ausspannen und am nächsten Tag früh am Morgen aufbrechen. Noch schnell den Briefkasten leeren und dann ein leckeres Essen kochen – und abschalten.

Nie werde ich vergessen, wie sich das Gefühl von entspannter Vorfreude in puren Stress verwandelt, als ich dieses Schreiben aus dem Briefkasten ziehe, das ich zunächst gar nicht einordnen kann. Es trägt den Betreff »Mahnung« und versehen ist es mit dem Logo eines Inkassobüros, das ich bis dahin gar nicht kannte. Es beinhaltet Kunden- und Vorgangsnummern, die ich nicht zuordnen kann. Es ist die Rede von offenen Forderungen bei einem Unternehmen, bei dem ich in meinem ganzen Leben noch nie etwas gekauft habe, und völlig unklar erscheint mir, worum es überhaupt geht und was das Ganze mit mir zu tun haben soll. Die Creditreform will Geld von mir für eine Warenlieferung der Württembergischen Metallwarenfabrik (WMF) – mehrere Hundert Euro, die Hälfte davon für Mahn- und Verfahrenskosten, die angeblich in den vergangenen Monaten zusammengekommen sind, weil ich meine Bestellung nie bezahlt hätte.

Mir schwirrt der Kopf. Immer wieder lese ich den Brief noch am geöffneten Briefkasten. Was soll das? Ich hatte mit beiden Unternehmen noch nie zuvor Kontakt. Ist das vielleicht eine Betrugsmasche? Könnte es sich bei der Mahnung um betrügerische Werbepost handeln, mit der Kriminelle versuchen, Geld zu erzwingen? Und vor allem: Was soll ich jetzt tun? Nicht reagieren? Nachhaken?

Dann fallen mir falsche Daten ein, die sich in der Schufa-Selbstauskunft befanden, die ich nur wenige Monate zuvor angefordert hatte. Schon damals fanden sich mir unbekannte Adressen und eine Forderung einer Domnowski Inkasso GmbH über 1.000 Euro in dem Schreiben. Zu diesem Zeitpunkt machte gerade eine Studie des Bundesverbraucherministeriums Schlagzeilen.[6] Demnach sollte fast die Hälfte der Einträge bei der Auskunftei falsch sein. Mein damaliger Freund, ein Fernsehjournalist, hatte für ein Wirtschaftsmagazin einen Film über die vielen falschen Daten gedreht – und mich seinerzeit beruhigt: »Gut, dass du mal eine Auskunft angefordert hast. Jetzt kannst du die falschen Daten einfach löschen lassen.« Und genau das tat ich damals. Ich widersprach den Einträgen und deklarierte sie als falsch. Gemäß des § 35, Absatz 1 des Bundesdatenschutzgesetzes (BDSG) müssen falsche Daten gelöscht werden. Das hatte die Schufa dann auch anstandslos getan. Und ich hatte es damals als eine Schlamperei abgetan. Doch jetzt bekomme ich Angst.

Ich stürme in meine Wohnung und fahre als Erstes den Rechner hoch, suche im Netz die Telefonnummer der Creditreform und rufe da an. In der Hotline fragt man nach der Kundennummer. Mir ist es unangenehm, eine Kundennummer zu nennen, die einem Schuldenfall zugeordnet ist. Es ist ja nicht meine Kundennummer, sondern mutmaßlich die von jemand anderem. Ich werde zur Inkassoabteilung durchgestellt, aber dort ist niemand mehr erreichbar. Frustriert lege ich auf. Ich bin ganz aufgewühlt. Wie soll ich mich jetzt entspannen? Den Rest des Abends verbringe ich damit, im Netz nach ähnlichen Fällen zu suchen. Und immer klarer wird mir: Hier scheint irgendetwas wirklich nicht in Ordnung zu sein. Entweder gibt es eine kaufsüchtige Namensschwester und es liegt schlicht eine Verwechslung vor – oder etwas ganz Seltsames ist hier im Gange. Ich rede mir ein, dass es nur ein Irrtum ist.

Tags drauf fahre ich zu meiner Familie. Kaum angekommen, berichte von dem ominösen Brief und zeige das Schreiben meinen Eltern. Mein Vater tröstet mich. »Das ist bestimmt ein Versehen. Du musst widersprechen. Das brauchst du nicht zu bezahlen.« Das beruhigt mich einerseits, andererseits nervt es mich, dass ich überhaupt widersprechen muss. Ich habe dazu weder Zeit noch Lust. Und ich habe ja auch überhaupt nichts falsch gemacht. Warum muss ich jetzt für so einen Mist Zeit und auch noch Geld investieren? Es ärgert mich – und dazu noch die Unterstellung, ich würde Schulden machen und bei mir völlig unbekannten Unternehmen irgendwelche Haushaltswaren bestellen.

Trotzdem schreibe ich noch während der Feiertage einen Brief und schicke ihn per Einschreiben an die Creditreform sowie an die WMF. Ich erkläre, dass ich niemals eine Vertragsbeziehung mit dem Unternehmen gehabt habe. Und dass die Daten, die aus der Mahnung hervorgehen, falsch sind. Ich verlange, dass man sie löscht und mir das schriftlich bestätigt. Außerdem weise ich darauf hin, dass ich gegebenenfalls dieser Schlamperei auch noch journalistisch nachgehen werde.

Trotzdem lässt mich auch in den Tagen zwischen Weihnachten und Silvester das Schreiben nicht los. An Entspannung ist nicht zu denken. Meine ersten Recherchen fördern allerdings nicht sonderlich viel zutage. 2009 gibt es noch nicht viele Informationen über Identitätsdiebstahl. Ich finde eine Mitteilung des Justizministeriums. Darin heißt es: »Sollten Sie den Eindruck haben, jemand könne Ihren Namen unbefugt benutzt haben, ist es besonders ratsam, sich mit dem Rechnung stellenden Unternehmen in Verbindung zu setzen. (…) In solchen Fällen einer Bestellung unter falscher Namensangabe sollten ebenfalls die Polizei oder Staatsanwaltschaft eingeschaltet werden.« Soll ich eine Anzeige bei der Polizei erstatten? Aber gegen wen? Am Abend sitzen meine Schwester und ich auf der Terrasse und schauen in den Nachthimmel. Wir haben eine Flasche Rotwein aufgemacht und uns in dicke Decken eingemummelt. Die eisige Luft macht den Kopf schön klar. »Du kannst ja erst einmal abwarten, was diese Unternehmen antworten – und wenn die an den Forderungen festhalten, musst du wohl zur Polizei gehen und Anzeige gegen unbekannt erstatten«, sagt meine Schwester. Ich seufze. So möchte ich mein neues Jahr nicht beginnen lassen – mit Behördengängen. Den Rest des Aufenthalts bei meinen Eltern stellt sich dann doch so etwas wie ein Urlaubsgefühl ein. Und fast schon habe ich das Schreiben und den Ärger vergessen, als ich an Neujahr wieder Richtung Berlin fahre.

Nur wenige Tage nach Silvester erhalte ich per Einschreiben einen Antwortbrief der Creditreform. Weil mich tagsüber der Briefträger natürlich nicht in der Wohnung antrifft, muss ich das Einschreiben am nächsten Tag von der Post abholen. Und gehe wieder einmal mit Sorgen ins Bett. Der nächste Tag ist ein klarer Januartag – in der Nacht hat es viel geschneit. Vor der Arbeit stapfe ich durch Eis und Schnee Richtung Post und hole das Schreiben dort ab. Noch in der Filiale reiße ich es auf – und fange beim Lesen am ganzen Körper an zu zittern. Das Schreiben ist wie eine Anklageschrift formuliert. In acht Punkten legt das Inkassounternehmen dar, dass ich die Schuldnerin sei. »Sie, Tina Groll, haben ...«, steht da. Ich hätte an der falschen Adresse gelebt, sei dort aber nie gemeldet gewesen. Das bestätige auch ein anhängiges Schreiben einer Nachbarsfamilie. Diese Personen behaupten, mich zu kennen und dass ich im Jahr 2009 eine Weile bei ihnen gewohnt habe. Ein Nachbar habe das Paket der WMF – und viele andere – für mich angenommen. Das bestätigt auch die Kopie seiner Unterschrift, die die Creditreform von der DHL bekommen hat. Alles um mich herum dreht sich. Jetzt habe ich richtig Panik.

Die Creditreform schreibt weiter, dass es an mir liege zu beweisen, dass ich nicht die Schuldnerin sei. Ich will Anzeige erstatten, und zwar sofort. Erst dann fällt mein Blick auf die zweite Seite. Es liegen Haftanordnungen beim Amtsgericht Bremen-Blumenthal gegen mich vor, behauptet die Creditreform. Was heißt das? Kann ich jetzt verhaftet werden? Ich bin mir keiner Schuld bewusst.

Noch heute sehe ich mich in dieser Filiale stehen, fühle, wie die blanke Panik durch meinen Körper schießt, und spüre diesen völligen Kontrollverlust. Völlig kopflos packe ich das Schreiben ein und laufe wie in Trance gute drei Kilometer bis zur nächsten Polizeistation durch matschig-verschneite Straßen. Nicht alle Bürgersteige sind geräumt und beim Überqueren der Straße hupen mir wütend Autofahrer zu. Ich bin völlig aufgelöst und merke noch nicht einmal, dass meine Handtasche noch halb geöffnet ist. Nur eine Frage geht immer und immer wieder durch meinen Kopf: Wer gibt sich hier für mich aus? Wer benutzt ausgerechnet meine Identität – die einer jungen Journalistin, einer Berufsanfängerin, einer Frau, die weder bekannt noch reich ist? Wie konnte so etwas passieren? Muss ich nun in jedem Einzelfall meine Unschuld beweisen? Muss ich für den Schaden haften? Haftet man für seine Daten? Wer ist überhaupt zuständig? Und wie klaut man die Identität eines Menschen?

Wie man die Identität eines anderen stiehlt

Es ist sehr einfach. Denn man braucht nur seinen Namen und sein Geburtsdatum. Daten, die man leicht im Internet findet. Hat man dann noch einen weiteren Anhaltspunkt, beispielsweise den Beruf der Person, kann man sich munter von dessen Bonität bedienen. Man muss also keine großen Hackerkenntnisse besitzen. Über viele Menschen werden personenbezogene Daten wie der Geburtstag und die Berufsangabe sogar frei Haus geliefert – bei Politikern und Prominenten etwa, wo das reale Geburtsdatum meist selbstverständlich zum Wikipedia-Eintrag gehört. Allein im Jahr 2016 wurden im Namen der Politiker des Berliner Abgeordnetenhauses mehr als 500 Einzelbestellungen bei Onlineversandhäusern getätigt, um nur ein Beispiel aus der Kommunal- und Landespolitik zu nennen.[7] Auch mein Geburtsdatum wurde mit Berufsangabe vielfach unter Artikeln als Autorenangabe veröffentlicht.

Unklar ist, ob »meine Betrüger«, wie ich sie später nennen werde, so an meine persönlichen Daten gekommen sind. Aber Identitätsdiebstahl ist auch analog und offline möglich. Zum Beispiel, wenn einem die Brieftasche mit Ausweis gestohlen wird. Oder technische Geräte wie Computer oder Smartphones. Kriminelle kommen aber auch durch Briefe und Dokumente oder andere Schriftstücke an persönliche Daten. Dazu müssen sie beispielsweise nur den Hausmüll durchsuchen. Ich befand mich kurz vor dem Datenmissbrauch in der Bewerbungsphase. Fehlausdrucke meines Lebenslaufs hatte ich damals einfach in kleine Stücke zerrissen, sie aber nicht geschreddert – schlicht weil ich überhaupt keinen Aktenvernichter besaß. Wozu auch?, hatte ich damals gedacht. Ich hantierte privat ja nicht mit sensiblen Informationen. Was mir damals nicht bewusst war: Zu solchen gehört schon das Geburtsdatum.

Aber ich war auch an anderer Stelle freizügig: Mein Geburtsdatum hatte ich auch bei Xing und Facebook angegeben. Natürlich nicht öffentlich für jedermann, aber eben für meine direkten

Freunde und Kontakte sichtbar – Menschen, die ich alle persönlich kenne. Ich war damit nicht unvorsichtiger als Millionen andere Nutzer auch. Dennoch ist denkbar, dass die Täter vielleicht auf diesem Weg an die Daten gekommen sind.

Die Identität eines anderen zu kapern – nie war es so einfach wie heute. Am häufigsten kommen übrigens persönliche Daten über Trojaner und Phishing abhanden. Und beim Einkaufen im Internet. Mittlerweile sind Identitätsdiebstahl und Identitätsmissbrauch zu einem Massenphänomen geworden. Einer Studie der Unternehmensberatung PWC zum Thema Cybersecurity aus dem Jahr 2016 zufolge soll jeder dritte Deutsche schon von Datenmissbrauch betroffen sein.[8] Deutschlands größte Auskunftei, die Schufa, geht davon aus, dass mindestens jeder Fünfte bereits Opfer von Identitätsdiebstahl geworden ist.[9] Der PwC-Studie zufolge steigt die Wahrscheinlichkeit, Opfer zu werden, mit dem Nutzungsverhalten im Internet. Auch hier gilt Einkaufen im Netz als größte Gefahrenquelle: Demnach soll jeder Zweite, der regelmäßig mindestens einmal pro Woche im Internet einkauft, schon einen Datenmissbrauch erlebt haben. Allerdings zählten die Studienautoren zu Identitätsdiebstahl auch den Missbrauch der Mailadresse für Spamzwecke. In der Untersuchung hatte jeder Fünfte das bereits erlebt. Sechs Prozent der Befragten gaben an, dass mit ihren Daten ein gefälschter Account etwa bei eBay oder Facebook angelegt worden sei, weitere sechs Prozent sagten, ihre Kreditkartendaten seien missbraucht worden. Und fünf Prozent der Befragten gaben an, dass in ihrem Namen Waren in Onlineshops gekauft wurden, weitere vier Prozent hatten erlebt, dass sich Fremde Zugriff auf ihre Bankdaten verschafft hatten und etwa Überweisungen durchgeführt hatten. Und ein Prozent der Befragten berichtete davon, dass unter ihrer Identität ein Onlineshop eröffnet worden war. Interessant ist dabei, dass Jüngere deutlich häufiger von Identitätsmissbrauch betroffen sind als Ältere. Vermutlich, weil sie häufiger und intensiver Onlinedienste nutzen.

Immerhin: Das Phänomen ist mittlerweile stark im Fokus der Öffentlichkeit. Zwei Drittel der Deutschen hat der PwC-Studie aus dem Jahr 2016 zufolge große Sorge, Opfer von Identitätsdiebstahl zu werden. Das war 2014 noch ganz anders: Eine Studie des Statistikportals Statista zeigte damals, dass 95 Prozent der Befragten bis dahin noch nie von Identitätsklau gehört hatte. Und erst drei Prozent gaben in dieser Untersuchung an, dass sie schon einmal betroffen waren.[10]

Identitätsdiebstahl, Identitätsmissbrauch und die Sache mit der Statistik

Wie viele Betroffene es hierzulande tatsächlich gibt, lässt sich nicht so leicht feststellen. Denn niemand weiß, wie viele Identitäten in Deutschland, in der EU oder weltweit schon gestohlen worden sind. Denn das eigentliche Problem entsteht ja erst, wenn die Daten für Straftaten benutzt werden. Identitätsdiebstahl und Identitätsmissbrauch sind zwar rechtliche Kategorien, aber zunächst noch keine Straftatbestände.[11] Beim Identitätsdiebstahl beschaffen sich die Täter nämlich zunächst nur die Identität eines Menschen. Das ist zwar auch schon illegal, aber eine Straftat liegt erst vor, wenn unter dieser falschen Identität eine solche begangen wird. Und auch erst dann hat das Opfer die Möglichkeit, von dem Datendiebstahl Kenntnis zu erlangen.

Das Bundeskriminalamt (BKA) versteht daher unter Identitätsdiebstahl lediglich das Abgreifen von digitalen personenbezogenen Daten. Und weil ja nur die Straftaten bei einem Identitätsdiebstahl angezeigt werden, ist auf die Kriminalstatistik hier wenig Verlass. Die offizielle Statistik ist aber auch aus anderen Gründen unzuverlässig: Zum einen müssen die Opfer die Tat als Identitätsdiebstahl richtig benennen und als solche anzeigen, zum anderen muss sie als solche von der Polizei auch behandelt werden –

verbucht der aufnehmende Beamte die Tat einfach nur unter »Betrug«, verfälscht das die Statistik.

Und so erstaunt es nicht, dass die offizielle Cybercrime-Statistik des BKA relativ wenig Fälle umfasst: Für das Jahr 2014 beispielsweise tauchen gerade einmal 50.000 Fälle auf. Mehr als 22.300 davon waren Computerbetrug, fast 12.000 Mal wurden Daten abgefangen. In mehr als 8.000 Fällen ging es um Fälschung beweiserheblicher Daten oder Täuschung im Rechtsverkehr, fast 5.700 Fälle von Datenveränderung und Computersabotage wurden angezeigt und immerhin mehr als 2.000 Fälle von Betrug mit Zugangsberechtigungen. Die Zahlen sind zwar gegenüber den Vorjahren massiv gestiegen – aber man muss davon ausgehen, dass sie trotzdem zu niedrig sind.[12] Das legt auch eine 2015 veröffentlichte repräsentative Studie des Deutschen Instituts für Wirtschaftsforschung (DIW) nahe, der zufolge Deutschland jährlich mit 14,7 Millionen Fällen von Internetkriminalität betroffen ist. Darunter sollen allein mehr als zwölf Millionen Fälle von Phishing, Identitätsbetrug und Angriffen mittels Schadsoftware sein.[13] Gemessen an der Zahl der in der Polizeilichen Kriminalstatistik (PKS) registrierten Straftaten im Bereich Cybercrime würde dies eine weitaus höhere Dunkelziffer bedeuten als ohnehin schon angenommen.[14] Denn verschärfend kommt hinzu, dass vermutlich viele Fälle nicht zur Anzeige gebracht werden.

Außerdem hat man es bei einem Identitätsdiebstahl meist mit dem Phänomen zu tun, dass unter einer Identität oft viele, teilweise sogar Hunderte Straftaten begangen werden, zum Beispiel weil mit einer Identität viele Interneteinkäufe getätigt werden. Damit die Statistik genau sein könnte, müsste das Opfer also jede einzelne Tat anzeigen, das tun aber die wenigsten Betroffenen.

Hunderte Straftaten unter einer falschen Identität – das war auch in meinem Fall so. In diversen Fällen haben »meine Betrüger« unter einer gefälschten Mailadresse, die sie aus meinem Namen und meinem Geburtsdatum bastelten, binnen weniger Wochen Waren bei Versandhäusern auf Rechnung bestellt. Und nicht nur unter meiner Identität, sondern auch unter anderen Identitäten mit dem Familiennamen Groll, wie die Recherchen von mir und meinem Anwalt später ergeben haben.

Auf einen fremden Namen Waren auf Rechnung zu bestellen, ist im Netz bis heute kein Problem. Die Geschäftspolitik der Onlineshops und vor allem der großen Versandhäuser macht es Betrügern leicht. Verschickt wird die Ware oft ohne Vorkasse einfach auf Rechnung. Sie liefern an irgendwelche Adressen – in dem Vertrauen darauf, dass der Besteller schon bezahlt. Die Versandhäuser prüfen lediglich die Bonität bei der Schufa oder anderen Auskunfteien. Und genau dafür brauchen die Täter auch das Geburtsdatum einer real existierenden Person, von der sie ausgehen können, dass sie mit einem hohen Score bei den Auskunfteien gelistet ist. Ist der Score gut, werden die Waren versandt. In meinem Fall wurden Lieferungen im Wert von mehreren Tausend Euro verschickt. Auch bis heute sind Bestellungen in dieser Größenordnung bei vielen Versandhändlern auf Rechnung möglich.

Der Ärger kommt Wochen später, wenn die Zahlung ausfällt. Dann beginnt das Mahnverfahren an den Schuldiger, natürlich unter den in der Bestellung angegebenen Daten. Irgendwann kommen die geprellten Unternehmen dahinter, dass die Adressen nicht korrekt sein können. Meist treten die Versandhäuser die ausstehenden Forderungen jetzt an Inkassounternehmen ab. Sie bekommen also einen Teil des Ausfalls zurück. Andere haben eigene Inkassoabteilungen.

In meinem Fall bestellten die Betrüger die Waren schon im Frühjahr 2009. Strohmänner nahmen sie unter der falschen Adresse entgegen, gaben sich als Nachbarn oder Freunde aus. Sie bezahlten natürlich nie. Als die WMF beispielsweise die ersten Mahnungen schickte, waren die Betrüger längst weitergezogen. Irgendwann verkauft die WMF ihre Forderung an die Inkassoabteilung der Creditreform. Inzwischen war Dezember und der Mitarbeiter der Creditreform gab einfach mal meinen Namen bei Google ein. Schon der erste Treffer führte zu meinen realen Kontaktdaten auf meiner privaten Website – schwups, die Schuldeneintreiber hatten eine Spur und sahen: Die vermeintliche Schuldnerin scheint zumindest einen Job und damit auch ein regelmäßiges Einkommen zu haben.

Besonders bizarr an meinem Fall ist das Schreiben der angeblichen Nachbarn, die behaupten, mich zu kennen und dass ich bei ihnen zeitweise gewohnt habe. Was ich in diesem Moment noch nicht ahne: Das Landeskriminalamt (LKA) wird herausfinden, dass die Betrüger selbst dieses Schreiben verfasst haben. Offenbar wenige Tage bevor sie die Wohnung verlassen. Dass die Täter sich tatsächlich in der Wohnung aufgehalten haben, in der sie unzählige Waren angenommen haben, ist übrigens nicht unbedingt typisch bei Identitätsdiebstahl für Warenkreditbetrug. In der Regel erfolgt die Tat gut organisiert. Benutzt werden meist leer stehende Wohnungen in großen Wohnkomplexen, in denen die Anonymität groß ist. Beliebt ist auch, Paketstationen zu nutzen.

Ein Blick auf Täter und Taten

Als ich Anzeige bei der Berliner Polizei erstatte, ahne ich von all dem noch nichts. Ich frage mich vor allem, ob ich den oder die Täter vielleicht kenne. Wer könnte mich nur so hassen, dass er mir so etwas antut?

Überwiegend handelt es sich bei den Tätern um professionelle Betrüger. Das bestätigt mir der Beamte, der meine Anzeige aufnimmt. Auch ihm ist so etwas selbst schon passiert. »Das sind vermutlich Betrügerbanden, Menschen, die Sie nicht kennen. Die scannen im Netz nach Daten. Man findet doch zu nahezu jedem das Geburtsdatum«, sagt er.

Die Polizei geht von drei klassischen Tätergruppen aus. Da sind zum einen die Menschen, die auf einfachem Weg versuchen, andere zu betrügen. Sie kaufen in Onlineshops Waren für sich selbst und, um sich vor dem Bezahlen zu drücken, geben sie die Identität von Nachbarn, Kollegen, Bekannten oder sogar Familienangehörigen an. Meist lassen sie sich die Ware ins Büro oder sogar zu den Verwandten selbst senden und fangen diese dort ab. Nicht selten haben diese Täter ein schwieriges soziales Umfeld und verfügen über nur wenig Geld. Die Opfer können diese Täter dann zwar anzeigen, einen Schadensersatz gibt es bei dieser Tätergruppe aber selten. Auch die geprellten Unternehmen bleiben dann meist auf ihrem Schaden sitzen.

Eine weitere Tätergruppe sind Kleinkriminelle. Sie besorgen sich die Identitäten von real existierenden Personen zumeist im Darknet. Manche nutzen auch Phishing. Sie basteln aus den Namen meist in Verbindung mit dem Geburtsdatum Mailadressen und Accounts. Diese Täter kennen ihre Opfer in der Regel nicht. Sie bekommen auch nichts mit von dem Schaden, den sie anrichten. Das macht es für sie moralisch viel einfacher. Diese Täter verfügen über einfache Programmier- und Hackerkenntnisse. Oft haben sie ersten Zugang zur Szene, kennen Hacker, die über mehr Know-how verfügen, und sind Mitglied in bestimmten Foren im Darknet.

Zur dritten Gruppe gehören organisierte Kriminelle, hochkarätige Hacker. Diese Täter betreiben einen sehr großen Aufwand, hacken ganze Unternehmensnetzwerke, stehlen die Daten von oft Hunderttausenden und lassen keine Mittel und Methoden aus, um sich zu anonymisieren. Diese Tätergruppe wird in der Regel nie gefasst.

Und manchmal geht es gar nicht um wirtschaftliche, sondern um politische Interessen. Es gibt etwa Berufsgruppen, die besonders häufig Opfer von Identitätsdiebstahl werden. Dazu zählen unter anderem auch Journalisten. Hier zielt Identitätsmissbrauch beispielsweise darauf ab, um ihre Arbeit zu behindern oder ihre Reputation zu zerstören. Ein Kollege von mir – Redakteur bei einer überregionalen Tageszeitung – bekam das zu spüren: Er recherchiert in der rechtsextremen Szene, ist für seine Reportagen und Recherchen mit vielen Preisen ausgezeichnet worden. Eines Tages bekam er eine Vorladung der Polizei wegen sexueller Belästigung von Minderjährigen im Netz. Er, der selbst Vater einer Tochter ist. Natürlich reagiert er sofort, zeigt sich kooperativ, nimmt sich aber sicherheitshalber einen Anwalt. Dennoch kommen die Ermittler sogar zu ihm in die Redaktion und beschlagnahmen dort nicht nur sein Arbeitsmaterial. Die Polizisten konfiszieren sein Handy und auch seinen Arbeitslaptop. Der Chef und die Kollegen erfahren natürlich sofort, dass es um Ermittlungen bei einer pädophilen Straftat geht. Auch wenn er die Tat bestreitet und auch wenn nichts auch nur darauf hindeutet, dass er wirklich etwas so Schreckliches getan haben könnte – allein der Verdacht reicht aus, sein Leben von heute auf morgen völlig zu verändern. Auch seine Frau belasten diese Vorwürfe. Glücklicherweise stellten die ermittelnden Behörden rasch fest, dass der Journalist kein pädophiler Straftäter ist, sondern dass mutmaßlich Rechtsextreme sich unter seiner Identität als Pädophiler ausgegeben haben, um sich an ihm zu rächen. Geschnappt werden sie allerdings nie. Zu sehr haben die Wochen der Ermittlungen an ihm genagt. Bis heute redet er nicht öffentlich über den Fall und bis heute ist er aus Angst vor neuen Repressalien bei seinen Recherchen vorsichtiger geworden. Zu sehr hat seine Reputation unter den schlimmen Verdächtigungen gelitten. Das Beispiel zeigt daher eindringlich, wie mit einem Identitätsmissbrauch sogar die Pressefreiheit eingeschränkt werden kann. Und es zeigt, dass Identitätsdiebstahl für verschiedene Straftaten genutzt werden kann.

Manchmal werden die Identitäten von Unbescholtenen auch dafür genutzt, um betrügerische Onlineshops zu eröffnen oder gestohlene Ware auf Auktionsplattformen wie eBay zu verkaufen. Besonders übel sind die Folgen, wenn über den Shop gefälschte Markenware vertrieben wird. Dann müssen die Opfer auch mit teuren Abmahnungen von Markenrechtsinhabern rechnen. Denn juristisch haften zunächst die realen Personen für diese Shops. Zwar kann man sich als Opfer von der Haftung freizeichnen lassen, aber man muss dazu nachweisen, dass man den Shop nicht eröffnet hat. Eine Strafanzeige reicht nicht aus, man muss auch – soweit möglich – die Öffentlichkeit darüber unterrichten, dass hier eine Straftat und missbräuchliche Nutzung der Identität vorliegt. Wie der NDR recherchierte,[15] wurden in vergleichbaren Fällen Betroffene bereits aufgefordert, rund zwei Millionen US-Dollar Schadensersatz zu zahlen. Im schlimmsten Fall kann sogar Gefängnis drohen. Viele US-Verfahren und -Urteile werden mit Haftbefehl vollstreckt, auch in Abwesenheit des vermeintlichen Täters. Wer Opfer ist, kann bei der Einreise am Flughafen festgenommen werden. Und bis so ein Betrugsfall aufgeklärt ist, kann es Wochen oder Monate dauern, die man dann in einem Gefängnis verbringt.[16]

Cem Karakaya erzählt aus dem Polizeialltag: Gesucht und (nicht) gefunden

So eine Geschichte kann etwa die Bankerin Simone Peters[17] berichten, deren lang ersehnter USA-Urlaub zum Albtraum wurde.

Simone Peters freute sich, ihren 33. Geburtstag zusammen mit ihrer besten Freundin in New York zu feiern – mit Übernachtung in einem traumhaften Hotel, wo sie ihre Freundin treffen wollte, und einer Hubschrauber-Tour über der Stadt. Lange hatte sie auf den Urlaub gespart und viele Monate durchgearbeitet. Doch als der Airbus nach neun Stunden endlich in New York landete, kam alles anders. An der Passkontrolle waren lange Schlangen – abgehetzte Geschäftsreisende, gestresste Eltern mit kleinen Kindern und harte Sicherheitschecks: Simone Peters wartete geduldig, bis sie an der Reihe war. Sie kramte ihren Reisepass aus dem Handgepäck und übergab diesen dem Beamten. Aber wieso starrte er sie plötzlich so an? Die Deutsche war irritiert. War irgendetwas nicht in Ordnung? Der Mann stand auf, musterte sie weiter und sagte dann mit einem strengen, bestenfalls sehr seriösen Tonfall, dass sie bitte warten solle. Simone Peters merkte, wie ihre Hände schwitzig wurden. Ärger konnte es doch bei der Einreise in die USA nicht geben. Sie postete in sozialen Netzwerken niemals etwas Politisches und hatte sich auch nie kritisch über die Vereinigten Staaten geäußert. Oder war etwas mit ihrem Pass nicht in Ordnung? War er abgelaufen? Nein, das konnte nicht sein. Sie hatte es doch letzte Woche erst überprüft.

Peters beobachtete, wie gleich drei uniformierte Beamte zurückkamen. »Kommen Sie bitte mit!«, forderte einer der Männer sie auf. Die Deutsche fühlte sich wie in einem Film – schon war sie von den Männern umringt, so als wäre sie eine Gefahr. Andere Reisende starrten sie an. Peters erkannte in der Schlange auch die Frau, die in der Maschine neben ihr gesessen und mit der sie sich so nett unterhalten hatte. Peters hätte gerne allen erklärt, dass hier ein Missverständnis vorliegen muss. »Don't talk!«, raunte einer der Beamten sie an. »Reden Sie nicht!« Und so wurde die Deutsche völlig durcheinander und mit zitternden Händen abgeführt.

Die Männer brachten sie in ein Zimmer hinter dem Securitybereich. Hier standen ein Tisch in der Mitte, zwei Stühle – sonst nichts. Ein Mann mit Anzug und Krawatte saß hier. Und eine Polizistin in Uniform stand hinter ihm. Sie nahm Peters die Handtasche ab, leerte diese und legte den Inhalt in eine Kiste, die auf dem Tisch stand. Ich brauche einen Anwalt – sofort!, dachte die Deutsche. Sie wollte ihren Vater in Deutschland anrufen, der Jurist ist. Doch das war verboten. »Geben Sie mir Ihr Handy!«, forderte die Polizistin sie auf. »Und verhalten Sie sich ruhig!« Erst jetzt realisierte die Deutsche, dass alle Polizisten ihre Hände auf dem Pistolengriff hatten. Sie zwang sich, sich zusammenzureißen. »Was stimmt denn nicht?«, brachte sie endlich hervor. Doch die Polizisten antworteten nicht. Die Beamtin durchsuchte Peters, deren Panik immer größer wurde.

Dann endlich begann der Mann im Anzug zu sprechen. Auch er war Polizist und zog eine Mappe hervor. Ruhig und sachlich erklärte er: »Sie werden schon seit einem Jahr polizeilich gesucht.« Dabei musterte er sie. Und fügte hinzu: »Sind Sie etwa so naiv, dass Sie glaubten, der Fall sei nach einem Jahr vergessen?« Peters schluckte. Sie war sich keiner Schuld bewusst. Zumal sie seit mehreren Jahren nicht mehr in den USA gewesen war. Das letzte Mal als Studentin. »Das muss ein Missverständnis sein. Was für ein Fall, bitte?«, fragte sie und war froh, dass sie trotz der Aufregung die richtigen Vokabeln fand.

Der Beamte antwortete nicht auf ihre Frage. Stattdessen sagte er: »Ich gehe davon aus, dass Ihre Handtasche auch aus Ihrem Onlineshop ist.« Dann lachte er, aber es war kein freundliches Lachen. Und er deutete auf ihre teure Handtasche. Simone Peters blickte verständnislos auf die leere Louis-Vuitton-Tasche. »Meine Tasche? Was ist mit meiner Tasche? Was für ein Onlineshop?« – »Als Sie zwischen Februar und April letztes Jahr Ihren Onlineshop betrieben, haben Sie ja viele gefälschte Louis-Vuitton-Taschen verkauft. Und sicherlich verkaufen Sie die Fake-Taschen jetzt über andere Seiten, nachdem wir hier in den USA Ihre Seite gesperrt haben«, antwortete der Polizist trocken und grinste sie an. Onlineshop? Was für ein Onlineshop? Weder betrieb Peters einen solchen Shop noch kaufte sie in solchen ein. »Bitte, hören Sie. Das muss eine Verwechslung sein. Ich betreibe keine Onlineshops. Ich bin Mitarbeiterin einer großen, seriösen deutschen Bank und meine Handtasche ist echt. Ich habe sie in einer Boutique in Düsseldorf in Deutschland gekauft. Das kann ich auch beweisen. Den Kaufbeleg habe ich zu Hause in Deutschland. Ich verdiene sehr gut, ich muss keine gefälschten Taschen im Internet verkaufen. Ich wüsste nicht einmal, wie das geht. Und woher sollte ich solche Taschen überhaupt haben?« Jetzt wurde Peters wütend. »Das ist doch völliger Schwachsinn!« Der Polizist, der das Verhör führte, reagierte prompt: »Uns müssen Sie keine Geschichten erzählen. Morgen kommt ein Agent vom FBI, um Sie zu vernehmen. Bis dahin sind Sie unser Gast. Möchten Sie, dass wir Ihr Konsulat kontaktieren?« Simone Peters hatte das Gefühl, jemand habe sie mit einem Hammer niedergeschlagen. Wieso morgen? Hieß das, sie sei verhaftet und müsste die ganze Nacht in einer Zelle hier im Flughafen verbringen? Und was war mit ihrem Urlaub – oder ihrer Freundin, die im Hotel auf sie wartete?

»Haben Sie noch Ihren Wohnsitz in Miami?«, wollte der Polizist jetzt wissen. – »Ich wohne nicht in Miami, ich wohne in Deutschland. In Miami war ich noch nie«, antwortete sie. Sie schaute dem Mann direkt ins Gesicht. Doch da war nur Härte. Ihn interessierte nicht im Geringsten, dass er hier die falsche Person hatte. Nun konnte sie kaum noch ihre Tränen zurückhalten und begann zu weinen. Doch die Polizisten beeindruckte das gar nicht.

Tatsächlich musste Peters die Nacht in einer Zelle am Flughafen verbringen. An Schlaf war nicht zu denken. Wenigstens durfte sie noch einen Telefonanruf tätigen und konnte ihren Vater, den Anwalt in Deutschland, verständigen. Dieser kontaktierte sofort die deutsche Botschaft.

Nach endlos langen Stunden kam am nächsten Morgen tatsächlich eine US-Beamtin, um die Deutsche abzuholen. Die Polizistin war deutlich freundlicher als ihre Kollegen am Vortag. »Guten Morgen. Mein Kollege vom FBI ist hier. Versprechen Sie mir, ruhig zu bleiben? Dann muss ich Sie nicht mit Handschellen zum Verhör bringen«, sagte die Beamtin. Peters war einfach nur froh, aus dieser Zelle zu kommen. Die Polizistin gab ihr eine Flasche Wasser und sagte: »Es ist auch jemand von der deutschen Botschaft da.« Jetzt endlich konnte die 33-Jährige aufatmen. Die ganze Nacht hatte die Bankerin gegrübelt, was sie erwarten würde und wie sie nur ihre Unschuld beweisen könnte.

Peters wurde in denselben Raum gebracht wie am Vortag. Diesmal waren drei Personen anwesend: Ein Mann im Anzug stellte sich als Mitarbeiter der Botschaft vor. Ein weiterer als ihr Anwalt, den Peters Vater in der Nacht für sie organisiert hatte. Er war zwar

US-Bürger, stammte aber gebürtig aus Deutschland und kümmerte sich als Jurist um Angelegenheiten deutscher Mandanten, die in den USA lebten. »Ihr Vater ist auch schon unterwegs und kommt um 20 Uhr an. Wir holen ihn ab und bringen ihn zu Ihrem Hotelzimmer«, sagte der Anwalt. Da wurde Simone Peters das erste Mal seit Stunden ruhig. »Ist denn alles schon aufgeklärt? Kann ich gehen?«, fragte sie voller Hoffnung. Nein, noch nicht – erst stand noch die Vernehmung durch das FBI an.

Der dritte Mann im Raum war der FBI-Agent. Es folgte eine Vernehmung – dann konnte die Deutsche gehen. Das FBI hatte nach ihrer Festnahme bei der Einreise die Akte wieder genauer unter die Lupe genommen. Man hatte dabei überprüft, wann sie und wie oft sie in die USA gekommen war. Mit ihren Daten war weder eine Einreise noch eine Ausreise registriert. Vielmehr wurde lediglich ihre Identität bei der Erstellung eines Onlineshops missbraucht, über den gefälschte Markenhandtaschen verkauft wurden. Und als Anschrift im Impressum der Seite war eine Adresse in Miami angegeben worden – hier hatte aber Simone Peters niemals gelebt. Es handelte sich um die Anschrift eines Altenheims.

Da sich Peters erwiesenermaßen nicht in den USA aufgehalten hatte, die gefälschte Markenware aber von hier aus vertrieben wurde, war der Fall zumindest für sie rasch aufgeklärt – die Bankerin durfte mit dem Mitarbeiter der deutschen Botschaft und ihrem Anwalt den Flughafen endlich verlassen. Ihr Vater hatte noch am Abend ihre Freundin erreicht, die im Hotel vergeblich wartete, aber immerhin in das Zimmer einchecken konnte. Und als ihr Vater schließlich am Abend in New York eintraf, war die Deutsche endlos erleichtert – und konnte nun sogar mit ihrem Vater zusammen noch ihren 33. Geburtstag feiern.

Die Geschichte der Bankerin zeigt, was passieren kann, wenn einfach nur Name und Geburtsdatum von Betrügern in einem fremden Land missbraucht werden. Man mag sich fragen, warum für die Aufklärung eine Nacht in der Flughafenzelle nötig war und es nicht schneller ging. In den USA ermitteln die Behörden ähnlich wie in Deutschland. In diesem Fall hatte die Modefirma Louis Vuitton Anzeige gegen den Betrugsshop erstattet. Die amerikanischen Ermittlungsbehörden wurden daraufhin tätig, irgendwann lud die Staatsanwaltschaft die vermeintliche Shopbetreiberin zum Verhör ein. Die Vorladung wurde postalisch an das Altenheim in Miami geschickt. Doch hier gab es natürlich keine Bewohnerin mit dem Namen Simone Peters. Und da die echte nichts ahnend ihr Leben als Bankerin in Deutschland führte, erschien sie natürlich nicht – und wurde in Abwesenheit verurteilt. Da aber die gesuchte Person fehlte, blieb die Akte offen mit dem Vermerk »Gesucht!«. So kam es, dass die Akte als offen registriert war, als die echte Simone Peters in die USA einreiste.

Die USA[18] sind übrigens das erste Land, das 1998 mit dem Identity Theft and Assumption Deterrence Act ein Gesetz erlassen hat, das bereits den Diebstahl von persönlichen Daten unter Strafe stellt. Dadurch haben die Opfer von Identitätsmissbrauch einen erheblich besseren Schutz als Opfer hierzulande oder in der EU, wo es lange keine umfassende gesetzliche Regelung für Opfer gab.

Außer bei Betrug kommt Identitätsdiebstahl übrigens oft bei Mobbing und Stalking vor. Seit Tina Groll Opfer geworden ist, betreibt sie die Website www.identitaetsdiebstahl.info[19]. Hier können Betroffene erste Orientierung finden und auf ihre Fragen die wichtigsten Antworten lesen. Viele schreiben auch. Unter den Zuschriften sind viele Fälle, in denen sich der Expartner nach der Trennung mit Identitätsmissbrauch rächen wollte.

Cem Karakaya erzählt aus dem Polizeialltag: Stalking durch den Ex

Auch an diesem Tag klingelt das Beratungstelefon wieder unablässig. Unter einer Hotline können Münchner Bürgerinnen und Bürger, die mit Internetkriminalität Probleme haben, Hilfe bei der Polizei finden. Das Telefon steht in meinem Büro.

An diesem Nachmittag ist eine junge Frau am Apparat. Sie ist sehr aufgeregt. »Ich wurde gehackt!«, sagt sie. Das ist oft der erste Gedanke, wenn seltsame Dinge online passieren, die sich der Betroffene nicht anders erklären kann.

»Was ist denn passiert, bitte?«, frage ich nach. Aus der Frau am Telefon bricht es jetzt heraus: »Mein Exfreund weiß alles! Wo ich bin, mit wem ich kommuniziere! Er hat sogar Fotos, die ich nach unserer Trennung gemacht habe! Wie kann das sein? Ich vermute, dass mein Expartner mich gehackt hat und sich Zugriff auf alle meine Daten verschafft. Er kennt sich gut mit IT aus«, erzählt sie. Ich versuche, die Anruferin erst einmal zu beruhigen und möchte wissen, wie sie zu ihrer Vermutung kommt. »Mein Exfreund schreibt mir immer Nachrichten. Sie klingen vielleicht harmlos, aber sie machen mir Angst. Beispielsweise schreibt er mir: ›Trink nicht so viel‹, wenn ich gerade tatsächlich in einer Bar bin. Wenn ich gerade einkaufe, schickt er mir die Waren, die im Angebot sind. Und es sind so schrecklich viele Nachrichten! Bestimmt hundert am Tag! Ich kann einfach nicht mehr!« Die Frau erzählt, dass die Nachstellungen des Expartners ein solches Ausmaß angenommen hätten, dass sie sich kaum mehr traue, die Wohnung zu verlassen. »Das Ganze beeinträchtigt mein ganzes Leben. Neulich hat er sogar über mein Facebook-Konto meine Chefin beleidigt – unter meiner Identität. Er muss also auch mein Profil gehackt haben! Gott sei Dank glaubt meine Chefin mir, will aber, dass das Ganze aufhört.«

Ich frage die Frau, wie lange sie mit ihrem Partner zusammen war. »Es waren bestimmt fünf Jahre. Aber warum wollen Sie das wissen?«, fragt sie. Tatsächlich ist das für die Ermittler eine relevante Information. »Sie sagten gerade, Ihr Expartner kenne sich gut mit IT aus. Kann es vielleicht sein, dass er Ihnen Ihr Smartphone damals eingerichtet hat? Und möglicherweise auch Ihre Profile in sozialen Netzwerken und anderes? Dann wäre zu erklären, dass er alle Ihre Zugangsdaten kennt«, sage ich. Die Anruferin schweigt. »Oh Gott«, sagt sie dann. »Wir müssen davon ausgehen, dass er auch Ihr WLAN-Kennwort hat, und Sie haben vermutlich nach der Trennung weder Ihre Passwörter geändert noch Ihre Zugangsdaten, richtig?«, frage ich. »Ja, das stimmt. Das habe ich noch nicht«, sagt sie. »Sie wohnen immer noch in derselben Wohnung?«, frage ich nach. »Ja«, sagt sie. »Und haben Sie ein iPhone?«, frage ich. Auch hier lautet ihre Antwort Ja.

Tatsächlich hatte der rachsüchtige Expartner seine ehemalige Freundin gar nicht gehackt – er war schon so im Besitz aller ihrer Zugangsdaten. Und weil er ihr iPhone eingerichtet hatte, konnte er auch einfach auf ihr Apple-Konto zugreifen. So war er in der Lage, nach der Trennung ihr Smartphone zu orten – und wusste auf wundersame Weise immer genau, wo sich die frühere Partnerin aufhielt. Wie sich herausstellte, hatte er sich ein neues iPhone besorgt und dieses als zweites Gerät unter ihrem Account eingerichtet. Damit war er in der Lage, an alle Daten vom Telefon seiner früheren Partnerin in Echtzeit zu gelangen: Er konnte alle E-Mails und Nachrichten mitlesen, alle Fotos sehen, wusste stets, welche neuen Apps sie benutzte, und bekam sogar Informationen darüber, welche Fitnessdaten das Smartphone der Expartnerin speicherte, weil sie diese Funktion rege nutzte. So wusste der Mann, was seine Exfreundin aß, wie viel sie schlief, ob sie Sport trieb und vieles mehr. Und nicht nur das: Der Mann hatte sich sogar eine E-Mail-Umleitung der Nachrichten seiner Exfreundin eingerichtet. Somit kam jede Nachricht auch bei ihm an. So wollte der rachsüchtige Ex erfahren, ob es einen neuen Mann im Leben seiner Exfreundin gab.

Und nicht nur das: Bei Facebook hatte er ihren Beziehungsstatus wieder verändert. Hier stand nun, dass sie in einer festen Beziehung sei – dabei hatte die Frau dies nach der Trennung absichtlich geändert. Und sich dann gewundert, warum die Änderung nicht gespeichert worden war.

»Könnte er auch Onlinebestellungen absichtlich verändert haben?«, fragt die Anruferin. Und erzählt, dass sie in den letzten Wochen ständig falsche Lieferungen erhalten habe. Bestellte sie Kleider oder Schuhe online, wurden sie immer in Rot geliefert – seiner Lieblingsfarbe. Dabei war sie sich ganz sicher, dass sie eine andere Farbe ausgewählt hatte.

Und das war noch nicht alles: Weil sie das WLAN-Passwort nicht geändert hatte, konnte sich der Exfreund Zugriff auf ihren Router verschaffen und so nachvollziehen, was sie online gemacht hatte. Dazu musste er nur in die Nähe ihrer Wohnung kommen und dabei nicht entdeckt werden. Tatsächlich hatte sie ein paarmal sein Auto ganz in der Nähe parken sehen, hatte aber angenommen, dass er in seiner Lieblingskneipe um die Ecke zum Fußballgucken war, um die sie seit der Trennung einen großen Bogen machte. Stattdessen hatte der Stalker aber vermutlich von ihrer Festplatte Sicherheitskopien gemacht – und konnte danach alle Daten bei sich zu Hause in Ruhe überprüfen. Mit einem speziellen Programm, das man im Darknet für 18 Dollar bekommt, ist das ganz einfach möglich.

Das einzig Gute an dem Fall war, dass die junge Frau kein Smarthome hatte. Ansonsten hätte der Expartner noch viel mehr Unheil anrichten können: Denn wenn sich Haustüren per Smartphone öffnen lassen, das Licht einschalten oder die ganze Wohnung über Kameras beobachten lässt, hätte der Ex noch mehr Zugriff auf ihr Leben gehabt.

Smartphones sind für Stalker eine mächtige Waffe. Es ist gar nicht mehr nötig, das Opfer aufwendig zu verfolgen – das Allermeiste erledigt das Handy. Und das Opfer trägt das Spionagetool sogar noch freiwillig mit sich herum und füttert es mit Daten. So ist Stalking quasi vom Wohnzimmer aus möglich.

»Und was kann ich jetzt dagegen tun?«, will die Anruferin wissen. Die Lösung lautet: ein neues digitales Ich erstellen.

Das klingt aufwendiger, als es ist: »Sie erstellen ein neues Benutzerkonto und das alte deaktivieren Sie einfach. In solchen Fällen bietet Apple Ihnen auch Hilfe an. Für das Erstellen nehmen Sie bitte eine neue E-Mail-Adresse mit einem neuen Passwort. Ändern Sie das WLAN-Kennwort und den Namen von Ihrem WLAN-Router. Gut wäre, wenn Sie Ihren WLAN-Router außerdem unsichtbar machen. Das heißt: Niemand in Ihrer Umgebung sollte den Router anwählen können. Das lässt sich ganz einfach einstellen«, erkläre ich der Frau. »Außerdem sollten Sie alle Zugangsdaten für Ihre bestehende E-Mail-Adresse, alle Profile in sozialen Netzwerken und anderen Plattformen ändern. In der Regel bieten die Netzwerke sogenannte Zwei-Faktor-Authentifizierung. Diese Funktion sollten Sie einrichten. Damit haben Sie die Möglichkeit, sollte noch einmal jemand ein Konto von Ihnen kapern, es einfach wieder zurückzubekommen.« Die Frau ist erleichtert. Eine Frage hat sie allerdings noch: »Kann ich eine Anzeige erstatten?«

Seit 2007 ist Nachstellung, also Stalking, strafbar. »Ja, das können und das sollten Sie auch. Sie haben auch die Möglichkeit, nach dem Gewaltschutzgesetz dem Täter mit einer einstweiligen Verfügung gerichtlich zu verbieten, mit Ihnen Kontakt aufzunehmen – und das in jeder Form«, erkläre ich ihr.

Dieser Stalking-Fall ging insofern »gut« aus – der Exfreund unterließ nach der Anzeige alle Nachstellungen und die junge Frau konnte wieder ihr Leben genießen. Seit der Tat ändert sie aber mindestens einmal im Monat ihre Passwörter und gibt sie nicht mehr an Dritte weiter – auch nicht an ihren neuen Lebenspartner.

In anderen Fällen von Stalking über das Internet geht die Sache nicht so einfach aus. An einen Fall erinnere ich mich gut, als der

Täter das Opfer damit erpresste, entweder die Beziehung wieder aufzunehmen oder er würde erotische Bilder und Videos auf YouTube und Pornoseiten veröffentlichen. Genau solche intimen Aufnahmen machen es späteren Opfern schwer: Denn sind solche Bilder erst einmal in der Welt und hat der Partner eine Kopie davon, gibt es im Zweifel kaum noch Kontrolle darüber. Selbst wenn solche Aufnahmen gelöscht wurden, bleibt unklar, wer Kopien davon hat, wer sich die Fotos auf seinen Rechner geladen und anderswo wieder hochgeladen hat und wie oft die Bilder schon von Dritten angeschaut wurden. Und ist ein Server – wie bei Pornoseiten häufig der Fall – im Ausland, können Ermittlungsbehörden meist nur wenig tun. Besser ist es daher: Solche Fotos erst gar nicht anzufertigen. Denn leider vergisst das Internet einfach nichts.

Häufig sind auch Fälle, in denen sich gekündigte Mitarbeiter am Chef rächen. Und immer wieder kommt es bei Mobbing vor, dass die Täter unter der Identität des Opfers zum Beispiel bei Facebook rechtsextreme Äußerungen verbreiten oder eine Straftat ankündigen. Wieder andere erleben Identitätsmissbrauch durch rücksichtslose Konkurrenten – da wird versucht, den Mitbewerber mit gezielter Reputationszerstörung aus dem Geschäft zu drängen. Und leider kommt es auch vor, dass Lehrer, Dozenten oder Professoren es mit Schülern oder Studenten zu tun haben, die sich auf diese Weise für schlechte Noten rächen wollen. Und manchmal scheint es überhaupt keine Erklärung zu geben, zum Beispiel, wenn Kinder und Jugendliche Opfer von Cybermobbing werden.

Die Schuldfrage in Zeiten von Big Data

Die Frage, wie denn ein Identitätsdiebstahl nur passieren konnte und ob ich etwa nicht sorgfältig mit meinen Daten umgegangen wäre, kann ich nicht mehr hören. Die meisten Menschen finden die Geschichte auf gruselige Weise faszinierend. Aber viele nehmen an, dass ihnen das nicht passieren könnte. Sie gehen ja nicht leichtfertig mit ihren Daten um. Ach ja?

Problematisch ist, dass der Eindruck, die Opfer seien selbst schuld, in fast jeder einschlägigen Literatur zum Thema Identitätsdiebstahl erweckt wird und sich bis dato hartnäckig hält, obwohl Identitätsmissbrauch zu einem Massenphänomen geworden ist. Man kann es nicht oft genug sagen: In einer Welt von Big Data ist es unmöglich, verantwortungsvoll mit den eigenen Daten umzugehen – oder gar sparsam mit Daten zu sein.

Wir produzieren und hinterlassen überall Daten und haben bei normaler Internetnutzung überhaupt nicht in der Hand, wer damit handelt, sie weiterverarbeitet und analysiert oder Schlimmeres damit macht.[20] Einen Datenbrief, wie ihn Datenschützer seit Jahren fordern, gibt es bis heute nicht. Die Idee dahinter ist, dass alle Unternehmen, die personenbezogene Daten sammeln, erfassen, speichern, verarbeiten oder damit handeln und diese weitergeben, den Bürgern von sich aus und nicht auf Nachfrage hin einmal im Jahr Auskunft darüber geben müssen, welche Daten sie gespeichert haben.[21] Die Widerstände der Wirtschaft gegen die Idee eines solchen Gesetzes sind groß. Und faktisch würde es auf nationalstaatlicher Ebene oder auch auf EU-Ebene nicht viel bringen – das zeigen die Beispiele von Google, Facebook oder Amazon. Denn sehr viele Unternehmen haben ihren Sitz gar nicht in Deutschland und unterliegen insofern gar nicht dem deutschen Datenschutz. Da hilft auch das EU-US Privacy Shield nicht sonderlich viel,[22] eine Absprache zum Datenschutzrecht zwischen der EU und den Vereinigten Staaten. Im Gegenteil: Heute gilt als verdächtig, wer zurückhaltend mit seinen Daten ist, wer in seinem Smartphone die Ortungsfunktion für viele Dienste ausschaltet und wer in sozialen Netzwerken ein falsches Geburtsdatum angibt. Man wird geradezu gezwungen, sich mit seinen Daten ständig nackt machen zu müssen.

Was viele Menschen nicht verstehen: Das eigentliche Problem bei einem Identitätsmissbrauch mit Warenkreditbetrug sind nicht etwa falsche Forderungen oder Stress mit Inkassofirmen. Der eigentliche Schaden entsteht für die Betroffenen durch die falschen Daten selbst. Durchschnittlich 400 Arbeitsstunden fallen an, um den entstandenen Schaden in den Datensätzen zu beheben. Als ich diese Zahl das erste Mal hörte, musste ich schlucken. 400 Arbeitsstunden? Tatsächlich müssen es in meinem Fall gut 800 Stunden gewesen sein.

Mehr als ein Jahr lang war ich mit der Beseitigung des Identitätsdiebstahls beschäftigt. Und bin es bis heute. Warum, zeigt folgendes Beispiel: An dem Tag, als ich das Antwortschreiben der Creditreform in der Hand halte und von der Polizei zurückkomme, telefoniere ich umgehend mit der Auskunftei. Der Geschäftsführer der Inkassoabteilung ist freundlich. Er rät mir dringend, mich beim Amtsgericht in Bremen-Blumenthal zu melden, wo die Haftbefehle bestehen. Es täte ihm auch leid. Er wolle »die Sache auf Eis legen«, sagt er.

Erst nachdem wir aufgelegt haben, fällt mir auf, dass es damit nicht getan ist. Wieso auf Eis legen? Ich bin nicht die Schuldnerin. Da ist nichts auf Eis zu legen, da sind die falschen Daten zu löschen, und zwar umgehend. Aber genau wie es die Creditreform zunächst nicht tut, tun es viele weitere Unternehmen nicht. Die, bei denen die Waren bestellt worden sind, und auch die Inkassounternehmen haben die falschen Adressen und die Forderungen in der Regel an Schufa und Co. – insgesamt gibt es mehr als 80 solcher Unternehmen hierzulande – gemeldet. Bei Schufa, Creditreform, Infoscore und ihren Mitbewerbern führt man diese falschen Daten einfach mit den realen zusammen.

So sinkt kontinuierlich die Bonität. Und so entsteht ein völlig falscher Datensatz, in dem reale und falsche Daten aus dem Identitätsmissbrauch miteinander vermengt werden. Dieses Datenknäuel wird weitergehandelt. Denn die datenverarbeitenden Unternehmen und Auskunfteien setzen in der Regel ihre Vertragspartner – meist Banken und Sparkassen, Versicherungen und Telekommunikationsunternehmen – von diesen Informationen in Kenntnis. Auch diese Unternehmen geben oft ganz oder teilweise die Datensätze an ihre Geschäftspartner weiter. Und die wiederum an die ihrigen. Wer was wohin verteilt, bleibt völlig intransparent.

Das Datenknäuel verteilt sich auf diese Weise fort und fort. Und wenn an einer Stelle die falschen, »toxischen« Daten wie etwa eine falsche Forderung oder ein falscher geringer Bonitätsscore gelöscht werden, heißt das noch lange nicht, dass sie auch dort gelöscht werden, wohin sie weiterverbreitet worden sind. Geschweige denn dort, wo sie vom Verbreiter des Verbreiters weiterverteilt wurden. Darum begrenzt es oft auch keinen Schaden, wenn an einer Stelle gelöscht wird. Manchmal kommen die bereits gelöschten falschen Daten sogar Jahre später wieder zurück. Wie das genau funktioniert, erklären wir im Kapitel 7 dieses Buches. Und so ist auch nachvollziehbar, warum 400 Arbeitsstunden für die Beseitigung des Schadens noch recht optimistisch geschätzt sind. Wenn die Einträge von den Auskunfteien auch noch gestohlen werden, wie etwa im Fall von Equifax, dem US-amerikanischen Schufa-Pendant, wo die Daten von 143 Millionen Verbrauchern gestohlen wurden,[23] dann hat man nicht einmal theoretisch die Möglichkeit, seine Daten zu korrigieren.

Wer hilft einem dabei? Heute gibt es nicht nur Unternehmen, die für gutes Geld Opfer von Identitätsdiebstahl in sämtlichen Fragen vertreten. Und auch immer mehr Juristen entdecken diesen Markt. Identitätsdiebstahl ist damit nicht nur für die Betrüger ein schönes Geschäft geworden.

2009 ist das noch anders.

Ich habe Angst, dass ein Gerichtsvollzieher bei mir auftauchen könnte. Oder eine Gehalts- oder Kontopfändung durchgeführt werden könnte. Oder ich doch noch im Gefängnis lande. Wie soll ich davon rechtzeitig erfahren und dem entgegenwirken, wenn die Betrüger doch falsche Adressen nutzen? Einen ganzen Tag verbringe ich mit der Suche nach einem Anwalt. Eine Rechtsschutzversicherung habe ich nicht. Ich überlege, eine abzuschließen. Nein, dieser Fall wäre nicht versichert, heißt es damals bei den Anbietern. Cybercrime versichere man generell nicht, sagt mir eine Versicherung. Eine andere meint: Der Streitwert wäre zu hoch. Und jetzt, wo ich Kenntnis von dem Betrug habe, würde sie sowieso nicht mehr dafür aufkommen.

Heute haben viele Versicherungen speziellen Schutz gegen Cybercrime in ihren Portfolios. Doch diese Produkte können keinen Datenmissbrauch und die damit verbundene Arbeit verhindern. Meist handelt es sich um teure Zusatzpolicen, die bei rechtlichen Streitereien rund ums Internet die Kosten abfedern sollen. Faktisch bringen diese Policen aber wenig, weil im Kleingedruckten viele Risiken ausgeschlossen sind.[24] Und so bleibt am Ende doch nur die Suche nach einem guten Anwalt auf eigene Kosten.

Irgendwann finde ich eine Kanzlei. Sie ist groß, renommiert, teuer – aber glücklicherweise gut. Mein Anwalt kennt sich nicht nur mit Strafrecht aus, er ist auch Datenschutzexperte. In den kommenden Wochen setzt sich mein neuer Anwalt dafür ein, dass die Inkassofirmen die Vollstreckungsmaßnahmen gegen mich einstellen. Er erfährt beim Amtsgericht, dass dort weitere Haftbefehle für Personen mit meinem Familiennamen vorliegen – unter der gleichen falschen Adresse. Ich google die Namen und finde im Internet die Identitäten, inklusive Geburtsdaten.

Mein Anwalt führt einen umfangreichen Schriftwechsel mit der Creditreform und anderen. Denn mittlerweile trudeln täglich neue Forderungsschreiben, oft über mehrere Tausend Euro, bei mir ein. Etwa ein Mahnschreiben von einer Firma mit dem Namen Domnowski Inkasso. Rund 1.600 Euro möchte das Unternehmen von mir haben – für eine Bestellung bei einer Modefirma aus Norddeutschland, deren Name ich noch nie gehört habe. Allmählich dämmert mir, dass ich, soll der Spuk aufhören, Kontakt zu allen großen Auskunfteien aufnehmen muss.

Wieder versende ich die Briefe per Einschreiben. Wieder warte ich tagelang auf Antwort. Und lerne einige Wochen später, dass dies nicht genügt und vor Gericht auch nicht beweisbar wäre, denn ein Einschreiben weist nicht nach, was versandt wurde. Fortan stelle ich Schriftstücke zuvor per Fax zu, archiviere den Sendebericht und schicke danach die Briefe mit der Post. Jeden Abend verbringe ich Stunden mit dem Aufsetzen der Schreiben. Aktenordner beginnen sich in meinem Bücherregal zu stapeln. Und bei der Post bin ich allmählich Dauergast, ebenso wie im Elektronikmarkt, wo ich ständig neue Tintenpatronen für meinen Drucker besorgen muss.

Wirklich an den Nerven zehrt, dass meine Schreiben immer wieder wirkungslos sind und meist mein Anwalt ranmuss, damit die Unternehmen aufhören, gegen mich zu vollstrecken. Also schreibt im zweiten Schritt mein Anwalt und kündigt hohe Schadensersatzforderungen an, sofern die Firmen die falschen Daten nicht löschen. Die Löschung erfolgt trotzdem meist erst Wochen später. In vielen Fällen muss mein Anwalt den Unternehmen aber sogar mehrmals erklären, wie die Datenlöschung nach dem Datenschutzgesetz zu erfolgen hat. Alles das kostet Zeit, Nerven und Geld. Mein Anwalt rechnet auf Stundenbasis ab. Am Ende werde ich feststellen, dass es günstiger gewesen wäre, einfach die Schulden der Betrüger zu bezahlen. Und oft bleiben uns die Firmen die Antwort schuldig, an wen sie die Daten weiterverbreitet haben. Wir bohren also immer und immer wieder nach. Viele Betroffene geben spätestens an dieser Stelle auf. Wer kleine Kinder zu versorgen oder Angehörige zu pflegen hat und einfach nicht die Kraft und Zeit aufbringen kann, ist an dieser Stelle hilflos der Ignoranz der Unternehmen und der toxischen Wirkung falscher Daten ausgesetzt.

Ich beiße mich durch, will mir das nicht gefallen lassen und schreibe allen datenverarbeitenden Unternehmen und Auskunfteien und fordere eine Selbstauskunft an. Erst seit 2010 haben Bürger einen Anspruch auf eine kostenlose Selbstauskunft pro Jahr. Ebenso nutze ich seitdem den Update-Service der Schufa.[25] Deutschlands größte Auskunftei hat Daten von mehr als 67,2 Millionen Deutschen gespeichert.[26] Mehr als 9.000 Unternehmen nutzen die Schufa, darunter zahlreiche Banken, Versicherungen und Handelsunternehmen. Und sie bietet einen kostenpflichtigen Service für Privatpersonen an, der regelmäßig über Änderungen in den bei ihr gespeicherten Daten informiert. Nach eigenen Angaben soll der Update-Service vor allem im Falle eines Identitätsmissbrauchs dabei helfen, schnell zu reagieren. Über zwei Millionen Menschen sollen den Dienst bereits nutzen.[27] Einmal im Quartal bekommt man eine Nachricht aufs Handy und als E-Mail, wenn der Score neu berechnet wird. Werden neue Daten eingetragen, wird man umgehend informiert.

Was sich konkret verändert hat, geht aus der Benachrichtigung allerdings nicht hervor. Dafür muss man sich in einem mehrstufigen Identifizierungsverfahren bei der Schufa einloggen und alle dort gespeicherten Daten einzeln überprüfen. Seit Herbst 2016 gibt es auch eine Opferdatei bei der Schufa, in die man sich eintragen lassen kann.[28] In meinem Fall hatte man bei der Schufa auch einen Vermerk vorgenommen. Dieser machte sich auch später immer mal wieder bemerkbar: Bestellte ich Ware im Internet und prüfte ein Händler meine Bonität, bekam ich eine Nachricht von der Auskunftei mit der Anfrage, ob tatsächlich ich eine Bestellung vorgenommen hatte.

Identitätsdiebstahl ist auch für die Schufa heute zu einem Geschäftsmodell geworden. Das Unternehmen bietet zum Identitätsschutz verschiedene kostenpflichtige Services an.[29] Je nach Umfang des gebuchten Pakets gibt es beispielsweise eine telefonische Beratung, wenn man den Eindruck hat, Opfer geworden zu sein. Außerdem informiert die Schufa die Kunden in einem Internetmonitoring-Bericht über Daten, die über den Betroffenen im Netz gefunden werden – so soll man zum Beispiel erfahren, ob der eigene Name irgendwo im Impressum eines betrügerischen Onlineshops aufgeführt ist. Außerdem bietet die Schufa nach eigenen Angaben auch »Hilfe bei der Bereinigung der Spuren von Identitätsmissbrauch im Internet«. Darauf haben sich auch andere Unternehmen spezialisiert.

Die Reputation wiederherzustellen ist vor allem sinnvoll, wenn der Identitätsmissbrauch tatsächlich zu einer nachhaltigen Rufschädigung geführt hat – zum Beispiel weil unter dem Namen des Opfers ein betrügerischer Shop im Ausland eröffnet wurde, der nicht so schnell geschlossen werden kann. Allerdings sind diese Dienstleistungen oft sehr teuer und auch häufig nicht vollständig. Denn befinden sich die rufschädigenden Einträge auf Seiten, die im Ausland gehostet werden, kann man in der Regel keine Löschung veranlassen. Man kann aber mit etwas Suchmaschinenoptimierung die digitale Reputation wieder aufpolieren, damit die positiven Einträge zum Beispiel vorne bei Google sind.

Was man hingegen auf jeden Fall tun kann – auch präventiv –, ist, das Angebot von https://selbstauskunft.net zu nutzen. Diese Website wurde 2010 von Datenschützern gegründet und bietet Verbrauchern teilweise kostenfrei an, datenverarbeitende Unternehmen, Behörden und Auskunfteien anzuschreiben. Je nach Umfang der Unternehmen und auch Behörden, die von https://selbstauskunft.net angeschrieben werden können, zahlt man bis zu zehn Euro.[30] Das ist ein günstiger Preis verglichen mit den vielen Hundert Arbeitsstunden, die sonst auf einen zukommen. Insofern ist der Service eine enorme Hilfe für Opfer von Identitätsdiebstahl. 2009 und 2010 war das noch eine zermürbende Sisyphusarbeit.

Monatelang treffe ich keine Freunde oder Kollegen. Abend für Abend gehe ich die Listen durch: Wer hat geantwortet? Wer hat den schriftlich und juristisch akzeptablen Nachweis über die Löschung der Daten erbracht? Bei welchem Unternehmen steht dies noch aus? Wann läuft die Antwortfrist aus? Auch hier hilft nur: Druck, Druck und nochmals Druck machen.

Ein ganzes Jahr ist an einen längeren Urlaub nicht zu denken. Aber nicht nur, weil ich es den Firmen schwer mache – sondern weil sie es mir schwer machen! Denn wenn die meist sehr kurzen Fristen in den Mahnungen verstreichen, kündigen die Inkassounternehmen Pfändungen durch Gerichtsvollzieher an. Versäume ich eine dieser Fristen, riskiere ich, dass trotz Anzeige und polizeilichen Ermittlungen zunächst mein Gehalt oder mein Konto gepfändet werden. Und nicht nur das: Jeden einzelnen Betrugsfall muss ich anzeigen, jede neue Erkenntnis der Polizei mitteilen.

Später werden die Ermittler vermuten, dass meine Betrüger zur sogenannten Kategorie 3 gehören. An der Bremer Adresse hat nicht nur Identitätsdiebstahl im großen Stil stattgefunden, auch andere Straftaten sollen dort begangen worden sein. Die Täter sollen zu einer osteuropäischen organisierten Bande gehören, teilt mir ein Ermittler irgendwann mit. Geschnappt werden sie natürlich nie.

Aber selbst wenn die Polizei die Täter erwischt hätte, hätte mir das nicht bei der Schadensbewältigung geholfen. Ob Autokauf, Kontoeröffnung, Handyvertrag oder Immobilienfinanzierung – seit ich Opfer geworden bin, fürchte ich jedes Mal, dass es Probleme gibt. Dass ich von einem peinlich berührten Mitarbeiter diskret zur Seite genommen werde und man mir erklären wird, dass meine Bonität oder ein nicht gelöschter falscher Schuldeneintrag es nicht zulässt, mir etwas Selbstverständliches zu ermöglichen.

Die Täter werden selten erwischt

Angesichts der langjährigen Folgen eines Identitätsdiebstahls ist es enttäuschend, dass die Aufklärungsquote bei diesen Taten sehr gering ist. Viele Ermittlungsbehörden kommen gar nicht mehr hinterher, oft wird überhaupt nicht ermittelt, sondern direkt eingestellt.

Allerdings muss man auch das Dilemma anerkennen, in dem sich die Ermittler befinden: Letztlich kann Internetkriminalität so ziemlich jeden Straftatbestand umfassen, der im Strafgesetzbuch steht. Daher ist es nicht nur für die Opfer, sondern auch für die Polizei selbst schwer, die richtige Dienststelle zu finden, die den Vorgang bearbeiten soll. Wenn jemand im Internet etwas bestellt, das Geld überweist, aber die Ware nicht bekommt – ist das gleich Internetkriminalität? Ja und nein. In erster Linie handelt es sich hierbei um Betrug. Also ist in der Regel auch die Dienststelle zuständig, die Betrugsdelikte bearbeitet. Zwar können die Cybercrime-Experten der Polizei auch ihre Unterstützung anbieten oder hinzugezogen werden – dann wird der Fall in der Regel aber von gleich zwei verschiedenen Dienststellen bearbeitet. Aber das bedeutet auch: Die Ermittlungen werden dadurch komplizierter.

Und dann darf man die Gesetzgebung nicht vergessen: Geht es um eine Straftat in sozialen Netzwerken, Suchmaschinen und Plattformen, die in den USA gehostet sind, kann die Polizei oft nicht weiterhelfen, denn viele Ermittlungsersuche werden aus den Vereinigten Staaten negativ beschieden. Zwar kann man dann immer noch Anzeige erstatten, mehr wird aber nicht geschehen. Daher lautet die allererste Frage der Ermittler immer: Wo steht der Server? Wenn sich dieser im Ausland befindet, ist die nächste Frage: Ist in diesem Land die Tat ebenso wie in Deutschland überhaupt strafbar? In vielen Ländern ist aber das, was hierzulande eine Straftat darstellt, nicht justiziabel. Dann sind der Polizei die Hände gebunden und die Opfer bleiben sich letztlich selbst überlassen.

Noch nicht absehbar ist, welche neuen Risiken durch den elektronischen Personalausweis entstehen und wie die Ermittlungsbehörden hier vorgehen können. Schon heute lässt sich mit der digitalen Kopie eines Passes oder Personalausweises viel Schindluder treiben. Es häufen sich Fälle, in denen damit Konten eröffnet wurden, Autos, Grundstücke oder auch Waffen gekauft wurden oder Terrornetzwerke massenhaft Kopien solcher Ausweise bekommen haben. Letztlich sind der Fantasie hier keine Grenzen gesetzt.

Apropos Fantasie: Irgendwann kehrt Ruhe in mein Leben ein. Im Briefkasten sind wieder Urlaubspostkarten von Freunden und Briefe, die ich auch erwarte. Ich habe endlich wieder Freizeit und treffe wieder Freunde und Bekannte. An einem Abend erzähle ich die Geschichte einem Freund, der Schriftsteller ist. Er findet sie furchtbar – furchtbar anregend. »Das ist ein toller Stoff für einen Thriller!«, sagt er und spinnt weiter: »Stell dir vor, du würdest so herausfinden, dass du eigentlich eine multiple Persönlichkeit bist und noch ein zweites Leben führst, von dem du nichts ahnst.« Mich gruselt diese Idee. Aber ich muss auch darüber lachen. Das erste Mal nach Monaten. Ein ähnliches Buch gibt es übrigens schon. Es heißt *Talk talk*[31] und wurde von T. C. Boyle geschrieben.

Die Bilanz am Ende meines Identitätsdiebstahls sieht so aus: Ich habe gut 800 Arbeitsstunden, sehr viel Geld für juristische Vertretung und enorm viel Lebensenergie investieren müssen. Der Schaden für meine Reputation lässt sich nicht einmal beziffern. Am Ende ist sie vielleicht deutlich wertvoller geworden, als wäre mir diese Tat nie passiert. Ich wollte zwar nie Expertin für Identitätsdiebstahl werden. Aber manchmal findet man nicht die Themen, sondern die Themen finden einen selbst. Wir Journalisten nennen das Reporterglück.

Cem Karakaya erzählt aus dem Polizeialltag: Cybermobbing an Schulen

Es gibt bei Internetkriminalität eine besondere Gruppe von Opfern, aber auch Tätern: Kinder und Jugendliche. Als Opfer, weil sie weder die Möglichkeit haben, die Heftigkeit der Attacken zu verarbeiten, noch die Möglichkeit, sich gegen das gezielte Mobbing im Netz zu wehren. Und als Täter, weil sie meist noch keinen Begriff davon haben, dass das Internet kein rechtsfreier Raum ist. Sie kennen das Urheberrecht nicht und auch nicht das Recht am eigenen Bild. Sie fotografieren ihre Mitschüler und laden diese Bilder ungefragt auf Plattformen hoch oder verschicken diese an WhatsApp-Gruppen weiter. Das sind streng genommen Straftaten nach § 22 Urheberrechtsgesetz.[32] Sie zeigen Mitschülern Gewaltvideos in der Pause und begehen damit eigentlich eine Straftat nach § 131 Strafgesetzbuch.[33] Teenager machen bisweilen auch sogenannte Sexting-Bilder, also Fotos, auf denen sie sich freizügig zeigen. Sie denken sich nicht viel dabei, schicken diese Fotos oft weiter und verbreiten auf diese Weise Bilder, die – sofern die Gezeigten unter 18 Jahre alt sind und je nach der Pose – gegen § 184 b und § 184 c Strafgesetzbuch verstoßen.[34]

Exemplarisch für die Schmerzen, die dem Opfer zugefügt werden, soll dieses Posting einer Schülerin stehen, die folgende Zeilen in einem Forum für Mobbingopfer geschrieben hat:

> »*Es fing alles an vor einem Jahr, da bekam ich plötzlich SMS und E-Mails, die saublöd waren. ›Du blöde Kuh‹, stand da zum Beispiel. Und: ›Pass ja auf – wir kriegen dich.‹ Am Anfang war mir das egal, aber irgendwann nervte es. Nach ein paar Wochen sagte eine Klassenkameradin, dass ich ja wohl nicht richtig ticke, solche Dinge in Internetforen zu schreiben, und ich wusste gar nicht, wovon sie redet.*

Dann hat sie es mir gezeigt: Irgendwelche Idioten haben in meinem Namen Einträge gemacht: Mal finde ich Hitler gut, dann mal wieder hasse ich alle Lehrer, will mit allen Jungs schlafen, die sich melden – und noch vieles mehr. Bei Facebook gab es sogar eine Hassgruppe mit meinem Namen. Ich habe mich kaum mehr in die Schule getraut und ich hatte dauernd Bauchschmerzen.

Irgendwann habe ich mit meinen Eltern darüber geredet und dann haben wir alle Forenbetreiber angeschrieben. Sie sollten diese Einträge löschen. Es tauchten aber immer wieder neue auf. Und da ging es mir schon richtig schlecht, ich konnte nachts nicht mehr schlafen. Ich musste ständig zittern und habe die ganze Zeit geweint. Kaum jemand in der Schule wollte noch etwas mit mir zu tun haben.

Dann gab es vor ein paar Wochen angebliche Nacktbilder von mir. Die wurden per E-Mail verschickt. Die ganze Schule kennt sie jetzt. Aber ich bin sicher, dass es keine Nacktbilder von mir gibt! Jedenfalls habe ich es nie gemerkt, dass ich nackt fotografiert worden bin.

Mir ist das peinlich. Und ich kann nicht mehr. Sobald ich in die Schule komme, geht dieses Getuschel los. In den Pausen verstecke ich mich auf dem Klo. Wenn ich überhaupt in die Schule gehe. Ich habe morgens immer Panikattacken und wenn es mir zu schlecht geht, muss ich nicht in die Schule. Aber weil ich so viel fehle, sind meine Noten ganz schlecht geworden. Dabei war ich sonst immer gut in der Schule. Am liebsten würde ich nie wieder in die Schule gehen. Manchmal denke ich, dass ich am liebsten gar nicht mehr leben würde.

Warum machen diese Idioten so etwas? Ich weiß nicht, wer dahintersteckt. Meine Eltern haben mich zu einer Psychologin geschickt und ich nehme jetzt Medikamente gegen die Angst. Die Psychologin hat meinen Eltern gesagt, ich soll die Schule wechseln. Aber ich habe Angst, dass das nichts bringt. Und dass es an einer neuen Schule wieder passiert. Ich fühle mich so schlecht. Ich kann einfach nicht mehr. Ich will doch nur meine Ruhe!!«

Tatsächlich haben sich bereits einige Jugendliche nach Cybermobbing das Leben genommen. Weltweit sorgte etwa der Fall der 15-jährigen Amanda Todd aus Kanada für Entsetzen, die nach Monaten des Psychoterrors durch Mitschüler wegen eines Nacktbildes, das von ihr kursierte, 2012 Suizid beging.[35] Gut einen Monat zuvor hatte sie noch ein Video von sich auf YouTube veröffentlicht, in dem sie um Hilfe bat. »Ich habe niemanden«, steht da in schwarzer Schrift auf einer weißen Karte. »Ich brauche jemanden.« Das Video fand leider erst nach ihrem Suizid Beachtung.

Für Kinder ist das Smartphone in Fällen von Cybermobbing eine regelrechte Waffe. Das sehe ich als Polizeibediensteter an den Schulen, an denen ich Vorträge zu diesem Thema halte, immer wieder. Schon an Grundschulen ist Cybermobbing ein Problem. Zwar ist es auch in unserer Kindheit vorgekommen, dass Kinder einander fertiggemacht haben. Doch es gab einen entscheidenden Unterschied für die Opfer: Das Mobbing fand vor allem in der Schule statt, zu Hause gab es einen Schutzraum. Diesen gibt es heute nicht mehr. Kinder, die von ihren Mitschülern gemobbt werden, sind dem Psychoterror oft rund um die Uhr ausgesetzt – per WhatsApp, Facebook und Co. Es fehlt die Zeit, die Angriffe zu verarbeiten. WhatsApp selbst empfiehlt, den Messengerdienst erst ab 13 Jahren zu benutzen. In den Ländern der EU gilt seit 2018 ein Mindestalter von 16 Jahren. Und das ist auch richtig so. Damit Kinder und Jugendliche weder zu Tätern noch zu Opfern werden, sind Selbstbewusstsein und Selbstvertrauen sehr wichtig. Und das können wir als Eltern mit viel Liebe, Vertrauen und nicht abreißender Kommunikation fördern. Das ist die beste Prävention.

Im Übrigen sind von Cybermobbing nicht nur Kinder und Jugendliche betroffen, sondern auch viele Erwachsene. Sie können aber immerhin strafrechtlich wegen Verleumdung (§ 188 Strafgesetzbuch), Beleidigung (§ 185 Strafgesetzbuch) oder übler Nachrede (§ 186 Strafgesetzbuch) belangt werden.

Identitätsdiebstahl und Cybermobbing gehören zwar zu den häufigsten Formen von Internetkriminalität. Sie sind bei Weitem aber nicht die einzigen Delikte. Im nächsten Kapitel zeigen wir, dass es bei Cybercrime um mehr als »normale« Kriminalität gehen kann. Denn das Netz lässt sich auch zum ganz großen Missbrauch nutzen – in der Wirtschaft, in der Politik und im internationalen Terrorismus.

Kapitel 3
Fake-Chefs, Fake-News, Fake-Pässe: Identitätsmissbrauch in Wirtschaft, Politik und für Terror

Neben Identitätsdiebstahl und -missbrauch gibt es noch viele andere Möglichkeiten, wie man mit gefälschten Identitäten Schaden anrichten kann. Gewiefte Profis halten sich gar nicht erst mit Kleinkram und gewöhnlichen Verbrauchern auf, sondern erpressen gleich Millionen von Unternehmen. In anderen Fällen geht es darum, Einfluss auf die Politik zu nehmen. Und auch Terroristen nutzen die Daten Unbescholtener. Das zeigen wir in diesem Kapitel.

Bereits jede vierte Straftat im Bereich der Wirtschaftskriminalität fällt unter Cybercrime. Das hat eine Studie des Beratungsunternehmens PwC ergeben.[36] Jährlich soll der finanzielle Schaden durch Datenklau und Manipulation laut Branchenverband Bitkom bei 445 Milliarden US-Dollar liegen.[37]

Die Kriminellen haben es auf Unternehmen abgesehen, nicht nur um hohe Summen zu erpressen. Sie werden auch von der Konkurrenz angeheuert, um Chaos innerhalb einer Firma zu verbreiten oder um Wirtschaftsspionage zu betreiben. Und manchmal spielen auch politische oder terroristische Motive eine Rolle – beispielsweise wenn die Täter es auf die kritische Infrastruktur abgesehen haben, also Wasserwerke, Stromkonzerne, Atomkraftwerke, Rüstungsbetriebe oder Krankenhäuser angreifen oder militärische Bereiche betroffen sind.

Die Angriffe können sehr unterschiedlich sein. Mal werden Sicherheitskopien und Sicherheitsnetze zerstört, um eine Wiederherstellung von Daten nach einem Angriff zu verhindern und möglichst viel Macht als Erpresser zu haben. Oft machen Unternehmen es den Tätern einfach, weil immer mehr wichtige betriebliche Abläufe outgesourct und online abgewickelt werden. Das geht aus dem Midyear Cybersecurity Report des IT-Unternehmens Cisco hervor.[38] Demnach stehen bei den Kriminellen derzeit vier verschiedene Angriffsmethoden hoch im Kurs.[39] Da wären sogenannte Destruction-of-Service-Attacken (DeOS), bei denen wichtige Back-ups zerstört werden. Damit das Geschäft weiterlaufen kann, müssen die erpressten Firmen dann meist den Forderungen der Täter nachgeben. Beliebt sind zweitens Angriffe mit dateiloser Malware, also einer Software, die nicht auf der Festplatte, sondern nur in einem flüchtigen Speicher vorhanden und damit schwer zu entdecken ist. Gerade der Mittelstand ist so einem Angriff oft hilflos ausgeliefert, denn kleine und mittlere Unternehmen haben nicht so viele Mittel, um in sehr spezielle IT-Sicherheit zu investieren. Drittens nutzen die Täter gern sogenannte Ransomware-as-a-Service-Angriffe.[40] Früher mussten die Kriminellen ihre Erpressungssoftware nämlich noch selber schreiben und in die Systeme ihrer Opfer einschleusen. Heute gibt es die sogenannten As-a-Service-Modelle, bei denen die Täter sich das meiste einfach als Dienstleistung bei entsprechend spezialisierten und ebenfalls kriminellen Anbietern einkaufen. Ihnen muss man vielleicht noch ein paar Mailadressen beisteuern, schon führt der Anbieter den eigentlichen Angriff aus und bekommt dafür einen bestimmten Anteil des Lösegelds als Gebühr. Beliebt sind viertens auch sogenannte Business-E-Mail-Compromise-Angriffe (BEC), bei denen die Mitarbeiter dazu angeregt werden, durch meist offiziell aussehende, aber gefälschte E-Mails Gelder zu transferieren. Allein zwischen Oktober 2013 und Dezember 2016 sollen mit BEC-Angriffen insgesamt 5,3 Milliarden US-Dollar gestohlen worden sein. Fazit: Tatsächlich nutzen die Täter meist nicht etwa Schwachstellen in der IT aus, sondern die Schwachstellen in der menschlichen Firewall: Social Engineering ist eine der erfolgreichsten Vorgehensweisen.

Der Begriff meint, auf zwischenmenschlicher Ebene Personen so zu beeinflussen, dass sie vertrauliche Informationen preisgeben oder zum Kauf eines Produktes oder zur Freigabe von Finanzmitteln bewegt werden. Mit etwas schauspielerischem Talent und sozialen Fähigkeiten bekommt man die meisten Menschen nämlich sehr schnell dazu, hochsensible Daten preiszugeben oder fragwürdige Dinge zu tun – wie etwa im folgenden Fall. Und oft machen es Mitarbeiter und Firmen den Kriminellen noch besonders einfach: mit Passwörtern, die leicht zu knacken sind, privaten Programmen, die Beschäftigte am Arbeitsplatz verwenden, oder einfach einem schlampigen Umgang mit Daten.

Cem Karakaya erzählt aus dem Polizeialltag: Gefakte Chefs

Sandra Müller sitzt auch an diesem Tag an den komplexen Excel-Tabellen. Die Buchhalterin ist für die Überweisungen eines größeren mittelständischen Unternehmens zuständig. Seit 15 Jahren ist die 42-Jährige für den Betrieb tätig – erst in der Firmenzentrale in Berlin, wo sie als Assistenz der Geschäftsführung arbeitete. Später wechselte sie der Liebe wegen in die Zweigstelle nach München, wo sie seither einen Job als Buchhalterin hat. Ihr Ehemann war beruflich an die bayerische Landeshauptstadt gebunden. Und nach der Geburt ihrer zwei Kinder war die Stelle in München ohnehin besser mit der Familie zu vereinbaren als der Assistenzjob in Berlin.

An diesem Tag trennen sie nur noch eine halbe Stunde Arbeit vom Feierabend – in Gedanken ist Müller schon zu Hause. Denn für den Abend hat ihr Mann etwas ganz Besonderes geplant, schließlich ist ihr zehnter Hochzeitstag. Die beiden Söhne hat das Paar bei den Großeltern untergebracht, endlich mal wieder ungestörte Zweisamkeit.

Plötzlich klingelt das Telefon. Der Apparat zeigt die Nummer vom Vorstandsvorsitzenden in Berlin an. Müller bekommt einen kleinen Schreck. Der CEO ruft sie nur in Ausnahmefällen an, auch wenn sie damals in Berlin ein gutes Verhältnis mit ihm hatte. Schnell nimmt sie den Hörer ab. Noch ehe sie sich meldet, sagt der Vorstandsvorsitzende: »Ich grüße Sie, Frau Müller. Ich hoffe, es geht Ihnen gut.« Sandra Müller atmet tief durch. Offenbar ist der Oberchef gut gelaunt. Jedenfalls klingt seine Stimme lebendig – fast viel jünger als sonst. Aber sie hat ihn auch lange nicht mehr gesprochen. »Hallo, Herr Wagner. Danke der Nachfrage. Mir geht es gut, ich hoffe, Ihnen auch. Heute ist ja hier in München so ein schöner Spätsommertag.« – »Bei uns in Berlin auch. Eigentlich zu schön, um zu arbeiten. Aber es gibt einiges zu tun. Um ehrlich zu sein, sind wir gerade etwas unter Druck. Und darum rufe ich auch bei Ihnen persönlich an. Wie läuft es denn in unserer Zweigstelle in München? Ich möchte aber nicht, dass Sie Ihren Chef verpetzen.« Der CEO lacht. – »Es ist alles gut, Herr Wagner. Es gibt nichts zu petzen«, antwortet die Buchhalterin und lacht ebenfalls. »Liebe Frau Müller, Sie waren ja vor vielen Jahren eine verlässliche Kraft. Ich schätze Sie sehr. Eigentlich waren Sie die beste Assistentin, die ich hatte«, sagt Wagner. Wow, dass er sich an sie noch erinnert! Bei so viel Lob fühlt sich Sandra Müller geschmeichelt. Dann sagt der CEO: »Und daher sind Sie jetzt auch die Person, an die ich mich wende. Zuerst muss ich Sie aber höflich darum bitten, dass Sie absolutes Stillschweigen über die folgende Angelegenheit bewahren! Was ich Ihnen erzählen will, weiß nicht einmal Ihr Vorgesetzter und auch sonst kein Mitarbeiter bei Ihnen in München.« – Die Buchhalterin fragt sich, was wohl so wichtig sein könnte. Ein wenig komisch ist diese Geheimniskrämerei allerdings schon. Warum sollte Wagner ihr etwas erzählen und ihrem Vorgesetzten nicht? Gleichzeitig fühlt sie sich geschmeichelt, dass der Vorstandschef ausgerechnet sie ins Vertrauen zieht. »Herr Wagner, Sie wissen doch, dass Sie mir vertrauen können. Was darf ich für Sie tun?« – »Das freut mich sehr, Frau Müller. Folgendes: Wir haben vor, eine Firma zu kaufen, damit wir unseren Aufgabenbereich erweitern können. Die Verkaufsverhandlungen sind aber noch in einem sensiblen Stadium und sollen derzeit noch nicht bekannt gegeben werden. Die Konkurrenz schläft nicht, Sie verstehen …« – »Natürlich, Herr Wagner. Und was soll ich jetzt tun?«, will Müller wissen und fragt sich, um welches Unternehmen es wohl gehen könnte und was dieser Schritt für ihren Arbeitgeber insgesamt bedeutet. – »Wir versuchen, von jeder Zweigstelle einen bestimmten Betrag zusammenzustellen und aus München brauchen wir drei Millionen Euro«, antwortet der Vorstandsvorsitzende. Müller atmet tief durch. Für so eine hohe Summe hat sie keine Prokura. Solche Beträge sind auf jeden Fall Sache ihres Vorgesetzten. »Herr Wagner, Sie wissen doch, dass ich für alle Summen über 100.000 Euro eine Genehmigung von meinem Chef, also Herrn Rosthaupt, benötige. Das übersteigt …« Wagner fällt ihr ins Wort: »Frau Müller, selbstverständlich weiß ich das. Diese Regelung habe ich selbst erlassen. Das Problem ist, dass die Zeit etwas drängt. Mit Herrn Rosthaupt spreche ich morgen als Allererstes, heute hat er doch einen freien Tag. Und Sie wissen doch, dass ich meine Mitarbeiter nicht an ihren freien Tagen belästigen möchte – auch nicht die Führungskräfte. Und bis ich Herrn Rosthaupt erreicht und ihm alles erzählt habe, dauert es sehr lange – und Sie müssten deswegen auch noch länger arbeiten …« Länger arbeiten? Aber das geht an diesem Tag wirklich nicht. Sandra Müller bekommt einen kleinen Schrecken. Ihr Mann hatte sie extra gebeten, an diesem Tag pünktlich zu sein. Herr Wagner fährt indes fort: »Ich komme morgen früh ohnehin persönlich nach München, um mit Herrn Rosthaupt unter vier Augen in der Sache zu sprechen. Wissen Sie, ich habe vor, ihn zum Geschäftsführer der neuen Firma zu machen. Waren Sie schon mal in Amsterdam?« Das sind jetzt wirklich interessante Neuigkeiten! »Die neue

Firma ist in Amsterdam?«, fragt Müller neugierig. »Ja, zumindest würde der Firmensitz dort sein. Das heißt, dass Herr Rosthaupt von München nach Amsterdam wechseln würde. Soweit ich weiß, ist er ohnehin ein großer Niederlande-Fan. Seine Lebensgefährtin stammt doch aus Rotterdam ... Allerdings haben wir dann eine Vakanz in der Leitung der Münchner Zweigstelle«, plaudert Wagner munter weiter und fährt fort: »Und hier müssten wir eigentlich auch etwas für unsere Frauenquote bei den Führungspositionen tun. Frau Müller – ich denke, darüber sollten wir zwei morgen auch ins Gespräch einsteigen. Sie bringen jede Menge Erfahrung mit und eigentlich wären Sie die Richtige, um Herrn Rosthaupt bei der Zweigstellenleitung nachzufolgen. Und wenn ich das richtig überblicke, sind Ihre Kinder mittlerweile auch schon in der Schule und Sie dürften wieder mehr Zeit für die Karriere haben.« Wow! Sandra Müller wird schwindelig. »Herr Wagner ..., ich weiß gar nicht, was ich sagen soll«, sagt die Buchhalterin schließlich. »Sagen Sie jetzt erst einmal gar nichts. Ich bin morgen dann ja bei Ihnen in München. Ich werde voraussichtlich einen der ersten Flieger nehmen. Und das wäre jetzt meine zweite Bitte an Sie, weil meine Sekretärin heute schon früher in den Feierabend gegangen ist: Könnten Sie bitte meinen Flug buchen? Hinflug gerne ab 6 Uhr ab Tegel, Rückflug erst am Abend nach 21 Uhr. Denn ich würde Herrn Rosthaupt und Sie morgen noch gern zum Abendessen einladen.« Auch noch ein Abendessen mit dem Vorstandsvorsitzenden? »Herr Wagner, das wäre mir eine ganz besondere Ehre«, sagt Müller. »Prima, das freut mich«, antwortet der Chef. »Dann geben Sie mir doch die Kontodaten für den Firmenkauf und ich veranlasse jetzt noch die Überweisung sofort.« – »Wohin soll das Geld gehen?« – »Nach Russland. Es handelt sich um eine russische Firma. Frau Müller, dass Sie das jetzt noch in die Wege leiten, rechne ich Ihnen hoch an!«, antwortet der CEO. Die Buchhalterin grinst. »Darf ich für Sie noch eine Abholung vom Flughafen organisieren?«, fragt sie noch. – »Ach, das ist nicht nötig. Ich werde ein Taxi nehmen und Herrn Rosthaupt überraschen. Und jetzt noch einmal danke und einen schönen Feierabend Ihnen!« – *»Danke, Herr Wagner. Den wünsche ich Ihnen auch.«* – *»Na, wir werden hier noch einiges mit der Kaufabwicklung zu tun haben. Aber die Arbeit wird sich lohnen!« Damit legt der Vorstandschef auf.*

Sandra Müller führt rasch die Überweisung in Höhe von drei Millionen Euro nach Russland aus und verfasst noch eine E-Mail an Herrn Wagner, dass sie den Geldtransfer erledigt habe und sich sehr auf seinen morgigen Besuch und auf das Abendessen freue. Dann fährt sie ihren Rechner herunter und verlässt das Büro. Den ganzen Rückweg über sitzt sie mit einem zufriedenen Lächeln in der Münchner U-Bahn. Daheim angekommen, wartet ihr Mann bereits auf sie. Sofort muss sie ihm von den guten Neuigkeiten erzählen. Auch er strahlt: »Na, dann haben wir ja heute zwei Dinge zu feiern!«, sagt er und geleitet seine Frau ins Esszimmer. Hier hat er ein Candle-Light-Dinner vorbereitet, das er selbst zubereitet hat. »Ich habe den ganzen Nachmittag gekocht! Und sogar das Schlachtfeld in der Küche schon wieder beseitigt«, erzählt er und lacht. Der Tisch sieht toll aus – sogar einen riesigen Kerzenständer und Tischdeko fast wie bei ihrer Hochzeit hat er besorgt. Plötzlich piepst das Handy von Sandra Müller – eine Job-E-Mail ist eingetroffen. »Bitte nicht heute Abend. Jetzt gibt es mal nur dich und mich«, sagt ihr Mann und will ihr das Smartphone aus der Hand nehmen. »Und was ist, wenn mit den Kindern irgendwas ist?«, fragt Sandra Müller zurück. »Dann kümmern sich meine Eltern darum. Und notfalls haben sie ja unsere Festnetznummer, Schatz.« Die Buchhalterin seufzt. »Also gut. Es fehlt aber noch der Wein«, sagt sie mit einem Blick auf den Tisch. »Oh nein, es gibt einen Aperitif, den ich selbst kreiert habe. Lass dich überraschen. Ich hole nur noch die Gläser aus der Küche«, antwortet ihr Mann und verlässt das Esszimmer. Sandra Müller lächelt. Was für ein Tag. Die tollen Aussichten in der Firma und dann dieser tolle Mann, den sie vor zehn Jahren geheiratet hat. Manchmal meint das Leben es einfach gut mit einem, denkt sie, da piepst ihr Handy schon wieder. Ich sollte jetzt wirklich dieses Smartphone abstellen, geht es ihr durch den Kopf und sie nimmt nun doch das Telefon in die Hand. Das zeigt per Push-Mitteilung eine E-Mail von Herrn Wagner. »Was für eine Überweisung? Und welches Abendessen? Bitte rufen Sie mich dringend zurück!«, schreibt er. Sandra Müller fühlt sich wie vom Schlag getroffen. Warum schreibt der Vorstand ihr jetzt so eine E-Mail? Ein Schock durchfährt sie. Tatsächlich kam ihr die Stimme des Chefs seltsam jung vor. Und alles etwas zu perfekt. Aber: Wenn nicht der CEO höchstselbst sie heute am frühen Abend angerufen hat – wer war es sonst? Wer nur könnte sie denn sonst zum Transfer einer Summe von drei Millionen Euro nach Russland veranlasst haben?

Wenn Betrüger sich täuschend echt für den Chef ausgeben, nennt man das Fake-President- oder Fake-Chef-Attacke, auch der Begriff CEO-Fraud ist gängig. Bei einer sogenannten Fake-President-Attacke täuschen Betrüger vor, der Vorstand eines Unternehmens zu sein, und wenden sich an Mitarbeiter, die Zahlungsverkehrsberechtigungen besitzen oder Stammdaten in der Finanzbuchhaltung ändern können. Das Ziel: Die Mitarbeiter sollen Transaktionen oft in Millionenhöhe auslösen. In der Regel werden die betroffenen Beschäftigten dabei massiv unter Druck gesetzt. Wer meint, das müsse doch sofort auffallen, der irrt sich. Denn gerade in größeren Unternehmen haben viele nur wenig Kontakt mit dem Spitzenmanagement und wie im Beispiel von Frau Müller sind die Attacken sehr gut vorbereitet. Die Täter wissen Details über Firmenabläufe und oft auch Privates aus dem Leben der Mitarbeiter.

Ähnlich funktionieren auch sogenannte Payment-Diversion-Fälle, bei denen häufig mehrere Tausend bis Hunderttausend Euro erbeutet werden. Sie sind so etwas wie die Weiterentwicklung der Fake-President-Masche und zielen auf die Zahlungsströme zwischen Geschäftspartnern ab, mit denen ein Unternehmen seit Jahren zusammenarbeitet. Payment Diversion Fraud heißt auf Deutsch, dass Zahlungsströme umgeleitet werden. Sie fangen meist genauso wie CEO-Frauds an: Die Betrüger behaupten in diesen Fällen, sie seien Geschäftspartner oder Lieferanten des Unternehmens, und geben beispielsweise vor, dass für eine bestimmte Ware oder Dienstleistung eine Zahlung auf ein neues Konto angewiesen werden müsste. Mit einer gefälschten Mitteilung wird das Unternehmen dann informiert, dass sich die bisherige Bankverbindung geändert haben soll und künftig eben eine neue genutzt werden müsse. Meist fällt die Tat erst auf, wenn der echte Geschäftspartner Rechnungen und Mahnungen schickt. Besonders oft betroffen sind mittelständische Unternehmen, die Betrugssummen liegen oft im fünf- und sechsstelligen Bereich.[41] Betrugsfälle in der Wirtschaft treten immer häufiger auf, und das weltweit. Hierzulande wurde 2016 der Fall des Autozulieferers und MDAX-Unternehmens Leoni in der Presse bekannt: Die Betrüger ergaunerten rund 40 Millionen Euro, die Aktie fiel noch binnen Stunden nach Bekanntwerden der Attacke um neun Prozent.[42] Zum Glück kam das Unternehmen durch die Tat nicht in ernsthafte Schwierigkeiten. In anderen Fällen kann das Ausmaß eines solchen Angriffs schnell existenzgefährdend für eine Firma werden. Manche mussten deshalb schon Konkurs anmelden, nachdem Betrüger sie mit dieser Masche bis zum Bankrott geplündert hatten.

Erschreckend ist, dass sich die Täter oft gar nicht so sehr anstrengen müssen, wie man vielleicht zunächst vermuten würde. Für einen CEO-Fraud brauchen sie keine speziellen Hackerkenntnisse. Zwar ist für einen erfolgreichen Angriff eine intensive Vorbereitung nötig, aber die allermeisten Informationen dazu stehen in ganz legalen, öffentlich zugänglichen Quellen: wirtschaftliche Kennzahlen und mögliche Investments, Wachstums- und Geschäftsfelder, eine Übersicht der wichtigsten Geschäftspartner, die Ansprechpartner, ihre Funktionen und Tätigkeiten, ihre Erreichbarkeiten per E-Mail und Telefon – alles das steht meist sowieso auf der Firmenwebsite. Und oft liefern die Unternehmen sogar noch eine Kurzvita der Entscheiderinnen und Entscheider mit dazu. Mehr Infos findet man in Wirtschaftsberichten, Gewinn- und-Verlust-Rechnungen stehen ohnehin einsehbar für jeden im E-Bundesanzeiger.

Auch ein Hintergrundcheck im Handelsregister ist für die Täter einfach. Relevante Informationen sind meist auch in Werbebroschüren zu finden – und einen wahren Fundus mitunter sogar an privaten Informationen über Mitarbeiter und Führungskräfte bieten die Karriereseite der Unternehmen sowie ihre Social-Media-Auftritte. Denn viele Arbeitgeber veröffentlichen mittlerweile Videos und Interviews mit ihren Beschäftigten, in denen beispielsweise dargestellt wird, wie es ist, bei diesem Unternehmen zu arbeiten oder wie die bisherige Karriere verlaufen ist. Bei ihrem Versuch, die menschliche Seite einer Firma zu zeigen, werden vielfach auch recht private Informationen von Beschäftigten und Führungskräften veröffentlicht. Die automatischen Antworten, in denen Mitarbeiter ihre genauen Abwesenheiten und oft auch den Grund ihrer Abwesenheit mitteilen, verraten sehr viel.

Brauchen die Täter noch mehr ausführliche Informationen, verschicken sie sogenannte Phishingmails. Beliebt sind angebliche Bewerbungen per E-Mail. Selbst geschulte Mitarbeiterinnen und Mitarbeiter aus den Personalabteilungen fallen darauf rein und klicken auf solche Links in Bewerbungs-E-Mails, die dann auf eine versuchte Internetseite des angeblichen Kandidaten führt – schon hat sich der Personaler einen Trojaner eingefangen. Leider auch sehr gängig: eine als von einem Kollegen getarnte E-Mail mit lustigen Bildchen. Gängig sind witzige Bilder oder Gifs von Tieren, hinter denen sich ebenfalls ein Trojaner versteckt. Meist werden solche Angriffs-E-Mails mit der Hoffnung verschickt, das Opfer werde die vermeintlich lustige Nachricht an weitere Kollegen versenden. Die Rechnung geht in vielen Fällen auf. Schnell sind entweder mehrere Rechner oder das ganze Firmennetzwerk betroffen.

Denn in die Bilderdatei ist ein Code eingepflanzt. Dieser übernimmt entweder das gesamte Adressbuch vom Rechner und schickt diese Daten im Hintergrund an die Täter. Oder durch den Code wird generell Zugriff auf den ganzen Rechner des Opfers erlangt. Dann sind die Kriminellen in der Lage, alle Log-in-Daten und Passwörter abzufischen oder die Daten auf dem infizierten Computer zu verschlüsseln. Verschlüsselungstrojaner werden diese Programme genannt, sogenannte Ransomware. Erpresser verlangen für die Entschlüsselung dann ein Lösegeld.

Ein gutes Beispiel für so einen Verschlüsselungsangriff war im Frühjahr 2017 etwa das Schadprogramm WannaCry, das Windows-Betriebssysteme befiel, denen ein wichtiges Update fehlte.[43] Betroffen waren nicht nur Großkonzerne wie die spanische Telefonica oder die Deutsche Bahn, sondern auch Teile des britischen Gesundheitssystems. Laut einer Untersuchung der Unternehmensberatung Roland Berger sollen auch schon zwei Drittel aller deutschen Krankenhäuser Opfer einer Cyberattacke geworden sein.[44] Wie aus einer Studie des Bundesamts für Sicherheit in der Informationstechnik (BSI) aus dem Jahr 2016 hervorgeht, war in Deutschland bereits jedes dritte Unternehmen von einem Angriff mit Ransomware betroffen.[45] Drei Viertel der Infektionen waren auf E-Mail-Anhänge zurückzuführen. Die Auswirkungen des Ransomware-Befalls waren zum Teil erheblich: Während 70 Prozent der betroffenen Unternehmen angaben, dass einzelne Arbeitsplatzrechner befallen waren, kam es in jeder fünften der betroffenen Firmen zu einem erheblichen Ausfall von Teilen der IT-Infrastruktur. Und immerhin elf Prozent der Betroffenen erlitten einen Verlust wichtiger Daten.

Laut dem Softwareanbieter Malwarebytes haben mittlerweile rund 70 Prozent aller Angriffe das Ziel, Schadsoftware zu verbreiten. Interessanterweise sind es noch nicht einmal immer Kriminelle, die E-Mails mit verseuchten Anhängen an die Firma schicken. In mehr als jedem zweiten Fall sind es nämlich die eigenen

Mitarbeiterinnen oder Mitarbeiter. Und das funktioniert wie folgt: Die Beschäftigten bekommen zu Hause an die private Mailadresse eine verdächtige E-Mail mit einem Anhang, der sie skeptisch macht. Und weil man sich nicht traut, den Anhang zu öffnen, aber die Neugierde doch so groß ist, werden diese E-Mails einfach an die Job-Mailadresse weitergeleitet. Viele Arbeitnehmer glauben nämlich, dass die IT-Sicherheitsmaßnahmen in der Firma besser seien als die eigenen am heimischen Rechner. Leider stimmt das oft gar nicht.

Teilweise sind die Sicherheitslücken in Unternehmen noch größer als zu Hause, das zeigen Studien etwa von Unternehmensberatungen wie PwC oder KPMG. Einer Befragung des Meinungsforschungsinstituts YouGov aus dem Jahr 2017 zufolge fühlt sich zudem nur jeder Fünfte gut über die Folgen von Cyberattacken auf Unternehmen und deren Auswirkungen auf Kunden informiert. Viele haben den Eindruck, dass es immer neue Attacken, aber keine sinnvollen Gegenmaßnahmen gibt. Für die Unternehmen problematisch: Ist eine Firma einmal zum Opfer geworden, sinkt das Vertrauen der Kunden in das Unternehmen erheblich. Mehr als jeder Zweite würde der YouGov-Studie zufolge einer Firma, die Opfer von Cyberkriminalität wurde, weniger Vertrauen schenken – das gilt vor allem für solche Firmen, die in der Finanz- oder Versicherungsbranche aktiv sind oder die selbst mit sensiblen Daten der Kunden agieren. Und immerhin mehr als jeder Dritte würde nach einem Angriff die Marke oder das Produkt wechseln.[46] Kein Wunder, dass viele Unternehmen versuchen zu verheimlichen, dass sie Opfer einer Attacke geworden sind. Doch genau das ist die falsche Taktik, sagen Experten wie etwa Europols Cybercrime-Chef Steven Wilson.[47] Auch wenn kleinere und mittlere Unternehmen oft anfälliger für Attacken seien, treffe es auch viele große Firmen. In einem Interview mit der *Wirtschaftswoche* sagt der Experte: »Wir haben Fälle gesehen, in denen sie den Zugriff auf ihre gesamte Kundendatenbank verloren haben. Dann kann ein Angriff dazu führen, dass die Geschäftsgrundlage zerstört wird und das Unternehmen schließen muss. Die Großbanken wurden in den vergangenen Jahren immer wieder angegriffen. Oft gehen Schäden dann in die Millionen.« Und weiter: »Wir haben in der Vergangenheit leider erlebt, dass Unternehmen versucht haben, Angriffe geheim zu halten. Aber ich denke, dass auch Vorstandschefs erkannt haben, dass Vertuschungsversuche nur auf sie persönlich zurückfallen und sie den Job kosten können. Die internationalen Großbanken, mit denen ich arbeite, haben angefangen, eine Kultur zu entwickeln, die offen mit solchen Angriffen umgeht. Diese Transparenz, sowohl gegenüber Kunden, Wettbewerbern und den Ermittlungsbehörden, ist der Schlüssel, um die Angriffe angemessen bekämpfen zu können.« Cybercrime sei zu einem globalen Geschäft geworden, das »es fast jedem ermöglicht, einzusteigen und mitzumischen«. Vor ein paar Jahren waren noch etliche Spezialisten nötig, heute ließe sich alles outsourcen – also im Darknet Hacker zusammensuchen, die einen ganzen Angriff von der Programmierung bis zum Abheben des erpressten Geldes am Automaten möglich machen.

Was also können Unternehmen tun, um sich zu schützen? Weil vor allem die Mitarbeiterinnen und Mitarbeiter selbst das Einfallstor für Angriffe sind, wie aus der IT Security Risks Survey 2017 hervorgeht, sollten Unternehmen ihre Beschäftigten mit Schulungen auf die Gefahren aufmerksam machen.[48] Heute sind dem Report zufolge in jedem zweiten Fall einer Attacke die Mitarbeiter für einen Sicherheitsvorfall verantwortlich, in 40 Prozent der Fälle versuchen die Beschäftigten erst, den Vorfall zu verheimlichen. Das liegt auch daran, dass in vielen Unternehmen kaum oder keine Schulungen und Präventionsmaßnahmen stattfinden und strenge oder unklare Vorschriften bei Sicherheitsverletzungen bestehen. Und wenn die Mitarbeiter Strafen und Sanktionen bei einem Fehler befürchten müssen, ist es nur verständlich, dass sie den Fehler lieber vertuschen, als bei der Auflärung mitzuwirken. Sinnvoller wäre es, Mitarbeiter verlässlich zu schulen.

Das ist auch die Empfehlung einer Kapersky-Sicherheitsstudie. Die Experten fanden auch hier heraus, dass Hacker gezielt die menschliche Schwachstelle mit Phishing und Social Engineering nutzen, um einen Angriff durchzuführen, daher sollen Unternehmen aufhören, einfach Schuldige zu bestrafen, und lieber Geld in Schulungen investieren. Aber natürlich müssen auch alle nötigen Sicherheitsmaßnahmen ergriffen werden. Dazu gehören sichere Passwörter, eine sichere IT-Infrastruktur, Antiviren-Programme auf allen Rechnern und eine sichere Firewall mit regelmäßigen Updates als Standard.

Im bayerischen Fürstenfeldbruck gibt es seit einiger Zeit ein Cyber Simulation Center der Elektroniksystem- und Logistik GmbH (ESG). Hier können Unternehmen, Organisationen und sogar die Bundeswehr ihre IT-Experten darauf schulen lassen, Eindringlinge im Firmennetzwerk frühzeitig zu entdecken.[49] Angebote wie dieses werden stark nachgefragt.

Allerdings nützen auch die tollsten Schulungen nichts, wenn Unternehmen Sicherheitswarnungen nicht ernst nehmen. Dem Cisco-Sicherheitsreport zufolge gehen bisher nur zwei Drittel der befragten Firmen Sicherheitswarnungen wie Berichten in den Nachrichten überhaupt nach. In bestimmten Branchen (wie Gesundheit und Transport, Finanzen oder Gesundheitswesen) liegt diese Zahl mit 50 Prozent sogar noch darunter. Warum? Die IT-Abteilungen sind personell gerade im Mittelstand und bei kleineren Unternehmen schlecht ausgestattet. Die Firmen kommen da gerade zum Alltagsgeschäft, aber nicht dazu, jede Meldung aus der Fachpresse über etwaige Sicherheitslücken zu verfolgen – geschweige denn, ad hoc zu schließen.

Freilich, Sicherheit kostet – aber Opfer zu werden eben auch. Allein durch WannaCry hätten laut dem britischen Versicherer Lloyd's mehr als 60 Milliarden Euro Schaden entstehen können.

Damit wäre der Verschlüsselungstrojaner so teuer geworden wie der Hurrikan Sandy im Jahr 2012.[50] Wie eine IBM-Studie zeigt, zahlen rund 70 Prozent der Unternehmen, die von Ransomware betroffen waren, das geforderte Lösegeld. Im Schnitt gehen mehr als 10.000 US-Dollar pro Attacke an die Täter, in jedem fünften Fall sind es sogar mehr als 40.000 US-Dollar.[51] Da ist es oft günstiger, Geld für Sicherheitsschulungen auszugeben.

Ein solches Training hätte vielleicht auch Sandra Müller aus unserem Beispiel davor bewahrt, leichtgläubig auf den Fake-Geschäftsführer hereinzufallen. Allerdings hatten die Täter in diesem geschilderten Fall noch eine besondere Technik eingesetzt: Call ID Spoofing. Schließlich hatte die Buchhalterin die Nummer des Vorstandsvorsitzenden auf ihrem Display gesehen und glaubte somit, dass der Chef höchstselbst von seinem Apparat in Berlin anrufe und eben nicht ein Krimineller, der beispielsweise von Russland aus agierte.

Tatsächlich wurde ihr auch die Nummer des Chefs aus Berlin angezeigt. Denn mit Call ID Spoofing ist es möglich, jede beliebige Nummer auf dem Display darstellen zu lassen. Der wahre Anrufer simuliert mithilfe dieser Technik die gewünschte Nummer, und gerade das macht es so schwer, einen Angriff schnell zu erkennen.

Call ID Spoofing wird oft bei einem CEO-Fraud verwendet. Manchmal kommt es auch vor, dass Ware verschickt werden soll. Dann geben sich die Täter mittels Call ID Spoofing für einen Geschäftspartner aus, der eine große Bestellung ordert. Oft ergaunern die Kriminellen so Ware im Wert von mehreren Hunderttausend Euro.

Die Geschichte von Sandra Müller hatte schließlich ein kleines Happy End: Als die Buchhalterin den schrecklichen Irrtum bemerkt und mit dem Vorstandsvorsitzenden über den Vorgang spricht, ist es bereits zu spät: Das Geld ist transferiert, der Schaden angerichtet – und statt einer Beförderung stimmt die Buchhalterin im gegenseitigen Einvernehmen der Auflösung ihres Arbeitsverhältnisses zu. Zu groß sind Scham und Vertrauensverlust. Die Münchnerin findet allerdings rasch einen neuen Job bei einer anderen Firma und ist seitdem extrem vorsichtig. Ohne Rückversicherung weist sie keine hohen Summen mehr an.

Eine Grundregel, um sich vor einer Fake-Chef-Attacke zu schützen, ist daher ganz simpel: Man muss sich eine Dienstanweisung noch einmal vom Chef bestätigen lassen und den Entscheider oder die Entscheiderin beispielsweise einfach von einem anderen Gerät anrufen bzw. auf eine E-Mail nicht mit Reply-Funktion beantworten, sondern die Mailadresse selbst eintippen. Bei ihrem neuen Arbeitgeber hat Sandra Müller übrigens erfolgreich eine Sicherheitsschulung für alle Kolleginnen und Kollegen vorgeschlagen. Und an ihrem elften Hochzeitstag haben die Müllers dann die ausgefallene Feier des Vorjahres nachgeholt.

Cyberkriminalität äußert sich in der Wirtschaft aber nicht nur in Form von Erpressungen und spektakulären Hacks. Die Reputation und das Markenimage können auch mit einem gezielten Shitstorm beschädigt werden. Und auch in der politischen Kommunikation und öffentlichen Meinungsbildung ist die Provokation eines gezielten Shitstorms mittlerweile zu einem gängigen Mittel geworden, um den Ruf eines anderen zu beschädigen. Die Art, wie Skandale entstehen und sich verbreiten, hat sich durch das Netz grundlegend verändert und kann gesteuert werden – aus einem kleinen Aufreger kann so ein entfesselter Skandal mit langfristig negativen Folgen werden.[52]

Entfesselte Skandale:
Wenn ein Shitstorm die Reputation zerstört

Ein Beispiel dafür etwa ist eine Greenpeace-Kampagne aus dem Jahr 2010, die darauf abzielte, den Lebensmittelkonzern Nestlé öffentlich unter Druck zu setzen: Die Umweltorganisation enthüllte, dass Nestlé für die Produktion von palmölhaltigen Schokoriegeln die Zerstörung der Lebensräume von Orang-Utans im indonesischen Urwald in Kauf nahm. Nestlé aber hielt zunächst an der Zusammenarbeit mit dem umstrittenen Lieferanten fest.[53] Greenpeace startete daraufhin eine Social-Media-Kampagne gegen den Lebensmittelkonzern und veröffentlichte ein abschreckendes Video, in dem die Affen und der Regenwald von Nestlé-Schokoriegeln regelrecht abgeschlachtet werden.[54] Der Clip wurde im Netz zum Erfolg und führte zu einem Shitstorm gegen das Unternehmen. Der Konzern reagierte auf das kritische Video allerdings auch denkbar schlecht und versuchte zunächst, ein gerichtliches Verbot gegen den YouTube-Clip von Greenpeace durchzusetzen. Das führte allerdings nur dazu, dass sich das Video noch schneller verbreitete und die Umweltkampagne noch mehr öffentliche Aufmerksamkeit erfuhr. Greenpeace selbst wertete die Aktion als Erfolg. Schließlich stellte der Lebensmittelkonzern die Zusammenarbeit mit dem umstrittenen Palmöllieferanten ein und kündigte an, künftig nur noch nachhaltig angebautes Palmöl für die Produkte zu verwenden.[55]

Auch Gewerkschaften nutzen bei ihren Kampagnen soziale Medien, um über Skandalisierung eine Verbesserung von Arbeitsbedingungen zu erreichen. Viele Arbeitskämpfe verlaufen heute nicht mehr unmittelbar über Streiks, sondern über die Enthüllung von Missständen – und zielen insofern auf eine Imagebeschädigung von Unternehmen ab.

Ein Beispiel für eine solche Skandalisierung war der Fall Amazon: Das Unternehmen geriet immer wieder in die Schlagzeilen, weil Beschäftigte darüber klagten, dass geltende Arbeitsgesetze nicht eingehalten und die Gründung von Betriebsräten verhindert würde. Ende 2013 löste dann eine ARD-Dokumentation[56] über die Bedingungen von Leiharbeitern, die für Amazon tätig waren, einen Shitstorm aus. Die Zeitarbeiter sollen den Recherchen nach in viel zu kleinen und daher überfüllten Ferienhäusern untergebracht worden sein und mussten sich von Sicherheitsleuten durchleuchten lassen.[57] Der Film sorgte für Aufsehen: Unzählige Amazon-Kunden meldeten sich zu Wort, einige riefen sogar zum Boykott gegen den Versandhändler auf. Der Konzern musste unter dem Druck schließlich reagieren und kündigte die Zusammenarbeit mit dem Leiharbeitsunternehmen. Parallel wurden seit Juni 2014 an allen Amazon-Versandzentren in Deutschland Betriebsräte gegründet. Und mithilfe von Social Media wurde der Protest auch an andere Amazon-Standorte im Ausland getragen.[58]

Aber auch Kunden selbst können einen Shitstorm auslösen: 2011 etwa beschwerte sich ein Berliner bei dem Telekommunikationsunternehmen o2 über Netzprobleme in verschiedenen deutschen Großstädten. Die lapidare Antwort des Telefonanbieters: Es handle sich um einen bedauerlichen Einzelfall. Das wollte der Kunde aber nicht glauben. Der IT-Experte setzte unter der URL www.wir-sind-einzelfall.de eine Internetseite auf, wo sich weitere o2-Kunden melden konnten, die ebenfalls Netzprobleme hatten.[59] Binnen kurzer Zeit war klar: Offenbar waren Tausende von den Ausfällen betroffen. Der Telekommunikationsanbieter reagierte auf die Aktion und versprach, sein Netz weiter auszubauen.

Ein anderes Beispiel war der sogenannte Burger-Skandal bei McDonald's: Als der Fast-Food-Riese im August 2012 den Preis für einen Cheeseburger von einem Euro auf 1,39 Euro erhöhte, machte ein User seiner Wut bei Facebook Luft. Normalerweise nichts Ungewöhnliches, ungewöhnlich war nur die Reaktion: Innerhalb von 48 Stunden klickten 81.000 Nutzer auf »Gefällt mir«, 6.800 User kommentierten den Beitrag. McDonald's reagierte einen Tag später und verkündete, dass die Cheeseburger weiterhin einen Euro kosteten.

Manchmal kann ein Shitstorm aber auch eine einzelne Person treffen: So geschehen im Fall der damals 13-jährigen Rebecca Black. Die Eltern der US-Amerikanerin ließen 2011 für mehrere Tausend US-Dollar ein Musikvideo mit ihrer Tochter in der Hauptrolle produzieren und veröffentlichen es auf YouTube. In dem Clip singt ihre Tochter den Song »Friday«.[60] Binnen kurzer Zeit wurde der Clip zum Internethit – leider mit über zwei Millionen negativen Bewertungen. Trotz der schlechten Kritiken brachte die öffentliche Beachtung dem Teenager einen Plattenvertrag ein. Mittlerweile wurde das Video mehr als 111 Millionen Mal angeklickt und die Schülerin durfte in einem Musikvideo von der Sängerin Katy Perry mitspielen.[61]

Propaganda-Bots und Wählermanipulationen

Nicht nur Wirtschaftsunternehmen sind für Kriminelle ein attraktives Ziel – auch in der Politik kommen Angriffe immer häufiger vor. Wie bereits im vorigen Kapitel erwähnt, werden Politikvertreter besonders oft Opfer von Identitätsmissbrauch. Das liegt zum einen daran, weil über Abgeordnete viele personenbezogenen Daten zu finden sind und sie in der Regel ein regelmäßiges hohes Einkommen und somit eine gute Bonität haben.

Doch häufig geht es bei Cyberattacken mit politischem Hintergrund um etwas ganz anderes. Gezielt ausgelöste Shitstorms und der Einsatz von Social Bots sind gängige Methoden geworden, um die öffentliche Meinung zu beeinflussen.[62] Exemplarisch seien die Brexit-Kampagne und der US-Präsidentschaftswahlkampf von Donald Trump genannt. In beiden Fällen kippte die Stimmung zunächst im Netz.

Das Wahlkampfteam von Trump setzte konsequent auf Computerprogramme, die in sozialen Netzwerken wie echte Nutzer agieren. Die Programme finden mithilfe von Big-Data-Algorithmen das richtige Publikum für ihre Botschaften. Besonders das rechte Lager verbreitet im Netz Falschmeldungen. Die österreichische Netzexpertin und Journalistin Ingrid Brodnig, Autorin des Buches *Lügen im Netz: Wie Fake-News, Populisten und unkontrollierte Technik uns manipulieren*[63], spricht von einem regelrechten Informationskrieg.[64] Und Hans-Georg Maaßen, Präsident des Bundesamtes für Verfassungsschutz, warnte schon Ende 2016 auf der Berliner Cybersicherheitskonferenz: »Propaganda, die wir in sozialen Netzwerken (…) feststellen, ist teilweise falsch, ist überzogen und ist oftmals emotional und verleitet dazu, dass die Menschen sich eine andere Meinung, eine fehlerhafte Meinung von der Realität machen.«[65] Auch der Chef der Cybercrime-Einheit von Europol, Steven Wilson, sprach 2016 von einem rasanten Anstieg der Angriffe auf Computer von Politikern, Rechnersysteme der Parlamente und Server der Parteien. Noch nie sei es so einfach wie heute gewesen, mit passgenauen manipulierten Informationen die öffentliche Meinung zu beeinflussen. Dazu reiche es aus, die vielen Datenspuren der Nutzerinnen und Nutzer im Netz zu sammeln und auszuwerten. In Zeiten von Big Data passiere das ständig.

Die allermeisten Websites verwenden Cookies, mit denen Nutzer eindeutig wiedererkannt werden können. Oft werden auch noch andere Daten wie etwa die Mailadresse oder die Gerätekennnummer und Telefonnummer des Smartphones erhoben. Somit kann das gesamte Surfverhalten eines Internetnutzers analysiert werden – welche Webseiten er besucht, was er postet, welche Artikel er liest oder nach welchen Suchbegriffen er googelt. Und wer Google auch für seine E-Mails nutzt, der nimmt in Kauf, dass seine Kommunikation mit Schlüsselwörtern durchsucht wird – fertig ist der komplett gläserne User. Das ist für Marketingexperten, die Werbung an den Mann oder die Frau bringen wollen, vielleicht ein wahr gewordener Traum. Geht es aber um die politische Willensbildung und um die Beeinflussung von öffentlicher Meinung, ist es brandgefährlich. Denn mithilfe der Datenanalyse wird für Dritte mit hoher Wahrscheinlichkeit erkennbar, welchem politischen Lager eine Person zugewandt ist und ob sie noch beeinflussbar ist. Um die politische Präferenz, die Weltanschauung oder auch die sexuelle Orientierung eines Facebook-Nutzers zu ermitteln, muss man angeblich nur 70 Likes auswerten.

Im US-Präsidentschaftswahlkampf nutzten die Republikaner eine Art Onlineprofiling, um Wählerstimmen zu gewinnen. So war das Team Trump in der Lage, entsprechend der persönlichen Interessen jene Wählerinnen und Wähler anzusprechen, die noch unentschlossen oder die kritisch gegenüber der Politik der Demokraten eingestellt waren: Ob Kritik gegen die Krankenversicherung Obamacare oder am politischen Establishment und der Kandidatin der Demokraten, Hillary Clinton, generell oder Sorge um den Job – Trump hatte entsprechend der vorherrschenden populistischen Meinungen viele Versprechen parat. Mal wollte er Millionen neuer Jobs für die Abgehängten aus der einstigen Mittelschicht schaffen, dann eine Mauer zu Mexiko errichten lassen: Je nach Ergebnis des Onlineprofilings bekamen die Bürger Wahlwerbung und gesponserte Posts von Donald Trump, die exakt den Interessen entsprachen – politisches Direktmarketing sozusagen. Flankiert wurde die Strategie zudem durch den Einsatz von Social Bots, also durch softwaregesteuerte Social-Media-Accounts, die sich verhalten wie echte Nutzer.

Eine Studie der Oxford University stellte fest, dass im US-Präsidentschaftswahlkampf bei mehr als jedem dritten Tweet von Donald Trump solche Bots zum Einsatz kamen.[66] Die Demokraten setzten auch darauf, allerdings weniger umfassend: Bei Hillary Clinton war es nämlich nur jeder fünfte Tweet.

Tatsächlich reagieren solche Bots sogar aufeinander und erwecken somit den Anschein, eine relevante Anzahl echter Nutzer vertrete eine bestimmte politische Meinung. Die Diskussionsbeiträge der Bots sind mittlerweile kaum von echten Nutzern zu unterscheiden. Das zeigt auch eine Studie der Konrad-Adenauer-Stiftung aus dem Jahr 2016 mit dem Titel »Invasion der Meinungs-Roboter«[67]. Dem Bericht zufolge haben maßgeblich Social Bots in den Meinungsbildungsprozess bei den Debatten um den Brexit, um die russische Annexion der Krimhalbinsel während des Ukrainekonflikts und letztlich auch in den Wahlkampf zwischen Trump und Clinton eingegriffen. Die Social Bots sammelten Informationen und Daten, setzten aber auch bewusst Trends und Topthemen in den sozialen Medien, ohne dass die Nutzer davon Kenntnis hatten. Bei so viel Wirkung erstaunt es nicht, dass auch die rechtspopulistische Partei AfD vor dem Bundestagswahlkampf 2017 angekündigte, solche Bots einzusetzen,[68] später rückte die Partei nach sehr viel Kritik von diesem Vorhaben aber wieder ab.

Weil die Meinungsroboter zu einem echten Problem geworden sind, arbeiten in den Onlineredaktionen großer Medienunternehmen mittlerweile Mathematiker und IT-Experten an speziellen Programmen, die den Bots in den Userforen ein Schnippchen schlagen sollen. Ziel ist es, Bots frühzeitig zu erkennen, weil sie Diskussionen oft manipulieren, in eine bestimmte Richtung lenken und Aussagen echter Nutzer anzweifeln, etwa indem sie nach den Quellen fragen – oder am Ende sogar Fake-News verbreiten.[69]

Forscher der Indiana University in Bloomington haben in einer Studie untersucht, wie die Bots dabei vorgehen: Demnach sind die Bots vor allem kurz nach der ersten Veröffentlichung aktiv und gehen so vor, dass ihre Tweets sich vor allem an Nutzer richten, die viele Follower und entsprechend Einfluss haben. Die Forscher fanden zudem heraus, dass Social Bots deutlich häufiger als echte Menschen falsche Behauptungen verbreiten.

All diese Techniken werden auch gezielt eingesetzt, um die Reputation von Politikerinnen und Politikern zu beschädigen. Die

Attacken nehmen in Wahlkampfzeiten übrigens zu. Häufig werden dabei die Profile der Politikvertreter in sozialen Netzwerken eins zu eins kopiert, um darunter falsche Nachrichten zu verbreiten. Oder es werden Profile für Politikvertreter angelegt, und unter diesen werden falsche Behauptungen gepostet.

2014 beispielsweise hatte der CDU-Landtagsabgeordnete Bernhard Bönisch aus Halle (Saale) so ein Problem: Plötzlich hatte er nämlich einen Twitter-Account,[70] obwohl er bis dato einer der wenigen nicht twitternden Politiker war. Nur: Er selbst wusste nichts von seinen Aktivitäten beim Nachrichtenkurzdienst. Dritte twitterten unter seinem Namen Beiträge, die natürlich nicht von ihm stammten – etwa: »Wir würden auch mit der NPD koalieren.« Oder: »Prügel in der Familie hat natürlich auch Tradition. Deswegen sind wir auch in der CDU.« Ähnlich erging es dem ebenfalls christdemokratischen Innenminister des Landes Sachsen-Anhalt, Holger Stahlknecht. Für ihn hatte ein Student und Mediengestalter einen falschen Twitter-Account angelegt. Unter @HoStahl stand in der Profilbeschreibung: »MdL Sachsen-Anhalt, Innenminister LSA (dies ist meine eigene Fanseite).«[71] Der Mann hatte das gefälschte Profil damit gerechtfertigt, dass er so gegen die Abschiebung einer Flüchtlingsfamilie protestieren wollte. Genau derselbe Mann hatte zuvor auch schon eine falsche Seite für das Ordnungsamt Magdeburg angelegt, was ihm gerichtlich unter Androhung von Haft oder Geldstrafe untersagt wurde.[72] Und auch die ehemalige Landesvorsitzende der SPD in Sachsen-Anhalt, Katrin Budde, hatte mit gefälschten Facebook-Profilen zu kämpfen.[73] Als sie 2016 nach der Landtagswahl zurücktrat, ließ sie schließlich auch ihr reales Profil löschen. Im Fall von Budde könnte es den Tätern darum gegangen sein, über das gefälschte Profil möglichst viele Daten ihrer Fans zu ergattern, ein häufiges Motiv.

Es trifft dabei nicht unbedingt nur Spitzenpolitikerinnen und -politiker. Sie können sich in der Regel aufgrund ihrer Prominenz aber gut gegen einen Missbrauch wehren. Schwierig ist diese Form von Identitätsdiebstahl vor allem für Kommunalpolitiker und Engagierte, die am Anfang ihrer Politkarriere stehen und somit einen Image- und Vertrauensschaden erleiden, noch ehe sie überhaupt ein Mandat gewinnen konnten.

Auch die Daten auf dem Computer eines Politikvertreters sind für Kriminelle hochinteressant. Besonders leicht gelingt der Zugang, wenn das Opfer beispielsweise einen öffentlichen Vortrag hält und dabei einen Presenter benutzt, um Folien zu zeigen. Solche Presenter senden nämlich Funksignale an einen USB-Empfänger, der wie eine externe Tastatur vom Computer bedient wird. Meist interagieren Presenter und USB-Empfänger unverschlüsselt miteinander. Für Hacker ist es daher einfach, auf der gleichen Frequenz Tastaturbefehle an den Laptop zu senden, etwa den Befehl, eine bestimmte Schadsoftware herunterzuladen, sobald Internetanschluss vorhanden ist. Nimmt das Opfer seinen Laptop mit in die Parteizentrale oder in sein Abgeordnetenbüro, überträgt sich die Schadsoftware auf die dortigen Server und kann dort weitere Spionagesoftware installieren und den Politiker ausspähen. Das funktioniert natürlich nicht nur bei Politikvertretern, sondern auch bei Wissenschaftlern, Firmenchefs und anderen Multiplikatoren.

Manchmal allerdings haben Politikvertreter sogar ein Interesse an Fälschungen – etwa dann, wenn es um Follower geht. Noch immer steht die Anzahl der Follower für den Stellenwert, den ein Multiplikator im Netz hat. Daher sind viele Politiker stolz auf eine hohe Anzahl von Nutzern, die ihnen folgen. Doch immer wichtiger wird die Frage: Wer davon ist eigentlich echt?

Es gibt im Internet eine Seite, in der man das überprüfen kann: www.twitteraudit.com. Die Seite entdeckt die falschen, käuflichen oder zum Verkauf stehenden Twitter-Nutzer, indem das Portal die Zusammensetzung der Gefolgschaft nach Nutzungsverhalten, Vernetzung mit anderen Accounts und Anzahl der abgesetzten Nachrichten analysiert.[74] Tatsächlich haben mittlerweile viele Politiker mehr Roboter-Follower als echte. Der frühere US-Präsident Barack Obama ist mit einem Fake-Follower-Anteil von knapp 30 Prozent und circa 66 Millionen echten Followern schon eine echte Ausnahme. Bei vielen sind die Hälfte Bots und nur noch jeder Zweite ist ein echter Mensch.

Ob Follower, Likes auf Facebook oder sonstigen gefälschten Positiv-Bewertungen: Mittlerweile lässt sich alles kaufen. Für rund 10.000 US-Dollar bekommt man etwa eine ganze Million Fake-Follower auf Twitter.

Und wer ganz clever ist, fakt sich in sozialen Netzwerken mittlerweile selbst. Das ist möglich mit einem sogenannten Autonomous-Self-Agent-Programm (ASA). Dabei handelt es sich um Roboter-Apps, die etliche Arbeiten für ihre Nutzer übernehmen: Ein Bild von einem Freund zu liken, Einladungen oder Nachrichten zu beantworten, Freunden zum Geburtstag zu gratulieren oder beim nächsten Urlaub automatisch die schönsten Fotos hochzuladen. Das Programm analysiert sogar die Art und Weise, wie sein Nutzer kommuniziert, und ist nach einer Weile in der Lage, Fragen genauso zu beantworten, als habe der echte Mensch dies getan. Der britische Autor Harvey Wilks hat so ein Programm einmal getestet – der Test dauerte dabei nur 48 Stunden. Und dennoch war er überrascht, wie schnell die Software lernte, sich in sozialen Medien so zu verhalten, wie er es tat.[75] Praktisch? Vielleicht, bedenkt man, wie viel mehr Zeit man plötzlich wieder hätte, wenn ein kleiner Roboter all die Postings übernimmt. Allerdings, und das fragt auch Wilks in seinem Bericht: Wollen wir wirklich in einer Welt leben, in der am Ende Roboter-Ichs mit den Roboter-Ichs unserer Freunde kommunizieren? Man stelle sich den Zwillingsbot vor, den nicht er kontrolliert, sondern jemand Drittes mit böser Absicht.

Ein derzeit viel größeres Problem als Fake-Follower und Fake-Alter-Egos im Netz sind allerdings Fake-News. Ein besonders skurriler Fall war die angebliche Solidaritätssteuer für Flüchtlinge, die Aydan Özoğuz, Beauftragte der Bundesregierung für Migration, Flüchtlinge und Integration, in einem Liveinterview mit dem Nachrichtensender Phoenix gefordert haben soll.[76] Zumindest wurde ein entsprechendes Bild, das einen Ausschnitt aus einem Interview mit ihr zeigte, mit einem angeblichen Zitat der Politikerin auf Facebook verbreitet. Hierauf war zu lesen: »Eine Diskussion zwecks Einführung einer Integrationssteuer ist dringend nötig, wenn wir weiterhin Solidarität zeigen wollen.« Diese Aussage war auf dem Foto in den Kontext mit einer angeblich immer prekärer werdenden »Asylbewerberbeherbergung« gestellt worden. Die Empörung besonders bei eher rechts gesinnten Facebook-Nutzern war entsprechend groß. Und kaum einer schaute sich das Bildchen genauer an. Dabei hätte man sehr leicht feststellen können, dass es sich um eine Fälschung handelte. Denn fuhr man mit der Maus über das Bild, war dort zu lesen: In satira veritas – in der Satire liegt die Wahrheit. Und als Zitatgeber stand dort der Name Owe Ostertag. Herrn Ostertag gibt es wirklich und er hat eine gewisse Netzpopularität als Internettroll mit eigener Homepage erlangt, wo er satirische Bilder und Texte veröffentlicht. Und auch das Bild von der Migrationsbeauftragten mit dem frei erfundenen Zitat stammte von ihm und war sogar mit einer Quellenangabe versehen, die ihn als Urheber kennzeichnete.

In der Regel sind Fake-Nachrichten allerdings nicht als solche erkennbar. Umso wichtiger sind Projekte wie das der Leipzigerin Karoline Schwarz. Auf der Website www.hoaxmap.org[77] zeigt sie auf einer Landkarte, wo und in welchem Kontext sich Falschmeldungen verbreiten. Das Projekt wurde Anfang 2016 von ihr gestartet.[78] Vor allem falsche Nachrichten über Flüchtlinge sind hier zu finden, wie etwa die Fake-News über die 13-jährige Lisa F. aus Berlin. Der Fall wurde sogar zu einem Politikum im Verhältnis zwischen Russland und Deutschland, weil das Mädchen russisch-deutscher Abstammung nach ihrem Verschwinden zwar angegeben hatte, von »Südländern« entführt und vergewaltigt worden zu sein – tatsächlich aber hatte der Teenager die Nacht bei einem Freund verbracht, weil sie sich wegen Problemen in der Schule nicht nach Hause getraut hatte. Nach Angaben der Staatsanwaltschaft belegten das auch Daten aus dem Handy des Mädchens.[79] Auch fand die Polizei keine Anhaltspunkte für eine Entführung oder Vergewaltigung und dementierte das Gerücht schließlich. Trotzdem verbreitete es sich vor allem in russischen Medien. Russlands Außenminister Sergej Lawrow warf schließlich sogar den deutschen Behörden vor, den Fall verheimlichen zu wollen. Und es kam gleich in mehreren Städten zu Protesten. Im baden-württembergischen Ellwangen etwa skandierten laut Medienberichten mindestens 500 Menschen vor einer Flüchtlingsunterkunft Parolen.

Der Fall Lisa F. zeigt eindringlich, wie schnell Meinungen und Stimmungen durch Fake-Nachrichten beeinflusst werden und schließlich kippen können. Problematisch ist auch, dass sich die falschen Informationen hartnäckig halten, selbst wenn sie längst als unwahr enttarnt wurden. So tauchte 2016 etwa immer wieder das Gerücht auf, dass eine Lidl-Filiale wegen Diebstählen durch Asylbewerber hätte schließen müssen – mal war es in Fürstenfeldbruck, mal war es in einer anderen Kleinstadt.[80] Selbst dann, wenn die Gerüchte noch so absurd sind, geistern sie fast unlöschbar wie ein moderner Mythos durchs Netz. So auch die Geschichte, Flüchtlinge hätten Pferde von Reiterhöfen gestohlen und diese geschlachtet – mal soll das auf einem Reiterhof in Kirchheim in Baden-Württemberg passiert sein,[81] mal sollen es die Pferde von Star-Reiter Paul Schockemöhle gewesen sein auf einem Hof nahe Schwerin[82]. Tatsache ist: Zu keinem Zeitpunkt haben Asylbewerber Pferde gestohlen, geschlachtet und gegessen. Und auch die Geschichte von den angeblichen Bordellgutscheinen für Asylbewerber ist nichts anderes als frei erfunden: Auch in diesem Fall verbreitete sich über soziale Netzwerke ein Bild von einem angeblichen Gutschein für ein Bordell mit der Angabe, Flüchtlinge bekämen diese Freikarten für Sex vom »Sozialamt des Freistaates Bayern«. Der angebliche Gutschein sorgte im Netz für einige Empörung: »Schaut mal, für die armen Asylbewerber, die ihre Triebe nicht im Griff haben! Unglaublich!«, postete etwa ein Nutzer.

Doch wer sich das Bildchen genauer ansah, hätte auch in diesem Fall schnell feststellen können, dass es sich um Satire handeln musste. Denn der angebliche Gutschein war am Rand versehen mit einem »Kontrollabriss«, richtete sich an die »Bürger von Bayern und Umgebung« und war nicht übertragbar sowie nur einlösbar montags bis freitags und an evangelischen Feiertagen in der Zeit zwischen 9 und 16 Uhr. Dazu noch das Layout des Gutscheins: Links einen Halbadler, rechts Querstriche. Wer dann noch weiß, dass der Freistaat Bayern als Bundesland natürlich gar kein Sozialamt haben kann, weil Ämter für Soziales Sache der Kommunen sind, der hätte schnell dahinterkommen können, dass so eine Freikarte für den Puff nichts weiter als ein schlechter Scherz sein kann. Im Kontext mit Flüchtlingen wurde das Bildchen übrigens schon seit 2011 im Netz verbreitet. Doch der Witz vom Bordellgutschein ist wesentlich älter: Bereits in den 1980er-Jahren waren solche vermeintlichen Puff-Freikarten als Scherzartikel erhältlich.[83]

Und dann war da noch jenes Bild im Umlauf, das sechs Männer mit dunkler Hautfarbe zeigte, die ihre Notdurft an einer Kirche verrichteten.[84] Zumindest scheint es auf den ersten Blick so. Der Sturm der Empörung ließ nicht lange auf sich warten. Ein NPD-Spitzenpolitiker etwa postete das Foto versehen mit dem Kommentar: »Kirche in München, sechs Neubürger urinieren an das christliche Gotteshaus.« Seine Follower sollten das Bild teilen, damit »auch der letzte Gutmensch diese Sauerei« mitbekomme. Und auch ein AfD-Politiker teilte das Bild, versehen mit der Aussage: »Solche Idioten gehören sofort abgeschoben, mit lebenslanger Einreisesperre. Ich gehe jetzt in eine Moschee und mache dasselbe.« Die gezeigte Kirche auf dem Bild war die Kirche St. Gertrud in München. Aber es waren keine urinierenden Flüchtlinge, sondern betende Gläubige. Denn die Räume der Kirche werden auch von einer eritreisch-orthodoxen Gemeinde genutzt, die jeden Sonntag Eucharistie feiert. Und nach der Tradition der orthodoxen Christen in Eritrea und Äthiopien gehen die Gläubigen oft nicht in die Kirche hinein, sondern beten aus Respekt vor dem Gotteshaus draußen – angelehnt an die Wand des Gebäudes.

Einer Studie der Warwick-Universität zufolge erkennt jeder Dritte selbst offensichtlich gefälschte Bilder im Internet nicht.[85] Ein eindringliches Beispiel dafür war ein Foto, das sich am 22. Juli 2016 rasant im Netz verbreitete – an dem Tag, an dem der Amoklauf im Olympia-Einkaufszentrum (OEZ) in München stattfand. Das Bild zeigte angeblich das OEZ. Darauf zu sehen waren zwei Menschen, die offensichtlich tot am Boden lagen, und sehr viel Blut. Vor allem auf WhatsApp kursierte das angebliche Bild vom Tatort. Teilweise veröffentlichten auch Nachrichtenmedien dieses Foto, ohne seinen Wahrheitsgehalt zu überprüfen oder zu checken, ob es wirklich das Einkaufszentrum zeigte. Dabei wäre ein Gegencheck denkbar einfach gewesen, mithilfe der Google-Bilder-Suche. Lädt man hier ein Bild hoch, zeigt die Suchmaschine an, wo das Foto noch im Internet zu finden ist. In diesem Fall hätte die Recherche gezeigt: Das Bild stammte gar nicht aus München, nicht einmal aus Deutschland, und es zeigte erst recht nicht Geschehnisse an jenem 22. Juli 2016 – vielmehr war es ein Bild von einem Überfall in Südafrika aus dem Jahr 2015.

Fake-News, Fake-Konten, Fake-Follower: Ein anderes großes Problem in sozialen Netzwerken sind die Hasskommentare. Sie dürften künftig allerdings zurückgehen, denn 2018 ist das Netzwerkdurchsetzungsgesetz (NetzDG) in Kraft getreten,[86] wonach Twitter, Facebook, YouTube und Co. verpflichtet sind, offensichtlich rechtswidrige Inhalte innerhalb von 24 Stunden nach Eingang einer Beschwerde zu entfernen oder zu sperren. Für nicht offensichtlich rechtswidrige Inhalte haben sie sieben Tage Zeit. Kommen die Betreiber ihren Pflichten systematisch nicht nach, drohen Bußgelder in Millionenhöhe. Als offensichtlich rechtswidrig gelten beispielsweise Anleitungen zu schweren Straftaten, Volksverhetzung oder die Verbreitung verbotener Symbole. An und für sich ist das nicht wirklich neu: Denn solche rechtswidrigen Inhalte waren schon immer verboten und wurden auch gelöscht. Allerdings mussten sie von Nutzern der sozialen Netzwerke zunächst gemeldet werden. Das NetzDG erlaubt es nun auch Nichtmitgliedern, solche Inhalte zu melden. Zudem müssen die Betreiber einen inländischen Zustellungsbevollmächtigten stellen und deutlich schneller – eben binnen 24 Stunden – reagieren.

Von Kettenbriefen und Hoaxes

Lügennachrichten sind eigentlich ein alter Hut. Das Ganze begann mit Kettenbriefen, also falschen Nachrichten, die bereits vor dem Internetzeitalter überwiegend mit der Post verschickt wurden. Bis heute kursieren die Briefe von einst, nur in digitaler Form, im Netz. Sie werden beispielsweise per E-Mail, per WhatsApp oder auf Facebook weiterverteilt. Meist geht es um ein Hilfegesuch oder einen versprochenen Gewinn, oft dient der Inhalt aber auch einfach der Unterhaltung – was besonders bei Kindern und Jugendlichen beliebt ist. Und in manchen Fällen werden solche Briefe auch eingesetzt, um Personen zu belästigen. Manchmal ist eine Telefonnummer oder eine Mailadresse angegeben, und weil sich die Briefe exponentiell verbreiten, erhalten die Opfer hinter der Nummer oder Mailadresse extrem viele Anrufe und Nachrichten von Empfängern und Verbreitern solcher Briefe. Um die Dimensionen zu verdeutlichen, mal ein Beispiel: Wenn eine Person einen Kettenbrief erhält und diesen an zehn weitere verbreitet, die ihrerseits die Nachricht wieder an zehn Menschen weiterleiten, sind bereits nach dem fünften Empfänger 100.000 Briefe oder Nachrichten verschickt worden.

Es gibt unzählige solcher Falschnachrichten und Kettenbriefe. Exemplarisch stellen wir hier einige vor. Da wäre einerseits der angebliche Spendenaufruf für ein krankes Kind. Seit Jahren kursiert der Aufruf auf WhatsApp mit einem in der Regel geklauten Bild, das ein schwer erkranktes Kind zeigen soll. Der Inhalt der Nachricht lautet: »Dieses Kind ist sehr krank. Die Eltern können sich keine Operation leisten. WhatsApp zählt, wie oft dieses Bild weitergeschickt wird. Einmal weiterschicken = ein Euro.« Wer würde da nicht helfen wollen und den Aufruf schnell an sein gesamtes Netzwerk weiterleiten? Nur spendet WhatsApp natürlich kein Geld für ein krankes Kind, das es gar nicht gibt, allenfalls wird über die Nachricht Malware verbreitet.

Ähnlich funktioniert jene Nachricht, die vor allem Umwelt- und Tierschützer ansprechen soll: »Rettet die Wale ...«, lautet der Inhalt hier, »schick diese Nachricht an deine Freunde! Für jede Nachricht wird Microsoft zwei US-Dollar bezahlen!« Auch diese E-Mail verbreitet sich seit Jahren und ist nichts weiter als ein Hoax. Wobei man ohnehin schon Zweifel daran hegen darf, warum ein Unternehmen wie Microsoft sich für die Rettung der Wale einsetzen sollte.

Ein anderes Beispiel zielt auf die eigene Gier ab. Sie lautet: »Schick diese Nachricht weiter, und du bekommst von Lidl einen Gutschein im Wert von 250 Euro.« Auch diese Nachricht kursiert seit Jahren auf WhatsApp. Warum der Discounter ein Interesse daran haben sollte, einfach so Gutscheine zu verteilen, bleibt zwar unklar – trotzdem geben seit Jahren täglich Tausende diesen Kettenbrief weiter. Insgesamt haben schon mehrere Millionen Deutsche diese Nachricht erhalten – und warten bis heute vergeblich auf ihren Einkaufsgutschein.

Wieder andere Nachrichten warnen vor angeblichen Gefahren. Zum Beispiel diese: »Passt auf! An den Tankstellen verteilen Personen Schlüsselanhänger als Geschenk. Lehnt das ab. Denn der Schlüsselanhänger hat einen GPS-Chip, mit dem die Personen euch orten und feststellen können, dass ihr nicht zu Hause seid, um einzubrechen!« Hier wird vor einer angeblichen neuen Vorgehensweise von Kriminellen gewarnt, die an Tankstellen Schlüsselanhänger mit GPS-Chips verteilen sollen. Laut der aktuellen »Hoax-Liste« der Technischen Universität (TU) Berlin[87] handelt es sich bei dieser E-Mail um eine bereits seit 2008 kursierende Nachricht, die als »Computervirus, der keiner ist« verbreitet werden soll.[88]

Auch die Sensationslust wird von den Hoax-Nachrichten angesprochen. Wie dieses Beispiel zeigt: »Die letzten fünf Minuten von Michael Jackson! Klick auf den Link!« Wer neugierig den entsprechenden Link anklickt, bekommt aber statt einer sterbenden Musiklegende nur Malware auf seinen Rechner.

Und dann sind da noch angebliche Hauptgewinne und Millionenerbschaften, etwa: »Du hast ein iPhone gewonnen. Klicke auf den Link!« Raten Sie mal, was es statt des versprochenen Smartphones gibt? Richtig – auch hier infiziert man seine Geräte mit Malware. Ebenso wie bei jenen Nachrichten, oft genug noch als blinkendes Pop-up, die ein Auto, eine Reise oder einen Geldgewinn anpreisen. Studien zeigen, dass tagtäglich Tausende Internetnutzer darauf hereinfallen.

Natürlich geht es oft darum, Geld zu ergaunern. Bestimmt kennen Sie auch Nachrichten wie diese:

> *»Hallo! Ich bin derzeit im Ausland und stell dir mal vor, meine Tasche wurde gestohlen und ich habe weder Geld noch meinen Reisepass. War gerade bei der deutschen Botschaft. Für einen neuen Reisepass und für meinen Rückflug, weil mein Ticket auch in der Tasche war, brauche ich insgesamt 550 Euro. Ist es möglich, dass du mir das Geld über einen Geldtransferdienst nach Thailand schicken kannst? Wenn ich wieder zurück bin, zahle ich dir die Summe sofort zurück. Ich habe vor, in zwei Tagen wieder zurückzureisen. Ich hoffe, du kannst mir helfen! Dein Christian«*

In solchen Fällen tarnen sich die Täter oft hinter einem sehr verbreiteten Namen, denn bestimmt kennt jeder einen Christian, einen Michael, einen Frank, eine Sabine, eine Stefanie oder eine Monika. Und wer kennt schon die konkrete Mailadresse von allen seinen Kontakten? Auf jeden Fall würde es bei diesem Beispiel ausreichen, den infrage kommenden Christian einfach mal anzurufen und nachzufragen. Ist er wirklich in Thailand auf Reisen? Das dauert vielleicht nur wenige Minuten – spart allerdings jede Menge Geld.

Außerdem wären da noch Falschnachrichten, bei denen die Täter mit ihren Opfern in Interaktion treten. Meist agieren sie auf Facebook. Die Opfer erhalten eine Nachricht von einem angeblichen Bekannten – häufig handelt es sich um gefälschte oder kopierte Profile, bisweilen aber auch um erfundene oder gekaperte Profile. Der Bekannte teilt mit, dass er oder sie leider sein oder ihr Telefon verloren habe, und schreibt dem Opfer: »Hallo, ich habe mein Telefon verloren. Kannst du mir bitte deine Handynummer schicken?« Wer darauf hereinfällt und seine Handynummer an die angegebene Nummer sendet, erhält eine zweite Nachricht. Darin steht: »Du bekommst gleich eine SMS. Bitte beantworte diese Nachricht mit ›Ja‹, damit ich dich wieder in meinem Adressbuch haben kann. Danke!« Natürlich könnte man sich fragen, warum man eine SMS mit »Ja« beantworten sollte. Leider tun das viele nicht und erleben mit der nächsten Telefonrechnung eine böse Überraschung. Denn die Rechnung fällt meist sehr hoch aus. Warum? Die Täter haben ihre Opfer ausgetrickst und waren mit deren Handy einkaufen. Wie das funktioniert? Die Täter nutzen einen Onlineshop, bei dem man mit dem Handy bezahlen kann und für die Transaktion auf eine SMS-Nachricht mit »Ja« antworten muss. Und genau so einen Zahlungsvorgang lösen die Opfer mit ihrer SMS-Antwort an den angeblichen Bekannten aus. Um wie viel Geld sie geprellt wurden, das erfahren die Opfer erst mit der Telefonrechnung, die den Betrag ausweist.

Gerade unter Kindern und Jugendlichen sind Kettenbriefe weitverbreitet. Sie waren es auch schon zu Zeiten, als man Briefe händisch abschreiben und per Post weiterschicken sollte. Heute ist das natürlich viel weniger aufwendig. Und daher dürfte so gut wie jeder Minderjährige in Deutschland in seinem Leben schon einmal eine Lügennachricht erhalten haben. Die Kettenbriefe unter Kindern spielen oft mit den Ängsten des Nachwuchses, wie dieses Beispiel zeigt: »Schick diese Nachricht an mindestens 15 Personen weiter, ansonsten wird deine Mama oder dein Papa sterben!«, lautet hier der Inhalt. Oft wissen die Kinder zwar, dass Nachrichten wie diese nicht wahr sind – sie leiten sie aber dennoch weiter, aus Unsicherheit. Ähnlich funktioniert auch dieses Beispiel: »Schick diese Nachricht an 20 Personen weiter, ansonsten kommt eine Person aus dem Schrank heraus, während du schläfst, und ersticht dich mit einem ganz großen Messer – bis du verblutest.«

Warum verschicken Kriminelle Nachrichten wie diese gerade an Kinder? Meist ist das Ziel, über die in der Nachricht enthaltene Malware die Adressbücher der Nutzer zu ergattern und somit sehr viele Mailadressen. Diese werden unter anderem für Spammails missbraucht. Eltern und Lehrer tun daher gut daran, über die Hoax-Meldungen gut informiert zu sein und die Kinder darüber aufzuklären und sich die Einstellungen für E-Mails und Nachrichtendienste in den Geräten des Nachwuchses genauer anzusehen. Das gilt natürlich auch für Erwachsene.

Wer seine Daten schützen möchte, sollte den Spamfilter seines E-Mail-Anbieters überprüfen. In der Regel findet sich unter »Einstellungen« die Möglichkeit, die Stärke der Filter zu verändern. Schon das hilft oft. Denn bei vielen Anbietern sind die Voreinstellungen sehr schwach und nur ein Bruchteil der Nutzer nimmt überhaupt eine Änderung vor. Mittlerweile sind zumindest bei den E-Mail-Anbietern viele der bekannten Kettenbriefe als Spam gekennzeichnet – und werden automatisch herausgefiltert.

Apropos Spam: Wer schon einmal erlebt hat, dass die eigene Mailadresse zum Versand von Spammails missbraucht wurde, kennt den Ärger. Dann hat man meist nur die Chance, die Adresse ganz zu ändern, denn oft kommen die eigenen Nachrichten bei anderen gar nicht mehr an, sondern werden automatisch als Spam gelöscht oder aussortiert. Das Gleiche gilt übrigens, wenn man auf die Kettenbriefe hereinfällt und diese weiterverbreitet – es kann passieren, dass die E-Mail-Programme und -anbieter der Empfänger die Adresse des Versenders künftig blockieren.

Studien zufolge war schon fast jeder Nutzer einmal von Spamattacken betroffen. Die meisten erfahren davon durch Freunde und Kollegen, aber nur selten vom Anbieter. Daher sollte man, wenn die eigene Mailadresse für Spamzwecke missbraucht wurde, allen wichtigen Kontakten aus dem Adressbuch eine Nachricht senden und auf den Missbrauch hinweisen – nur so kann man sicherstellen, dass künftig echte Nachrichten bei den Kontakten auch weiterhin ankommen.

Wer ganz auf Nummer sicher gehen will, versendet seine E-Mails mit einem Kennwort. Diese Funktion bieten die allermeisten Programme an.

Cem Karakaya erzählt aus dem Polizeialltag: Cybermachenschaften von Terroristen

»Wie schön die Pont Neuf von hier ausschaut!«, sagt Müjdat Turgut zu seinem Kollegen Pascal Moreau. »Es ist die älteste der Pariser Seinebrücken. Kaum zu glauben, dass Paris noch weitere circa 300 Brücken hat. Wenn wir Erfolg haben, gehen wir noch heute Nacht etwas trinken. Ich schwöre dir, Müjdat, dann zeige ich dir jede einzelne Brücke!«, sagt Pascal und lacht. »Das werden wir, Pascal. Unsere Arbeit endet heute«, ist sich sein türkischer Kollege sicher.

Müjdat und Pascal arbeiten bereits seit zwei Monaten zusammen. Beide gehören zu Interpol. Pascal zu einer französischen und Müjdat zu einer türkischen Einheit, die gemeinsam an einem Fall sitzen. Die letzten Wochen waren für die Agenten anstrengend, sie sind nämlich einer Terrorzelle auf der Spur, die in Paris entdeckt wurde, aber ihren Ursprung in der Türkei hat. Acht Personen gehören dazu, die eine Wohnung in der französischen Hauptstadt angemietet haben. An diesem Abend wollen die Ermittlungsbehörden zuschlagen. Darum sind die beiden Agenten auch nicht allein, vier weitere Kollegen sitzen mit ihnen im Observationsbus, der gut getarnt in einer Seitenstraße steht. Und weitere Spezialeinheiten befinden sich in der Nähe. Jede Einheit hat eine besondere Aufgabe. Während Pascal und Müjdat aus dem Fenster blicken und vom Ende des Einsatzes träumen, sagt plötzlich ein anderer französischer Kollege, der seinen Blick fest auf einen Monitor gerichtet hat: »Es ist so weit. Es geht los!« Die Beamten beobachten, wie das Team der französischen Spezialeinheit die Wohnung der mutmaßlichen Terroristen stürmt.

Endlich ist der entscheidende Augenblick gekommen, auf den die Teams so lange hingearbeitet haben. Ein riskanter und wichtiger Moment. Das erste Team soll die Männer und Frauen festnehmen und die Wohnung sichern. Und tatsächlich: Nach nicht einmal zehn Minuten ist alles vorüber – keine Schüsse sind gefallen. Jetzt sind Pascal und Müjdat dran.

Als sie in die Wohnung kommen, liegen alle acht Männer und Frauen gefesselt am Boden. Pascal nickt mit dem Kopf, die Kollegen bringen die vermeintlichen Terroristen nach draußen. Pascal blickt zu Müjdat. Außer den beiden sind noch die anderen vier Kollegen aus dem Bus mit dabei. Sie alle haben Spezialkenntnisse im Bereich Cybercrime. Gemeinsam durchsuchen sie die Wohnung. Nach wenigen Minuten kommt ein Kollege zu Müjdat, in der Hand mehrere türkische Reisepässe: »Hier sind ihre Pässe«, sagt dieser. Müjdat schaut sich die Dokumente an. »Alle mit falschen Namen«, sagt er, nachdem er die acht Ausweispapiere untersucht hat.

Immer klarer wird, dass die Terrorgruppe die Aufgabe hatte, Reisedokumente anzufertigen und an andere Zellen zu liefern, damit diese sich problemlos über Staatsgrenzen hinweg bewegen können. Müjdat checkt nun den Laptop der Terroristen im Wohnzimmer. Natürlich ist der Computer gut geschützt. Also baut der Agent das Gerät auseinander und nimmt die Festplatte heraus. Er steckt sie in eine Beweistüte und gibt sie seinem Kollegen. »An die IT-Forensik, bitte«, sagt er. In diesem Moment hat ein weiterer Kollege eine Tüte voll mit SIM-Karten entdeckt. »Na, die Kollegen aus der IT-Forensik werden sich freuen«, sagt Müjdat. Die Ergebnisse wird das Team erst eine ganze Weile später haben, denn bis man alle SIM-Karten zurückverfolgt und festgestellt hat, mit welchen Daten sie beantragt wurden, vergehen in der Regel einige Tage oder Wochen. Oft benutzen die Täter, mit denen es Interpol zu tun hat, für jeden Anruf, jede einzelne verschickte Nachricht eine andere SIM-Karte. Nur so können sie nicht oder zumindest nur schwer verfolgt werden.

Die vielen verschiedenen SIM-Karten werden mit den Daten anderer Personen beantragt. Besonders gefragt sind die SIM-Karten von Flüchtlingen, Hauptsache, die Telefonkarten stammen aus möglichst verschiedenen Ländern.

Pascal hat unterdessen eine Kiste entdeckt, die er Müjdat zeigt. Sie ist voll mit leeren französischen und türkischen Pässen – alle gefälscht. »Die Festplatte brauchen wir vielleicht gar nicht mehr unbedingt. Sie haben eine Liste ausgedruckt. Wahrscheinlich wollten sie gerade damit anfangen«, sagt er und hält seinem Kollegen mehrere ausgedruckte Seiten vors Gesicht. Darauf stehen lauter Personalien: Vor- und Nachnamen, Geburtsdatum und Geburtsort sowie Identifikationsmerkmale. Außerdem befindet sich eine Rolle mit leeren Visa-Etiketten in der Kiste. »Ich glaube, die sind echt«, sagt Pascal. – »Bist du dir sicher?«, fragt Müjdat. Der Agent nickt. »Du weißt, ich war vier Jahre bei der Dokumentenprüfung. Aber wir lassen sie überprüfen.« Pascal gibt die Rolle an die Kollegen weiter und schaut sich die ausgedruckte Liste an. »Wow – das sind alles deine

Landsmänner, Müjdat. Wenn diese Menschen wüssten, was wir hier gerade verhindert haben ...«, sagt er. Müjdat lächelt.

Tatsächlich steht nur wenig später gesichert fest: Die Terroristen wollten die gestohlenen Personendaten von realen Bürgerinnen und Bürgern aus der Türkei für die gefälschten Reisepässe benutzen. Damit wären die Mitglieder der anderen Zellen in der Lage gewesen, unter harmlosen Identitäten Anschläge in Europa vorzubereiten.

Man mag sich kaum vorstellen, was passiert, wenn es Terroristen tatsächlich gelingt, sich für jemand anderen auszugeben. Das ist nicht nur Stoff für Krimiautoren, sondern leider bittere Realität, wie etwa ein Fall aus dem Jahr 2004 zeigt. Im Dezember jenes Jahres war während eines Delta-Air-Lines-Flugs zwischen Colombia und Atlanta ein Passagier während, dessen Name auf der schwarzen Liste der US-Behörden stand. Der Mann konnte die Maschine noch betreten – erst während des Flugs wurde festgestellt, dass es sich um einen mutmaßlichen Terroristen handelte. Sofort leiteten die Behörden das Flugzeug zu einer Militärbasis um. Man kann sich ausmalen, was die Menschen an Bord der Maschine erlebt haben müssen. Nur: Der angebliche Terrorist war überhaupt keiner, sondern ein ganz unbescholtener Bürger. Erst nach mehreren Stunden stellten die Behörden den Irrtum fest. Der Passagier war nämlich Opfer eines Identitätsdiebstahls.

Bekannt gewordene Fälle, in denen Terroristen mit der Identität harmloser Bürger Straftaten verüben, gibt es nicht viele. Aus gutem Grund: Zum einen sind Terrorermittlungen streng geheim, auch um die Bevölkerung nicht zu verunsichern. Zum anderen sind in letzter Zeit Terroristen dazu übergegangen, häufig die Identität von Flüchtlingen zu nutzen, um ihre Spuren zu verwischen. Tausende von Flüchtlingen halten sich allein in Deutschland ohne eindeutige Identität auf.[89] Es wird auch vermutet, dass Terrornetzwerke wie der sogenannte Islamische Staat (IS) auf diese Weise ihre Macht demonstrieren wollen – so wurden bei den

Attentätern von Paris im Herbst 2015 Ausweispapiere von angeblichen Flüchtlingen gefunden.[90]

Terroristennetzwerke verwenden systematisch falsche Ausweisdokumente.[91] Sie erhalten diese von Fälschern, die auch andere Kriminelle zu ihren Kunden zählen. Ein lukratives Geschäft: Die Papiere lassen sich zum Teil für mehr als 1.000 Euro pro Stück verkaufen.

Auch die Untersuchungen im Fall von Müjdat und Pascal ergaben, dass die logistischen Aktivitäten mit einer radikal-islamistischen Gruppe verbunden waren: Die gefälschten Dokumente waren für Gruppen bestimmt, die sich in Afghanistan und Pakistan militärisch ausbilden ließen, die aber über die Türkei in diese Länder reisten.

Aber Terroristen nutzen nicht nur Identitätsdiebstahl, um ihre Interessen zu verfolgen. Hätten Sie etwa gedacht, dass man auch bei Onlinespielen Angst vor Terroristen haben muss? Ballerspiele sind nämlich bei den Terrornetzwerken sehr beliebt, um Nachwuchs zu rekrutieren. Welch Zufall, dass gerade diese Spiele bei Jugendlichen auch sehr beliebt sind.

Die Rekrutierungsversuche funktionieren ganz einfach: Zunächst wird das Vertrauen der Jugendlichen gewonnen. Das ist leicht, denn man spielt in der Regel in Teams. Oft haben sich die Mitglieder noch nie zuvor gesehen. Kommuniziert wird über die Chatfunktion der Spiele. Sie ist sehr wichtig, um Strategien zu entwickeln und sich abzusprechen – und natürlich lernt man sich nebenbei auch gut kennen. Irgendwann heißt es dann: »Warum kämpfst du hier mit virtuellen Waffen? Komm zu uns! Wir geben dir echte Waffen und bilden dich aus!« Der sogenannte IS ist auch in sozialen Netzwerken aktiv – einerseits um auch hier zu rekrutieren[92, 93], andererseits um Eigenwerbung und Propaganda zu verbreiten.

Bekannt wurde die Social-Media-Strategie, als die Terroristen ein Video der angeblichen Hinrichtung des amerikanischen Journalisten James Foley ins Netz stellten, der 2012 in Syrien entführt und 2014 ermordet wurde. Das fragliche fünfminütige Video seiner Enthauptung wurde bei YouTube eingestellt und war hier eine ganze Weile abrufbar. In dem Clip ist zu sehen, wie eine vermummte Person, die auch in späteren Videos auftauchte, mit der Enthauptung beginnt. Zuvor sieht man den Journalisten in einer Art Guantanamo-Häftlingskleidung, wie er einige Worte an die US-Regierung richtet. Er wird gezwungen, diese als seinen eigentlichen Mörder zu bezeichnen. Allerdings: Die grausame Ermordung selbst ist in dem Video nicht zu sehen, nur der angebliche enthauptete Leichnam Foleys. Später bezweifelten Forensiker, dass das Video die tatsächliche Ermordung zeigt. Klar ist aber: Foley wurde getötet, vermutlich kurz nach dem Dreh.[94] Millionen Mal wurde der Clip angeklickt, auch Medien zeigten Ausschnitte daraus. Das Video verbreitete Angst und Schrecken und machte den sogenannten IS mit seinem grausamen Terror noch bekannter. Auf Twitter wurde später der Hashtag #ISISmediaBlackout populär, um gegen die Verbreitung der Terrorpropaganda und insbesondere der Hinrichtungsvideos zu protestieren.

Problematisch war und ist bis dato, dass viele Plattformen, auf denen Terrorinhalte verbreitet werden, eine ganze Weile brauchen, um das fragliche Material zu löschen oder Nutzer zu sperren.[95] Oft veröffentlichen die Terroristen sogar noch Tipps, wie sich mit Proxy-Servern solche Sperren umgehen lassen.

Generell gilt das Terrornetzwerk als äußerst professionell im Umgang mit Social Media. Die Bilder von Gräueltaten etwa heizten den Bürgerkrieg in Syrien weiter an. Über den Beginn des Feldzugs auf Bagdad beispielsweise berichtete der sogenannte Islamische Staat per Twitter wie in einem Liveticker. Wer Follower ist, verpasst somit kein Update von der Front, von Hinrichtungen oder vermeintlichen Anschläge im Namen der Terroristen. Sie produzieren außerdem aufwendige Videos, in denen sie sich als mutige Kämpfer inszenieren. Die Fans und Follower zählen mit zu den aktivsten Propaganda-Verbreitern. Meist sind es junge Männer aus dem Ausland,[96] in jüngster Zeit aber auch junge Frauen, deren Fotos und Videos aus den Krisenregionen sich rasant verbreiten. Die Botschaft jener Bilder: Der Feldzug der Terroristen ist ein attraktives Abenteuer.

Um von den etablierten Plattformen unabhängig zu sein, hat das Terrornetzwerk laut Europol mittlerweile seine eigene Social-Media-Infrastruktur aufgebaut.[97] Dazu soll eine Art Facebook zählen und auch eine eigene Twitter-App, mit der die Terroristen ihre Propaganda über alle Konten der App-Nutzer verteilen und somit ihre PR-Botschaften zu Twitter-Trends machen können, ohne als Spam blockiert zu werden.[98] Zudem nutzen die Terroristen die ihnen nahestehende Agentur Amaq oder die Messaging-App Telegram, etwa um sich zu Anschlägen zu bekennen.[99] Und nicht nur das: Sogar eine Art Jahresgeschäftsbericht gibt das Terrornetzwerk heraus, in dem die Anschläge genau aufgelistet sind.

Bei so viel IT-Know-how erstaunt es nicht, dass die Terroristen das Netz natürlich auch für Cyberterror nutzen. So legten die IS-Hacker im Jahr 2015 den französischen TV-Sender TV5 Monde lahm: Während der Attacke zeigten die Webseiten und Social-Media-Kanäle des Senders Forderungen des IS. Das Programm wurde unterbrochen. Bei Facebook waren der Nachrichtenagentur AFP zufolge Drohungen gegen französische Soldaten zu lesen. »Soldaten Frankreichs, bleibt dem Islamischen Staat fern! Ihr habt die Chance, eure Familien zu retten, nutzt sie!« Das »Cyberkalifat« werde seinen »Cyberdschihad« gegen die Feinde des Terrornetzwerks fortsetzen, hieß es weiter.[100]

Laut Bundesinnenministerium (BMI) sind Cyberattacken nicht nur durch den sogenannten IS gegen IT-gesteuerte kritische Infrastrukturen denkbar. Diese Szenarien betreffen etwa die Elektrizitätsversorgung und hier vor allem Atomkraftwerke, die Trinkwasserversorgung, aber auch die Verkehrsinfrastruktur wie den Bahnverkehr – beispielsweise Manipulation der Weichenstellung, der Verkehrsleitsysteme oder der Flugsicherung, etwa mit dem Ziel, Kollisionen herbeizuführen.[101] »Jene Anschlagsziele sind für Terroristen attraktiv, da hohe Opferzahlen und Schäden wahrscheinlich sind. Denkbar ist dabei auch, dass Attacken gegen kritische Infrastrukturen mit ›konventionellen‹ Anschlägen gekoppelt werden«, heißt es auf der Website des BMI. Daneben verfolgten viele Terrororganisationen das Ziel, die Wirtschaftskraft des Landes oder auch der EU und der USA nachhaltig zu schwächen. Das wäre möglich mit Angriffen auf die Börsen, auf Banken und Finanzzentren. Schon allein durch ein flächendeckendes Lahmlegen von Geldautomaten lässt sich ein riesiger Schaden anrichten. Besonders internationale Großkonzerne fürchten daher Cyberangriffe mit terroristischem Hintergrund. Fatal wäre etwa, wenn ein Computerwurm wie Stuxnet von Terroristen eingesetzt würde, warnt das BMI. Der Computerwurm wurde entwickelt, um Industrieanlagen zu befallen. Er ist der erste Virus, der gezielt Zentrifugen eines Atomkraftwerks angreift.[102]

Denkbar ist auch, dass Terroristen die Computer und Geräte Tausender fernsteuern. Wie das geht? Mit einer sogenannten DDoS-Attacke, das steht für Distributed-Denial-of-Service. Dabei bringen die Cyberterroristen beispielsweise mit Viren und Trojanern unzählige Computer unter ihre Kontrolle und steuern sie fern. Oft merken die Eigentümer selbst gar nicht, dass sich ihr heimischer Rechner an einer Attacke beteiligt. Den Trojaner oder Virus fangen sich viele Internetnutzer beim Besuch einer illegalen Streamingseite zum Beispiel beim Schauen der neuesten Folge ihrer Lieblingsserie oder beim Besuch einer Pornoseite ein. Sie glauben, das ginge gar nicht so einfach? Weit gefehlt: Um den Rechner zu infizieren, muss man selbst gar nichts mehr anklicken oder herunterladen. Allein der Besuch auf einer verseuchten Website reicht schon, weil die Schadware häufig in den Werbebannern auf diesen Seiten steckt.

Nachdem eine ausreichende Anzahl an Rechnern infiziert ist, starten sie den Angriff – die Cyberterroristen geben dabei einen Befehl an alle Computer, beispielsweise eine bestimmte Internetseite zu besuchen. Und just in diesem Moment steuern Millionen von Rechnern diese Website an. Das führt zu einer Überlastung des Servers, er bricht zusammen. Und in Zeiten des Internets der Dinge sind nicht nur Computer an so einer Attacke beteiligt, sondern alle möglichen internetfähigen Geräte – sogenannte Smart-Home-Geräte. Stellen Sie sich mal vor, Ihr Toaster greift Sie, jemand anderen oder sogar den Staat an …

Wie genau das funktioniert, wie durch Big Data letztlich ein zweites digitales Ich von uns erschaffen wird und welche Folgen das haben kann, das zeigen wir im folgenden Kapitel.

Kapitel 4
Daten und Taten:
Wozu sich Daten missbrauchen lassen

Die Digitalisierung bringt nicht nur neue Formen von Straftaten mit sich, sie verändert unsere Welt und unser Leben grundlegend. Heute werden wir von Geburt an getrackt, vermessen und analysiert. Gigantische Datensammlungen entstehen auf diese Weise. Sie können zum Risiko werden. Nicht nur wenn Kriminelle sie missbrauchen, sondern beispielsweise auch, weil Unternehmen aus diesen Daten ihre eigenen Schlüsse ziehen. Dass wir als Verbraucher allein aufgrund unseres Datenprofils etwas mehr als andere bezahlen müssen, ist dabei noch ein harmloses Szenario. Dass mittlerweile fast überall und ständig Daten erhoben werden, sie auf immer wieder neue Weise mit anderen zusammengeführt und interpretiert werden können und das Internet der Dinge diese Möglichkeiten nochmals potenziert – das alles macht die Missbrauchsmöglichkeiten schier grenzenlos und birgt noch einmal ganz neue Gefahren.
Was alles möglich ist, zeigen wir in diesem Kapitel.

Wie Big Data uns ein zweites Ich verschafft

Sie erinnern sich bestimmt an *Die Abenteuer des Tom Sawyer* von Mark Twain: Der Waisenjunge Tom lebt bei seiner Tante Polly. Tom ist ein echter Rabauke, schwänzt die Schule, prügelt sich mit anderen Kindern und treibt sich mit seinem besten Freund Huckleberry Finn herum. Als Tom eines Tages wieder einmal nach einer Prügelei mit zerrissenem Hemd nach Hause kommt, muss er zur Strafe an einem Samstag den Zaun seiner Tante mit weißer Farbe streichen. Doch statt sich mit der Arbeit zu quälen, ist Tom sehr erfinderisch: Jedes Mal, wenn ein Kind vorbeikommt und sich über seine Strafarbeit lustig macht, erklärt ihm Tom mit ernster Miene, wie schwierig es sei, den Zaun weiß anzustreichen. Es sei so kompliziert, dass nur die wenigsten Kinder dies richtig könnten. Das weckt die Neugierde der anderen Kinder. Natürlich wollen sie nun auch einmal versuchen, den Zaun zu streichen. Tom lässt die Kinder aber nicht einfach nur die unliebsame Arbeit übernehmen, er lässt sie auch noch dafür bezahlen. Für den Lausbuben ein doppelter Gewinn: Andere nehmen ihm die Strafarbeit ab und er verdient auch noch daran.

Mit der Digitalisierung verhält es sich sehr ähnlich:[103] Eigentlich sollten die neuen technischen Möglichkeiten dazu führen, dass vieles einfacher wird, wir es bequemer haben und Zeit sparen. Doch das Gegenteil ist oft der Fall: Wir übernehmen zunehmend Arbeiten, die uns vorher jemand anderes abgenommen hat. Wir holen unsere Pakete selbst von der Packstation ab und ersetzen damit den Job des Postboten. Wir buchen unsere Reisen selbst im Internet und machen Reisebüros damit überflüssig. Wir checken am Flughafen per Automaten ein und reduzieren damit indirekt das Bodenpersonal. Wir erledigen unsere Bankgeschäfte am Rechner oder Automaten, Bankangestellte am Schalter werden somit zur Rarität. Und in immer mehr Supermärkten scannen wir unsere Einkäufe selbst und packen sie ein – Jobs an der Kasse wird es bald kaum noch geben.

Alles das erledigen wir, ohne dafür bezahlt zu werden. Shadow Work, Schattenarbeit, nennt der Harvard-Soziologe und Journalist Craig Lambert dieses Phänomen in seinem gleichnamigen Buch.[104]

Und es kommt noch besser: Wir zahlen sogar dafür, dass wir mehr Arbeit haben. Zwar nicht mit Geld, aber mit unseren sehr wertvollen persönlichen Daten. Ständig geben wir diese nämlich preis – an der Selbstbedienungskasse, an der wir unsere Einkäufe scannen beispielsweise. Und selten fragen wir uns, warum ein Unternehmen für eine Dienstleistung, die wir auch noch selbst verrichten müssen, unsere Mailadresse oder unser Geburtsdatum haben möchte.

So hinterlassen wir überall Datenspuren. Diese Informationen zusammen ergeben ein Profil. Es ist unser digitales zweites Ich, das oft sogar mehr über uns weiß als wir selbst. Denn mithilfe der vielen Datenschnipsel, die wir allerorten ständig hinterlassen, werden auch unterbewusste Teile von uns sichtbar – zumindest wenn Unternehmen diese Daten tracken, zusammenführen und auswerten. So ist etwa für den Onlinehandel vorhersehbar, welche Produkte uns gefallen werden und dass wir bei einem bestimmten Angebot ganz sicher nicht Nein sagen werden. Heute können Unternehmen sogar recht präzise voraussagen, ob eine Kundin schwanger ist[105] – selbst wenn sie es selbst noch nicht ganz sicher weiß. Genau so funktioniert nämlich Big Data.[106]

Der Begriff meint komplexe Datenmassen, die nicht mehr manuell und mit herkömmlichen Methoden ausgewertet werden können, weil sie aus den unterschiedlichsten Quellen stammen. Stattdessen übernehmen komplizierte Algorithmen die Auswertung. Prinzipiell lassen sich alle möglichen Datensätze zusammenführen und untersuchen. Sie sind wie ein kompliziertes Puzzle, das immer neue Bilder ergibt, je nachdem, wie man welche Teile zusammensetzt. Das ist einerseits faszinierend, weil man mittels Datenrecherchen ganz neue Erkenntnisse erhält. Andererseits ist es ganz schön erschreckend, was Massendaten über uns und unser Verhalten verraten.

Schon unser Alter, Geschlecht, Familienstand, unsere Wohnadresse und unser Beruf sowie wer unser Arbeitgeber ist, sagt sehr viel über uns aus – etwa zu welcher sozialen Schicht wir gehören und welche Aufstiegschancen wir haben. Und es gibt so viele Datentöpfe: Da wären die Informationen, die Behörden über uns erheben – von der Geburtsurkunde über all die Adressen, unter denen wir im Laufe des Lebens mal gewohnt haben, bis zu den Einträgen im Katalog des Kraftfahrt-Bundesamts. Oder die Daten, die wir beispielsweise durch unsere Hobbys, Vorlieben und Interessen hinterlassen – zum Beispiel die Filme, Serien und Musik, die wir bevorzugen und die durch unser Nutzungsverhalten bei Streamingdiensten und durch unsere Likes in sozialen Netzwerken klar erkennbar sind. Oder jene Daten, die Rückschlüsse auf unsere politische Gesinnung zulassen. Auch hier sind die Prognosen, die beispielsweise Facebook über unsere politische Einstellung erstellen könnte, erschreckend präzise – selbst dann, wenn wir uns größte Mühe geben, uns in sozialen Netzwerken politisch neutral zu geben.

Die meisten von uns haben sich als Verbraucher schon heute daran gewöhnt, dass das Kauf- und Zahlungsverhalten komplett durchleuchtet wird. Und weil wir mittlerweile dank Smartphone und Co. überall Geodaten hinterlassen, ist noch über Jahre zurückzuverfolgen, wann wir uns wo und wie lange aufgehalten haben.[107] Natürlich wird auch unser Surfverhalten ausgewertet. Und das idealerweise aufgeschlüsselt nach den verschiedenen Gerätetypen Computer, Tablet und Smartphone oder unseren Smart-TV. Denn natürlich ist es für Unternehmen interessant, einerseits zu wissen, welche Produkte wir verwenden, und andererseits, wann wir welches Gerät wie nutzen. Verräterisch ist auch, welche Apps und Programme wir hier verwenden.

Und es gibt noch viel mehr Daten, die anfallen und Teil unseres zweiten Ichs sind: Der Inhalt unserer E-Mails gehört dazu wie unsere Kommunikation insgesamt. Die Telefonverbindungsdaten und die Nachrichten, die wir mit anderen bei Facebook oder Snapchat austauschen. Auch die Daten aus unseren verschiedenen Konten bei Amazon, Apple, Sky, Netflix oder Instagram und Co. geben unendlich viel über uns preis. Und dann erst all die Gesundheits- und Fitnessdaten, die per Wearables, Activity Tracker und per Smartwatches erfasst und analysiert werden. Und ständig kommen neue Daten hinzu, die wir entweder aus freien Stücken herausgeben oder die einfach erfasst werden – oft sogar ohne dass wir davon wissen. Der Schrittzähler in unserem Handy, der täglich ermittelt, wie viel wir uns bewegen, ist ein beliebtes Beispiel dafür. Und demnächst wird unser voll vernetztes Auto auch noch unser Verhalten im Straßenverkehr analysieren, um nur ein Beispiel zu nennen.

Immer öfter geben wir solche Informationen auch noch begeistert in Apps und Programme ein: den Zyklusverlauf etwa, wenn wir ein Baby haben wollen oder verhüten möchten, oder wie es um unsere Verdauung steht, wie viel wir schlafen oder was und wie viel wir essen und trinken. Viele führen aus purer Technikbegeisterung über sich selbst Buch, andere möchten sich tatsächlich selbst vermessen und wieder andere erhoffen sich durch das Selbsttracking Erkenntnisse über die eigene Gesundheit. Letztlich kann so ziemlich alles vermessen, gescannt, erfasst und analysiert werden. Und der Informationsgewinn wird umso interessanter, je mehr Daten es gibt und wenn diese Daten mit denen von Milliarden anderen Menschen zusammengebracht werden.

Datensammelwut frei Haus: Woher die Daten kommen

Man kann zugespitzt sagen: Daten sind so etwas wie das neue Gold – auf jeden Fall etwas, mit dem sich gute Geschäfte machen lassen.

Die großen Player haben das schon lange verstanden, die Datenkrake Google beispielsweise. Das Unternehmen dürfte wie kaum ein anderes unendlich viel über uns wissen, immerhin stellt kaum ein anderer Dienst so viel vermeintlich kostenlose Services zur Verfügung wie Google. Hier ein paar Beispiele: Mit Picasa hat das Unternehmen unsere Fotos und Bilder, durch YouTube weiß Google, welche Videos wir uns anschauen und was hier unsere Vorlieben sind. Durch Google+ kennt die Fima unsere Arbeitskollegen, Bekannten, Freunde und die Verwandtschaft, denn praktischerweise muss der Nutzer seine Kontakte in diese Kategorie unterteilen. Google Play verrät dem Konzern, welche Apps wir nutzen, und Google Cloud hat sowieso einen Großteil unserer Daten. Wer speichert in Zeiten des mobilen Arbeitens seine Dateien noch auf einer physischen Festplatte ab? Google Maps verrät dem US-Konzern, wo wir uns gerade befinden oder wohin wir beabsichtigen zu reisen. Google Chrome weiß, welche Internetseiten wir benutzen, und der Google-Kalender kennt unsere Termine. Mit Google E-Mail kennt das Unternehmen einen Großteil unserer Kommunikation und Google Street View weiß, wie unser Haus von außen aussieht. Mehr als hundert kostenlose Google-Dienste gibt es mittlerweile.

Und dann erst Facebook. Mehr als zwei Milliarden Nutzer hat das soziale Netzwerk mittlerweile.[108] Dass Facebook all unsere Likes, Kommentare, Nachrichten speichert und scannt, überrascht nicht. Auch nicht, dass die Onlinetracking-Bemühungen noch größer sind: Denn wann immer wir eine Seite irgendwo im Netz besuchen, in die ein Like-Button integriert ist, weiß Facebook, dass wir hier sind. Und Facebook geht sogar noch weiter: Wie https://netzpolitik.org berichtet, arbeitet das Unternehmen mit Firmen wie Epsilon und Acxiom zusammen. Diese Unternehmen sammeln Daten aus behördlichen Akten und Umfragen und nutzen gewerbliche Quellen wie zum Beispiel Listen von Magazinabonnenten, um mehr über Facebook-Nutzer zu erfahren.[109] Schon lange ist es kein Geheimnis, dass Facebook ebenso wie Google das Ziel hat, so viele Daten wie möglich über seine Nutzer zu sammeln. Unsere Fotos, unsere Postings, unsere Nachrichten, unsere Interaktion mit anderen, all das wird gespeichert und ausgewertet. So kann Facebook zum Beispiel eine Vorhersage darüber treffen, wie hoch unser Einkommen ist, und auch, über wie viel Eigenkapital wir verfügen, ob wir Hausbesitzer sind und in was für einem Haus wir wohnen. Selbst über Grundstücksgröße und Quadratmeterzahl unserer Wohnung weiß Facebook Bescheid und macht sich diese Informationen für Werbung zunutze. Natürlich weiß das Netzwerk, wer mit uns zusammenlebt, und auch, wer ganz in der Nähe von uns wohnt. Lebensereignisse wie Geburtstage, Verlobungen, Hochzeiten oder die Geburt eines Kindes kennt Facebook ebenso, wie es mit großer Treffsicherheit weiß, ob ein Nutzer alsbald ein solches Lebensereignis feiern wird. Facebook weiß allein aufgrund der Daten, welches Mitglied gerade eine neue Beziehung hat, wer fremdgeht oder eine Fernbeziehung führt. Es weiß, ob wir ein Auto besitzen, um welche Marke und welches Modell es sich handelt und wie teuer es war. Und Facebook kann sogar vorhersagen, wie viel Geld wir im Jahr für ein Auto ausgeben werden. Das Unternehmen weiß auch, ob wir besonders modebewusst sind oder ob wir gerne Computerspiele spielen. Auch kann der Konzern Prognosen darüber abgeben, wie viel Geld wir im Jahr für Games ausgeben. Oft hat Facebook auch darüber Kenntnis, ob wir Geld spenden oder uns für wohltätige Zwecke engagieren. Und noch viel interessanter ist für das Unternehmen, wenn wir Facebook Payments nutzen. Denn über seine Bezahlmethode kommt der Konzern an noch mehr wertvolle Informationen.

Die Liste ließe sich noch endlos fortsetzen. Fakt ist: Facebook unterteilt uns in verschiedene Kategorien aufgrund all dieser Informationen und verwertet letztlich alles vor allem für Werbezwecke und um uns in der Timeline die Postings und Beiträge anzuzeigen, die uns vermeintlich interessieren.

Das ist aber nicht ganz ungefährlich, denn die erfassten Daten wirken auch zurück: Weil wir mal ein bestimmtes Interesse oder eine politische Meinung hatten, werden uns künftig vor allem solche Beiträge angezeigt, die dieser Ausrichtung entsprechen. Meinungsvielfalt? Kennt der Facebook-Algorithmus bisher kaum. Die gesammelten Daten beeinflussen damit, mit wem wir in Kontakt treten, wie wir gesehen werden und welche Inhalte wir selbst künftig sehen. Am Ende führt dies im schlimmsten Fall dazu, dass wir in unserer eigenen Filterblase[110] leben und diese kaum verlassen.[111]

Und es bleibt nicht beim Datensammeln: Facebook ist auch interessiert an Daten von Menschen, die absichtlich nicht Mitglied sind. An die Daten der Nichtmitglieder gelangt Facebook denkbar einfach: Einerseits machen viele Nutzer ihr Adressbuch mit allen Kontakten inklusive Namen, Telefonnummern, Mailadressen und oftmals noch mehr Informationen wie etwa einer Angabe über den Arbeitgeber für Facebook zugänglich. Andererseits markieren viele Nutzer Dritte in Fotos. Solche Markierungen betreffen häufig auch Nichtmitglieder. Und oft braucht Facebook nicht einmal die Hilfe seiner Mitglieder. Denn es hat seinen Like-Button, der auf vielen externen Seiten eingebaut ist. Über diesen Button werden zahlreiche Daten auch von Nichtmitgliedern erhoben. Das funktioniert so: Hinter dem Knopf verbirgt sich ein Mini-Programm, das die betreffende Seite und dazugehörige Daten wie Cookies und Sitzungs-ID speichert und an Facebook meldet. Ist der Besucher der Seite nicht bei Facebook angemeldet, wird ein zwei Jahre gültiges Cookie gesetzt, das Facebook bei jeder weiteren Verbindung hierüber informiert. So kann das Netzwerk den Besucher der betreffenden Seite gegebenenfalls später einer Person zuordnen.[112]

Und Unternehmen, die auf Facebook ihre Werbung zeigen wollen, können ihre gesamten Kundendatenbanken auf der Plattform verwenden und diese mit bestehenden Facebook-Profilen abgleichen,[113] auch so kommt das Netzwerk an Daten von Menschen, die nicht Mitglied sind.

Aber nicht nur Datenkraken wie Google oder Facebook speichern und verwerten alles, was wir auf ihren Plattformen und mit ihren Anwendungen tun. Auch unser Surfverhalten generell wird gescannt und analysiert. Sich dagegen zu wehren, ist kaum noch möglich.

Abschied von der Anonymität

Gängig sind vor allem zwei Trackingmethoden: Cookies[114] und Browser Fingerprinting[115]. Mit Cookies können einerseits die auf einer Website oder Domain befindlichen Daten lokal auf dem Rechner gespeichert werden, andererseits dienen sie dazu, um Besucher zu authentifizieren, weil mit ihnen eine sogenannte Session-ID gespeichert wird.[116] Sie wird als Identifikationsmerkmal verwendet, um mehrere zusammengehörige Anfragen eines Benutzers zu erkennen und einer Sitzung zuzuordnen. Mithilfe einer solchen eindeutigen ID können die serverseitig gespeicherten Daten wie etwa ein Warenkorb in einem Onlineshop eindeutig mit einem Benutzer verbunden werden.

Ganz gläsern ist man wegen der Cookies aber nicht. Wer anonym bleiben möchte, der deaktiviert die Trackingmethode. Das ist in den Einstellungen der Browser möglich. Doch leider reicht das schon seit einiger Zeit nicht mehr aus. Denn mit Browser Fingerprinting lassen sich einzelne Computernutzer mittlerweile zuverlässig auch ohne Cookies identifizieren, auch über verschiedene Browser hinweg.

Das funktioniert so: Beim Fingerprinting werden zahlreiche Informationen verwendet, die zusammen ein eindeutiges Profil eines Nutzers bilden. Dazu gehören beispielsweise das Betriebssystem, die Bildschirmauflösung und Grafikeinstellungen, der verwendete Browser nebst Plug-ins (also Erweiterungseinstellungen wie zum Beispiel Werbeblocker) und vieles andere mehr. Sogar welcher Prozessor und welche Schriftart verwendet werden, kann so erfasst werden. Und so weiß eine Suchmaschine auch noch Monate oder sogar Jahre später, ob wir nach einem Begriff schon einmal recherchiert und eine Website bereits abgerufen haben. Die Technik wird dabei immer ausgefeilter und Browser Fingerprinting damit zuverlässiger. Das hat der Softwareentwickler Henning Tillmann herausgefunden. Er wollte genauer wissen, wie effektiv die Identifizierung mit dieser Methode ist, und sammelte für seine Diplomarbeit in einer Feldstudie mehr als 20.000 solcher digitalen Fingerabdrücke. Seine Analyse zeigt: Knapp 93 Prozent davon waren einzigartig – die Nutzer konnten zweifelsfrei identifiziert werden.[117]

Dass wir identifiziert werden, ist allerdings gar nicht so neu. Schon Microsoft nutzte Tracking bei seinem 2001 veröffentlichten Betriebssystem Windows XP, um einen Missbrauch bei der Freischaltung des Systems zu verhindern. So sollte vermieden werden, dass Nutzer das Betriebssystem gleich auf mehrere Rechner installierten – schließlich wollte Microsoft die Software verkaufen und an den Lizenzen verdienen.

Neu dagegen ist die Analyse der Tastatureingabe.[118] Jeder Nutzer tippt nämlich etwas anders, Dauer und Geschwindigkeit des Tastendrucks variieren, und daher ist es möglich, ein individuelles Profil zu erstellen. Selbst wer als Nutzer auf Nummer sicher gehen möchte und ein Anonymisierungsprogramm benutzt, kann auf diese Weise identifiziert werden. Behavioral Analysis nennt sich das Verfahren, also eine Analyse des Verhaltens. Die einzige Chance, unerkannt zu bleiben, ist dann: sich ständig zu vertippen.

Mittlerweile bieten erste Unternehmen wie etwa die in Regensburg ansässige Firma KeyTrac oder die Firma BehavioSec aus Schweden den Betreibern von Webseiten an, mithilfe dieser Technik die Log-ins der Kunden zu sichern.

Auf der Internetseite von BehavioSec gibt es die Möglichkeit, das Verfahren selbst zu testen.[119] Das Unternehmen hat darüber hinaus noch mehr Trackingmethoden im Angebot: So soll es auch möglich sein, innerhalb von 20 bis 60 Sekunden Smartphone-Nutzer nur dadurch zu identifizieren, wie sie das Gerät halten, was durch die eingebauten Sensoren im Handy erfasst wird.[120] Das Unternehmen behauptet, die Art und Weise, wie Menschen ihr Telefon in der Hand hielten, sei einzigartig, daher könnten sie auf diese Weise auch wiedererkannt werden.

Für sensible Geschäfte im Netz wie beispielsweise Onlinebanking wären Methoden wie diese eine interessante Sicherheitsmaßnahme, um Kunden tatsächlich identifizieren zu können. Kein Wunder, dass die US-amerikanische Sicherheitsbehörde DARPA[121] (Defense Advanced Research Projects Agency) zu den Geldgebern des schwedischen Unternehmens zählt.[122]

Was unsere Haushaltsgeräte über uns verraten

Unter dem Begriff »Internet der Dinge« versteht man, dass immer mehr Haushaltsgeräte und Gebrauchsgegenstände mit dem Internet verbunden sind. Auch sie verraten jede Menge über uns und unser Leben. Mit dem Smarthome – gemeint sind Wohnungen und Häuser, in denen sich beispielsweise viele Geräte und Haustechnik über das Handy und Internet steuern lassen – soll unser Leben einfacher werden. Tatsächlich aber macht es unser Leben vor allem gläserner. Mal davon abgesehen, dass Studien zufolge die meisten Smarthome-Geräte sehr unsicher sind, weil sie entweder gar keine Sicherung oder nur eine unzureichende haben und mit Leichtigkeit gehackt werden können,[123] installieren wir wie bei *1984* von George Orwell unsere Selbstüberwachungsgeräte auch noch freiwillig in unseren eigenen vier Wänden. Die Alarmanlage, die Türschlösser und die Rollos können zwar praktisch online ferngesteuert werden, ihre Nutzung verrät aber auch, wann wir zu Hause sind und wann wir nur so tun, als seien wir es.

Mittlerweile lernen Thermometer, wann wir heimkommen, um die Heizung zu regulieren – aber auch sie tragen letztlich dazu bei, ein Bewegungsprofil von uns zu erstellen. Und so schön es ist, dass Fenster und Türen uns eine SMS schicken, wenn sie geöffnet werden – all die schönen Daten, die durch die Smarthome-Geräte anfallen, werden in der Regel auch an die Hersteller gesendet.

Ein Beispiel: Oft geht, wenn wir mit unserem Handy die Glühbirne im Wohnzimmer dimmen wollen, der Befehl zuerst auf den Server des Herstellers und erst dann an die Glühbirne. Meist liefert die bloße Nutzung der Bedien-App allerlei Metadaten über unser Leben. Theoretisch könnte der Hersteller somit Rückschlüsse darauf ziehen, wie oft wir einen romantischen Abend haben. Oder der Rauchmelder im Schlafzimmer, der mit dem Netz verbunden ist, könnte erfassen, wie oft wir Sex haben. Glauben Sie nicht? Der Hersteller Nest Labs, der vor einiger Zeit von Google für 3,6 Milliarden US-Dollar gekauft wurde,[124] produziert Rauchmelder, die zugleich die Luftfeuchtigkeit messen können. Und wenn die Luftfeuchtigkeit im Schlafzimmer stark ansteigt, ist doch klar, was hier vor sich geht. Freilich, es kann auch sein, dass Sie nur bügeln. Aber die Luftfeuchtigkeit verrät trotzdem einiges über unser Privatleben – sie steigt nämlich an, wenn sich mehrere Personen in einem Raum aufhalten.

Und dann gibt es noch Erfindungen wie den Amazon-Dash-Button. Er macht es möglich, dass wie von Zauberhand Waschmittel oder Zahnpasta bestellt wird – und Amazon somit unseren Verbrauch kennt. Daneben kommen tagtäglich neue kostenlose Apps auf den Markt, die unser Zuhause noch etwas »smarter« machen. Auch hier bezahlen wir mit unseren Daten.

Cem Karakaya erzählt aus dem Polizeialltag: Die Taschenlampe, der Spion

Immer wieder höre ich bei meinen Vorträgen, dass sogar aufgeklärte Eltern und Lehrer Apps auf ihren Smartphones haben, die beinahe dem Arsenal von James Bond entstammen könnten. Immer noch beliebt, vor allem bei Kindern, ist zum Beispiel eine kostenlose Taschenlampen-App. Ich frage in meinen Vorträgen an Schulen oft, warum sich die Leute eine App für eine Funktion herunterladen, die mittlerweile in fast jedem Smartphone vorhanden ist.

Weil man damit SOS-Signale schicken kann und ein gewöhnliches Smartphone dies nicht könne, erklärte mir erst neulich wieder der Vater eines Schülers. Damit wirbt auch der Hersteller. Ich kenne diese Antwort bereits und frage regelmäßig zurück, ob nicht ein telefonischer Notruf im Zweifel schneller und sicherer ist als die Hoffnung, dass jemand das SOS-Lichtsignal entdecken und lesen könne und dann auch noch Hilfe holen wird.

Tatsächlich steckt in der kostenlosen Taschenlampen-App aber viel mehr. Da wäre erstens eine Ortungsfunktion, mit der die App ein Bewegungsprofil erstellt. Man darf sich schon wundern, warum der Anbieter die Nutzer orten möchte, wenn diese nur ein einfaches Licht haben möchten. Aber sie schickt zweitens auch den gesamten Browser-Verlauf auf den Server des App-Anbieters. Somit weiß das Unternehmen, welche Internetseiten der App-Nutzer in den vergangenen Jahren wann und wie oft besucht hat. Ein ganz schön hoher Preis für ein SOS-Signal, das man im seltensten Fall wirklich braucht. Ein nettes Zusatzgeschäft für das Softwareunternehmen, das die App programmiert hat. Und dieser Hersteller ist vermutlich nicht allein: Hinter vielen kostenlosen Apps dürfte sich ein solches Geschäftsmodell verbergen.

Noch ein paar Gedanken zum Geo-Tracking: Unsere Geräte und Programme verraten, wo wir uns aufhalten – selbst dann, wenn wir das gar nicht bewusst mitteilen wollen. So enthalten etwa die Fotos, die wir mit unseren Handys machen, in den Metadaten auch Geodaten. Natürlich ist die Trackingfunktion durchaus praktisch: So lässt sich eine Route aufzeichnen. Zahlreiche Apps für Sportler, Wanderer und Radfahrer basieren auf dieser Funktion. Man trackt seine Route und teilt sie mit anderen. Und dank GPS funktioniert das alles auch ohne Internetzugang. Natürlich hat sich auch die Wirtschaft die Trackingfunktion zunutze gemacht. Einerseits zu Werbezwecken, andererseits auch bei der Preisgestaltung: Wer etwa eine Reise buchen möchte, zahlt je nach Land unterschiedliche Preise, wie ein Test der *Financial Times* gezeigt hat.[125] Die Tester wollten für eine dreiköpfige Familie eine Woche Paris buchen – Hotelübernachtung, ein Besuch in Disneyland und Verpflegung inklusive. In dem Versuch zahlten die Tester bei einer Buchung von Deutschland aus einen Preis von knapp 2.500 Euro. Für eine Buchung von Großbritannien aus fiel dagegen ein Preis von 1.900 Euro an – und bei einer Buchung aus Frankreich kostete der Trip nur 1.350 Euro.

Hintergrund für die unterschiedlichen Preise ist natürlich die jeweilige Wirtschaftskraft eines Landes einerseits, andererseits bedingen auch zahlreiche Daten den Preis – und genau das wird in Zukunft noch zunehmen. Denn immer mehr Unternehmen führen individuelle Preise ein. Schon allein die Information, welches Gerät wir verwenden, kann für uns Verbraucher teuer werden. So zahlen schon heute Apple-Nutzer manchmal einen etwas höheren Preis für eine Dienstleistung oder ein Produkt als PC-Nutzer.[126] Der Sachverständigenrat für Verbraucherfragen fand heraus, dass die gleiche Pauschalreise für Apple-Nutzer teurer sein kann als für Windows-Nutzer.[127] Offenbar wird unterstellt, dass Apple-Nutzer bereit sind, mehr Geld für ein Produkt auszugeben. Und auch gelten sie als wohlhabender als Android-Nutzer.[128]

Dass jeder Kunde einen personalisierten Preis[129] je nach seinen Vorlieben zahlt, ist eine Vorstellung, die vielen Werbetreibenden gefällt. Preise könnten in Zukunft komplett aufgrund der Daten aus dem früheren Kaufverhalten von Algorithmen berechnet werden, die Preisgestaltung würde damit gänzlich intransparent. »Dynamische Preise« lautet dafür der Fachausdruck und sie sind heute schon im Internethandel gängig. Händler staffeln ähnlich wie bei Auktionen oder bei den Benzinpreisen an Tankstellen ihre Preise unter anderem nach Tageszeit und Nachfrage. Sie tun aber teils noch mehr und passen sie an den jeweiligen Kunden an, sodass dessen Zahlungsbereitschaft optimal abgeschöpft wird. Und weil die eigentlichen Preise damit intransparent werden und jeder einen individuellen Preis bekommt, verliert der Verbraucher letztlich den Überblick und zahlt am Ende mehr.

Die ehemalige Supermarktkette Kaiser's experimentierte 2014 mit solch personalisierten Preisen in einigen Märkten,[130] 100.000 Kunden beteiligten sich an dem Versuch. Sie bekamen spezielle Kundenkarten, die zwar nicht Alter, Geschlecht, Namen oder Anschrift erfassten, dafür aber jedes gekaufte Produkt. Auf der Basis des Kaufverhaltens wurden individuelle Rabattangebote erstellt.

Solche Rabattprogramme gab es natürlich schon immer. In den Sechzigerjahren kamen beispielsweise Rabattheftchen auf, die Kunden an einen Laden binden sollten. Seit vielen Jahren hinterlassen auch unsere EC- und Kreditkarten und all die wunderbaren Kunden- und Bonuskarten jede Menge Datenspuren von uns. In knapp jedem zweiten deutschen Haushalt gibt es Payback-Karten, hat eine Studie von TNS Emnid im Jahr 2015 ergeben. Und obwohl Datenschützer das Bonusprogramm Payback schon zu Beginn seiner Einführung im Jahr 2000 heftig kritisiert hatten und dem System den Big Brother Award[131] – ein Negativpreis für besonders starke Beeinträchtigung der Privatsphäre – im Jahr 2000 verliehen, hält jeder vierte Verbraucher bis heute Programme wie dieses für vertrauenswürdig.

Warum?

Weil es für das Punktesammeln Gutscheine und Geschenke gibt.

Dabei geben die Nutzer ihre Daten ohne Not für ein paar Treuepunkte weg – oft sogar ohne dafür etwas zu bekommen und ohne zu wissen, was mit den gesammelten Daten passiert. Denn die angesammelten Punkte können in der Regel nur innerhalb einer Frist eingelöst werden, ansonsten verfallen sie. Für die Anbieter der Aktionen sind Payback-Programme hingegen ein lohnendes Geschäft: Der Kunde wird in seinem Kaufverhalten gläsern und dabei auch noch stärker an das Unternehmen gebunden. Denn um eine Prämie erhalten zu können, sind in der Regel viele Treuepunkte nötig. Da kauft man schon mal im teureren Supermarkt ein, um noch eines der erforderlichen Treueherzen zu erhalten, damit man an einer Verlosung zum Beispiel für einen Kurzurlaub teilnehmen kann. Oder um bei einem der nächsten Einkäufe etwas Geld zu sparen. Aber wie viel spart man wirklich? Medienberichten zufolge gibt es bei den meisten Punkteprogrammen für hundert ausgegebene Euro einen Wertscheck in Höhe von einem Euro. Zugleich werden aber Preisvergleiche oder Preisverhandlungen auf diese Weise stärker unterbunden.[132] Das Ganze lohnt sich für die Shops, nicht aber für die Verbraucher. Sie geben letztlich alles von sich preis.

Was wir zu verbergen haben

Wie wir gezeigt haben, steckt nichts Geringeres als unser ganzes Leben heute in Daten: unsere Meinungen, Geheimnisse, Ängste, Sehnsüchte, Träume. Um Aussagen über unser zukünftiges Handeln zu treffen, brauchen wir heute keine Wahrsager mehr – komplizierte Algorithmen übernehmen diese Aufgabe schneller, effizienter und deutlich treffsicherer. Schade eigentlich, dass solche Vorhersagen noch nicht für die Lottozahlen funktionieren. Für die Werbeindustrie ist Big Data aber schon so etwas wie ein Sechser im Lotto.

Bereits heute gibt es unzählige Missbrauchsmöglichkeiten – wenn man aber bedenkt, dass wir noch ganz am Anfang einer kaum absehbaren Entwicklung stehen, ist fraglich, was diese Vermessung des menschlichen Lebens für künftige Generationen bedeutet.

Die Kinder und Jugendlichen von heute sind die erste Generation, deren gesamtes Leben von Anfang an in Daten erfasst und ausgewertet wird. Das heißt, dass über die Entscheidungsträgerinnen und Entscheidungsträger von morgen, also die Richterinnen und Richter, Staatsanwältinnen und Staatsanwälte, Politikerinnen und Politiker, Managerinnen und Manager, gigantische Datensätze existieren, die bestenfalls Menschheitsgeschichte festhalten, schlimmstenfalls zu einer Waffe werden können, wenn diese Lebensdatensätze manipuliert werden.

In manchen Fällen muss an den Datensätzen nicht einmal herummanipuliert werden: Die Auswertung unserer Gene beispielsweise ist schon heute möglich. So kann man sein Erbgut seit einigen Jahren auf mögliche Krankheitsrisiken untersuchen lassen und erfährt, mit welcher Wahrscheinlichkeit man etwa an Krebs erkranken wird.[133] Und würde das Gendiagnostik-Gesetz in Deutschland es nicht verbieten, würden heute schon viele Eltern vor der Geburt ihres Kindes genau untersuchen lassen, ob es gesund ist. Künftig kann noch mehr ausgewertet werden: zum Beispiel, welche Fähigkeiten und Neigungen ein Ungeborenes einmal entwickeln wird. Stellt man sich vor, diese Möglichkeiten hätten schon die Nationalsozialisten gehabt, wird einem ganz anders.

Daten sind also viel mehr als bloße Sachinformationen. Daten sind nichts, was man einfach so jedem überlassen kann, auch wenn man meint, man habe ja nichts zu verbergen. Jeder Mensch hat etwas zu verbergen: seine Privatsphäre, seinen Rückzugsraum, sein Recht auf Nichtwissen, sein Recht auf Vergessen. Nicht alles, was man speichern und auswerten kann, sollte auch gespeichert und analysiert werden. Und schon gar nicht sollte jede Tat, jede

Handlung, jeder Gedanke oder jede Meinung erfasst werden oder gar auf dieser Basis eine Beeinflussung in die eine oder andere Richtung stattfinden.

Einen Ort im Netz allerdings gibt es, an dem Anonymität noch weitgehend möglich ist. Es ist ausgerechnet jener Ort, an dem sich vor allem die Cyberkriminellen und Hacker tummeln. Wir sprechen vom Darknet. Wie es funktioniert, was hier alles möglich ist und wer überhaupt die Täter sind – das zeigen wir im nächsten Kapitel.

Kapitel 5
Kleinkriminelle Gauner, hochkriminelle Hacker und hackende Geheimagenten: Die Täter im Fokus

In diesem Kapitel wenden wir uns den Tätern zu: Wer sind sie und wie gehen sie vor? Kommen Sie mit auf eine Reise auf die dunkle Seite des Internets.

Die meisten Täter sind eigentlich konservativ. Denn sie bleiben Altbewährtem treu und nutzen seit Jahren die immer gleichen Angriffsmethoden, um Daten zu stehlen und ihre Opfer zu erpressen. Was sich ändert, sind allenfalls die Viren und Trojaner, mit denen Daten und Zugänge ausspioniert werden. Die Täter können sich dabei immer auf eines verlassen: die menschliche Bequemlichkeit. Wann haben Sie das letzte Mal Ihr Passwort geändert und ein Sicherheitsupdate gemacht?

Generell lassen sich die Täter – wie schon im zweiten Kapitel erwähnt – in verschiedene Gruppen unterteilen. Einerseits nach der Art und Weise, wie sie vorgehen, andererseits nach ihren Hackerfähigkeiten und ihrer Motivation. Von ganz klein, und damit meinen wir tatsächlich Kinder und Jugendliche, bis zu ganz groß, also international agierenden Terror- und Mafiagruppen, ist alles dabei.

Da wären zum einen die eher schlichten Täter, die ohne große IT-Kenntnisse Straftaten begehen, um sich zu bereichern – zum Beispiel, indem sie in Onlineshops unter falscher Identität Waren bestellen und diese dann weiterverkaufen. Ihnen fehlt es an Unrechtsbewusstsein. Man kann diese Tätergruppe aber kaum als professionell bezeichnen und daher werden sie oft schnell gefasst.

Zur zweiten Gruppe Täter zählen jene, die schon professioneller agieren. Sie verfügen über grundlegende Programmierkenntnisse und kennen sich auch im Darknet aus. Sie agieren oft nicht als Einzeltäter, sondern schaffen sich entsprechende Strukturen und arbeiten mit anderen zusammen oder kaufen weitere Dienstleistungen, die sie für ihre Taten brauchen, im Darknet ein.

Und dann wären da noch die hochprofessionellen Kriminellen, die mit akribischer Vorbereitung und viel Know-how Straftaten mit sehr hohen Schadenssummen begehen.

Sortiert man die Tätergruppen nach ihren Hackerkenntnissen, ergibt sich ein ähnliches Bild. Letztlich können wir auch hier drei Gruppen ausmachen: Fangen wir mit den ganz Kleinen an, den sogenannten Scriptkiddies, die auch als Cracker bezeichnet werden.[134] Der Begriff kam schon Anfang der Nullerjahre auf und beschrieb damals vor allem Kinder und Jugendliche, die mit wenigen Programmierkenntnissen versuchten, in fremde Computersysteme einzudringen, ohne dass sie wirklich coden konnten. Stattdessen nutzten sie größtenteils fertige Scripts. So ein Script ist ein Programm, häufig eine einfache Textdatei, die eine Folge von Befehlen enthält, welche ein Computer selbstständig ausführen kann.

Scriptkiddie wurde damit zu einem Sinnbild für einen Jugendlichen, der lediglich mithilfe von vorgefertigten Programmen in fremde Computer einbricht oder diesen durch absichtlich verbreitete Viren, Würmer oder Trojaner Schaden zufügt, ohne nachhaltige Kenntnisse aus dem Bereich der Computersicherheit zu haben. Manchmal gehört zur Motivation lediglich, anderen imponieren zu wollen.

Heute wird mit dem Begriff vor allem ein Hacker bezeichnet, der mit einem fremden Quellcode, den er zusammenkopiert hat,

Schaden anrichtet oder vor anderen angibt, aber kein Interesse daran hat, den verwendeten Code zu verstehen.

Auf der nächsten Entwicklungsstufe stehen Hackerinnen und Hacker, die komplexe Codes verstehen, programmieren und natürlich auch umprogrammieren können. Diese Hacker sind nicht automatisch gleich Kriminelle. Der Begriff bezeichnet zunächst einmal ganz wertneutral Menschen, die über profunde IT-Kenntnisse verfügen und häufig speziell solche, die sich mit IT-Sicherheitsthemen beschäftigen. Gemeinhin unterscheidet man unter ihnen die »Guten« von den »Bösen«. Zu den »Guten« zählen jene, die als Programmierer und Experten in der IT-Branche arbeiten und nie auf die Idee kämen, sich in verbrecherischer Absicht in fremde Netze einzuhacken. Sie werden auch White Hacker oder White Hats genannt und halten sich streng an die Hackerethik. Die meisten von ihnen sind viel gefragte Fachkräfte am Arbeitsmarkt[135], denn Unternehmen und vor allem spezielle Sicherheitsfirmen suchen sie, um Schwachstellen in den Systemen aufzuspüren.

Die »guten« Hacker haben nämlich einen strengen Kodex. Die Grundsätze wurden schon 1984 von Steven Levy in seinem Buch *Hackers: Heroes of the Computer Revolution*[136] beschrieben. Die Leitsätze[137] umfassen einerseits die Ideale eines freien Netzes – wie etwa der Gedanke, dass alle Informationen ebenso wie der Zugang zu Computern und dem Internet frei sein sollten, aber auch das Selbstverständnis von Hackern und ein paar Regeln. Dazu gehört, dass man Autoritäten misstrauen solle, Dezentralismus fördern und dass Hacker nur nach dem, was sie können, nicht aber nach ihrer Herkunft, ihrem Geschlecht, Alter, Aussehen oder sonstigen Kriterien beurteilt werden sollen. Auch zählt die Selbstverpflichtung dazu, Computer und das Netz für etwas Gutes zu nutzen und private Daten zu schützen.

Irgendwo zwischen den »guten« Hackern und jenen, die wirklich kriminell sind, stehen die sogenannten Grey Hats. Sie verstoßen ab und zu mal gegen Gesetze oder gegen die Hackerethik, aber nur, um ein moralisch höheres Ziel zu erreichen – etwa einen Missstand aufzudecken. Sie veröffentlichen beispielsweise Sicherheitslücken, um auf diese Weise die Unternehmen oder Betreiber dazu zu zwingen, die Lücke zu beheben. Grey Hats sind eher Aktivisten, die ihre Kenntnisse auch dazu nutzen, um Skandale zu enthüllen, digitale Whistleblower also. So waren beispielsweise viele Veröffentlichungen von WikiLeaks ohne die Beteiligung solcher Hacker nicht möglich. Ein bekanntes Beispiel sind die vielen Tausend Enthüllungen über die Hackerangriffe des amerikanischen Geheimdienstes Central Intelligence Agency (CIA) im Jahr 2017. Viele Grey Hats sind auch Teil der Anonymous-Bewegung. Das sind meist immer wieder neu zusammengekommene Gruppierungen, die Cyberaktivismus mittels Hackerangriffen – sogenannten Hacktivismus – betreiben, aber auch öffentliche Demonstrationen veranstalten. Bei diesen tragen die Teilnehmer oft Guy-Fawkes-Gesichtsmasken. Sie symbolisieren den Kampf gegen Unterdrückung und sind zum Symbol der Bewegung geworden. Erklärtes Ziel von Anonymous ist auch immer die Freiheit und Unabhängigkeit des Internets. Auch hier spielt die Hackerethik wieder eine Rolle.

Die dritte Gruppe sind die sogenannten Black Hats. Hacker dieser Kategorie wissen genau, was ihre Kenntnisse wert sind. Darum arbeiten sie auch in der Regel für die organisierte Kriminalität. Ihnen geht es darum, schnell möglichst viel Geld zu machen, und darum hacken sie mit krimineller Energie. Sie greifen Systeme an, um diese zu beschädigen oder zu zerstören, und meist mit der Absicht, Daten zu stehlen, um damit ihre Opfer zu erpressen.

Eine besondere Gruppe wollen wir an dieser Stelle nicht unerwähnt lassen: Jene Hacker, die für die Geheimdienste und damit im Auftrag von Staaten und ihre Regierungen tätig sind. Sie führen beispielsweise gezielte Cyberattacken gegen andere Staaten aus und beschädigen im Auftrag der Regierungen die Systeme von anderen Ländern, stehlen Daten oder manipulieren Wahlen. So wurde beispielsweise nach der Präsidentschaftswahl in den USA 2016 bekannt, dass 21 US-Bundesstaaten Ziel von russischen Cyberangriffen wurden.[138] Ein anderes Beispiel ist die Notenbank Bangladesch, die Anfang 2016 Opfer eines Cyberangriffs wurde, hinter dem angeblich Nordkorea steckte.[139] Diese beiden Beispiele zeigen, dass sich der Agentenkrieg schon heute im Netz abspielt und in Zukunft noch stärker in die digitale Welt verlagern wird. Das zumindest behaupten Experten.

Nicht zuletzt deshalb gründete die Bundesregierung die Zentrale Stelle für Informationstechnik im Sicherheitsbereich (Zitis), die ihren Sitz in München hat und 2017 ihre Tätigkeit aufnahm.[140] Und auch die EU ist dabei, die Europäische Agentur für Netz- und Informationssicherheit (Enisa) zu einer umfassenden Cyber- und Datensicherheitsbehörde auszubauen. Sowohl Zitis als auch Enisa sollen Werkzeuge im Kampf gegen Terrorismus, Cybercrime und Cyberspionage sein. Nach Angaben der EU-Kommission gab es im Jahr 2016 weltweit 4.000 Cyberangriffsversuche pro Tag, das ist ein Anstieg um 300 Prozent im Vergleich zum Vorjahr. Die Attacken richteten sich häufig gezielt gegen öffentliche Einrichtungen und Regierungsstellen. Den Schaden solcher Attacken schätzt die Kommission allein in der Europäischen Union auf 265 Milliarden Euro im Jahr. Deshalb soll es im Fall eines Cyberangriffs künftig einen Notfallfonds geben, der betroffenen EU-Staaten unbürokratisch helfen soll. Dennoch gibt es an den neuen Sicherheitsbehörden sehr viel Kritik. So befürchten Datenschützer, der Staat wolle vor allem unbescholtene Bürger ausforschen und eigene Geheimnisse hüten. Der Gedanke ist nicht abwegig: Denn möglicherweise wäre jemand wie Edward Snowden durch eine solche Sicherheitsbehörde schnell enttarnt worden.

An dieser Stelle soll der sogenannte Staatstrojaner nicht unerwähnt bleiben: Hier wird eine klassische Methode der Black Hats von Sicherheitsbehörden legal eingesetzt. Seit dem 10. Januar 2018 hat das Bundeskriminalamt die Erlaubnis, ein bereits 2013 eingekauftes Überwachungswerkzeug einzusetzen: die Software FinFisher/FinSpy zur sogenannten Quellen-Telekommunikationsüberwachung. Die Spionagesoftware soll es Polizeibehörden ermöglichen, verschlüsselte Kommunikation auf mobilen Geräten etwa über WhatsApp, Telegram oder Signal mitzuhören. Die Geräte müssen dafür zuvor infiziert werden.[141] Ermittlungsbehörden erhoffen sich davon, effizienter etwa gegen Terrorverdächtige oder Drogenhändler vorgehen zu können. Der Staat befeuere allerdings damit einen dubiosen Markt mit Schadsoftware, die Sicherheitslücken ausnutzen, argumentieren Kritiker.

Die Maschen der Täter

Wir haben bereits aufgezeigt, dass die Datenquellen mannigfaltig sind – ein Paradies für Kriminelle, die es darauf abgesehen haben. Und sie können sich darauf verlassen, dass es immer jemanden gibt, der als Passwort »hallo« oder einfach »Passwort« nutzt. Beide sind laut einer Studie des Hasso-Plattner-Instituts nämlich die am meisten genutzten Passwörter in Deutschland.[142] Die Täter können sich auch darauf verlassen, dass bei einem Teil ihrer Opfer keine Firewall und kein Antivirenprogramm installiert ist. Daher müssen sich die Kriminellen bei ihrem Vorgehen auch gar nicht groß anstrengen – und so ist auch zu erklären, dass sehr viele von ihnen gar nicht erst der oben genannten Täterkategorie 2 oder 3 angehören, sondern mit recht einfachen Mitteln zum Ziel kommen.

Dazu gehören beispielsweise Phishingmails: Dabei versuchen die Kriminellen beispielsweise, mit gefälschten E-Mails und Webseiten an persönliche Daten zu kommen, sie »abzufischen«. Beliebt sind falsche Telefon-, Kreditkarten- oder PayPal-Rechnungen, die den echten zum Verwechseln ähnlich sehen. Früher konnte man solche Phishingmails oft schon am Absender erkennen. Denn im E-Mail-Kopf wurde meist nicht der Rechnungsaccount des realen Unternehmens angezeigt, sondern eine unseriös aussehende Mailadresse mit unverständlichen Buchstaben- und Zahlenreihen und einer Endung, die darauf hindeutet, dass der Server im Ausland steht. Einfache Phishingmails verwendeten oft auch nicht den realen Namen des Empfängers in der Anrede, sondern begannen mit »Sehr geehrte Kunde«, »Sehr geehrte Frau« oder »Sehr geehrter Herr«.

So einfach ist es heute leider oft nicht mehr, denn immer häufiger imitieren Phishingmails eine reale Absenderadresse, etwa von den Rechnungs- oder Inkassoabteilungen von Unternehmen. Klickt man so eine E-Mail an, wird man in der Regel auf eine gefälschte, aber identisch aussehende Website geführt. Studien zeigen: Selbst aufgeklärte Nutzer fallen mit hoher Wahrscheinlichkeit darauf hinein. Für die Täter werden solche Angriffe übrigens immer einfacher: Im Netz kann man schon mit einfachem Googeln beispielsweise einen Baukasten für die Facebook-Anmelde-Seite finden. Man muss daher nicht einmal richtig programmieren können, um persönliche Daten, Bankverbindungen, Handynummern, Log-ins, Passwörter und andere Nutzerdaten von Fremden zu bekommen. Und man kann die Daten für Geld einfach im Darknet kaufen. Der Verband der Verbraucherschutzzentralen hat schon vor einigen Jahren gezeigt, wie schnell man sich Identitätsdaten besorgen kann. In wenigen Stunden bekamen die Tester für 850 Euro vier Millionen Daten.[143] Datenhandel ist nicht nur für die Wirtschaft ein Geschäft, sondern auch für Kriminelle.

Mittlerweile haben wir es überwiegend mit sogenannten Spear Phishing zu tun – das heißt, in den Betrugs-E-Mails werden unsere realen Namen und oft auch Adressdaten verwendet. Letztlich funktioniert Spear Phishing wie Phishing auch, aber während beim normalen Phishing wahllos massenhaft E-Mails an Empfänger verschickt werden, sind die Empfänger von Spear-Phishing-Mails sogfältig recherchiert und ausgewählt. Die Hacker geben sich bei solchen Angriffen als Geschäftspartner, Freund oder

Dienstleister aus, verwenden daher auch einen bekannten Absendernamen, um Vertrauen zu erwecken. Diese persönlich zugeschnittenen E-Mails wirken auf die Empfänger daher glaubwürdig. Am Ende wird man aber auch hier dazu aufgefordert, auf einen verseuchten Link zu klicken oder vertrauliche Informationen zu übermitteln – Passwörter, Bankverbindungen oder sonstige personenbezogene Daten.[144]

Cem Karakaya erzählt aus dem Polizeialltag: Wie die Attacken funktionieren

Oft werden Spear-Phishing-Attacken benutzt, um die Empfänger zu erpressen. Auch hier haben die Täter den realen Namen recherchiert und sich ihr Opfer gut ausgeguckt. So wie bei dem Münchner Daniel Müller, der mir diese E-Mail zeigte:

»Hallo Daniel Müller,
wir haben dich nun einige Zeit beobachtet und wie wir feststellen konnten, wäre es ein Leichtes, bei dir – hier war seine reale Adresse in München zu lesen – einzusteigen.

Es würde uns aber Zeit und Aufwand ersparen, wenn es nicht so weit kommt und du uns einfach einen kleinen Betrag, eine Art Spende, übergibst. Auch dir würde es sicher einiges an Geld und Nerven ersparen, wenn wir nicht alle höherwertigen Sachen aus deiner Wohnung entwenden müssten. Nicht zu vergessen den Schreck, den du verspüren wirst, wenn du uns dabei auch noch in die Quere kommst ... Du gegen vier gut gebaute Männer – wie da wohl die Chancen stehen?

Ach, und noch was: Wenn du denkst, die Polizei kann dir helfen und überwacht deine Wohnung sieben Tage die Woche, und vor allem nachts, dann hast du dich geschnitten. Wir machen das nicht zum ersten Mal! :)«

Wie würden Sie auf solch eine E-Mail reagieren? Es drauf ankommen lassen, weil es höchstwahrscheinlich Betrug ist, Sie eingeschüchtert werden sollen und mit großer Wahrscheinlichkeit keine vier gut gebauten Einbrecher bei Ihnen einsteigen – oder sicherheitshalber ein Lösegeld zahlen? Daniel Müller entschied sich, doch Hilfe bei der Polizei zu suchen – wir konnten ihn beruhigen, dass diese Erpressungsmail eine beliebte Masche ist. Trotzdem hatte er einige schlaflose Nächte. Einbrecher sind zum Glück bis heute nicht bei ihm aufgetaucht.

Andere E-Mails sind schneller als Betrugsversuch zu erkennen, denn sie sind gespickt mit Fehlern, zielen auf die Gier des Empfängers ab und sind schon seit Jahren im Umlauf. Dennoch fallen immer noch Tausende darauf herein. Diese E-Mails lesen sich so:

»Lieber Freund!!!
Ich vermute das diese E-Mail eine Überraschung für Sie sein wird, aber es ist wahr. Ich bin bei einer routinen Überprüfung in meiner Bank (Standard Bank Group LTD von Süd Afrika) wo ich arbeite, auf einem Konto gestoßen, was nicht in anspruch genommen worden ist, wo derzeit USD$18.5M (Achtzehn Million, Fünf Hundert Tausend, US Dollar) gutgeschrieben sind.

Dieses Konto gehörte Herrn Peter Hartmann, der ein Kunde in unsere Bank war, der leider verstorben ist. Herrn Peter Hartmann war ein gebürtiger Deutscher. Damit es mir möglich ist dieses Geld USD$18.5M inanspruch zunehmen, benötige ich die zusammenarbeit eines Ausländischen Partners wie Sie, den ich als erwandter und Erbe des verstorbenen Herrn Hartman vorstellen kann, damit wir das Geld inanspruch nehmen können. Für diese Unterstützung erhalten Sie 30% der Erbschaftsumme und die restlichen 70% teile ich mir mit meinen zwei Arbeitskollegen, die mich bei dieser Transaktion ebenfalls unterstützen.

Wenn Sie interessiert sind, können Sie mir bitte eine E-Mail schicken, damit ich Ihnen mehr Details zukommen lassen kann. Schicken Sie mir bitte Ihre Antwort auf diese E-Mail Adresse (xy@z.com)«

Wer sich auf eine Korrespondenz mit dem angeblichen Bankmitarbeiter aus dem Ausland einlässt, wird sehr schnell gebeten werden, Geld zu transferieren – für angebliche Notarskosten oder Schmiergelder, die man später mitsamt der versprochenen Geldsumme zurückerhalten soll. Und weil jemand tatsächlich unter der Versandadresse reagiert und zunächst eine rege Korrespondenz entsteht, schöpfen viele Opfer anfangs noch keinen Verdacht. Die Mailadressen des Absenders existieren wirklich. Entweder sind es gekaperte Mailpostfächer. Oder die Täter geben sogenannte Wegwerfadressen an (in diesem Fall xy@z.com), die schon kurz nach der Tat nicht mehr aktiv sind.

Ähnlich funktioniert auch die Masche mit dem angeblichen Lottogewinn: Auch hier erhalten die Opfer eine E-Mail, in der sie über einen angeblichen Gewinn bei einer spanischen Lottogesellschaft informiert werden[145] – oft eine Million Euro. Um den Gewinn ausgezahlt zu bekommen, sollen die vermeintlichen Gewinner Kosten wie eine Bearbeitungsgebühr, eine Kaution oder Steuern bezahlen oder sogar Zertifikate erwerben. Meist sollen die Angesprochenen auch noch persönliche Daten, ihre Bankverbindung und eine Kopie des Ausweises übersenden. Und häufig erfolgen umso mehr Zahlungsaufforderungen, je bereitwilliger gezahlt wird. Die Absender geben sich dabei in der Regel als Mitarbeiter von echten Lottogesellschaften aus. Erstaunlich ist, dass ein Großteil der Opfer, die sich später an die Polizei wenden, zwar an den vermeintlichen Gewinn geglaubt haben, aber niemals in Spanien waren, geschweige denn an einer spanischen Lotterie teilgenommen haben.

In anderen E-Mails werden vielversprechend klingende Jobs angeboten. So soll man für ein stattliches Monatsgehalt mal ganz entspannt von zu Hause Überweisungen tätigen, wie dieses Beispiel zeigt:

»Arbeit für dich! Wir bieten dir sehr gute Verdienstmöglichkeit! Mit uns kannst du regelmäßig 4.000 bis 8.000 Euro nebenbei im Monat verdienen – ganz einfach. Die Arbeit bei uns wird nicht mehr als zwei bis drei Stunden deiner Zeit, ein- bis zweimal in der Woche, in Anspruch nehmen. Du kannst die Tätigkeit für uns auch gut als Nebenjob ausüben. Für jeden Auftrag wirst du nicht mehr als drei Stunden aufwenden und dabei verdienst du zwischen 400 und 1.600 Euro.

Deine Arbeit wird darin bestehen: Wir überweisen auf dein Konto zwischen 2.000 und 8.000 Euro. Sobald das Geld auf dein Konto eingegangen ist, hebst du das Geld ab. 20 Prozent von dem Überweisungsbetrag steht dir zur Verfügung! Du hast pro Auftrag also 400 bis 1.600 Euro verdient! Den restlichen Betrag sollst du uns übermitteln. Falls du alles richtig gemacht hast, tätigen wir die nächste Überweisung auf dein Konto.

Die Anzahl und die Höhe der Überweisungen können verschieden sein, alles hängt nur von deinem Wunsch und von deinen Möglichkeiten ab! Diese Tätigkeit ist absolut legal und verletzt keine Gesetze der EU und von Deutschland.

Beeile dich, die Anzahl von Stellenangeboten ist begrenzt!«

Klingt traumhaft, oder? Natürlich könnte man sofort auf den Gedanken kommen, dass es sich hierbei um Geldwäsche handelt. Oder dass das Angebot unseriös ist. Trotzdem fallen Unzählige darauf rein. Und tatsächlich wird, wer sich auf so ein »Jobangebot« einlässt – entgegen der Beteuerung in der E-Mail –, illegal als Finanzagent tätig und somit tatsächlich in Geldwäsche verstrickt. Denn das Betreiben von Finanztransfergeschäften bedarf der vorherigen Genehmigung der Bundesanstalt für Finanzdienstleistungsaufsicht (BaFin) und läuft ganz sicher nicht über Transfers auf die Konten von irgendwelchen Internetnutzern. Auf illegale Finanzagenten kommen wir im nächsten Kapitel zurück.

Außer Phishing verwenden die Täter häufig Pharming, eine Weiterentwicklung von Phishing. Bei einem Pharming-Angriff wird ein schädlicher Code auf dem PC installiert, der den Nutzer – und zwar ohne dass er es bemerkt – unter der richtigen Domain auf gefälschte Webseiten führt, zum Beispiel den Log-in-Bereich von Facebook oder den der Bank. Das heißt, es wird eine gezielte Manipulation vorgenommen mit der Konsequenz, dass gefälschte Webseiten angezeigt werden, obwohl die Adresse korrekt eingegeben wurde. So gelangen die Täter an die Anmeldedaten. Oft geht einem Pharming-Angriff eine Mail voraus – das heißt, die Opfer werden dazu aufgefordert, einen bestimmten Link anzuklicken. Statt der angeblichen Seite wird aber nur ein 404-Fehler angezeigt. Dann steht da etwa: »Es ist ein Fehler aufgetreten. Die Seite kann nicht gefunden werden.« Und dennoch installiert sich im Hintergrund der entsprechend schädliche Code. Häufig laden sich die Opfer die Pharming-Angriffe – sprich: den schädlichen Code – auch unbemerkt auf illegalen Streaming- und Pornoseiten herunter.

Zu den Angriffen per E-Mail gehören letztlich auch Spammails. Sie sind vor allem lästig. Zumeist verbirgt sich hinter den massenhaft versendeten und unverlangten Nachrichten Werbung. Mitunter wird über diese Nachrichten aber auch Hetze verbreitet. Und immer häufiger auch Malware. Harmlos sind Spammails von daher nicht. Hinzukommt Folgendes: Schon 2009 kam eine Studie im Auftrag der Sicherheitsfirma McAfee und dem Beratungsunternehmen ICF International zu dem Ergebnis, dass durch Spammails jedes Jahr rund 33 Milliarden Kilowattstunden Energie verbraucht werden.[146] Eine Spam-Mail verursacht der Untersuchung zufolge einen CO_2-Ausstoß von 0,3 Gramm, sodass die Spamversender für so viele klimaschädliche Treibhausgasemissionen verantwortlich sind, wie sie durch 3,1 Millionen Autos im Jahr verursacht werden. Und dann kommt noch die Arbeits- und Lebenszeit hinzu, die es braucht, die ungewünschten E-Mails zu löschen. Denn längst nicht alle werden durch Spamfilter aussortiert. Die gleiche Studie aus dem Jahr 2009 kam nämlich auch zu dem Ergebnis, dass gute 100 Milliarden Stunden Arbeitszeit im Jahr zum Sichten und Löschen der Spammails anfallen. Heute dürfte es sogar eher mehr als weniger geworden sein.[147]

Was man übrigens nie tun sollte, ist, auf Spammails zu antworten. Denn manche solcher Nachrichten haben genau das zum Ziel – dann haben es die Versender aufs Sammeln von Mailadressen abgesehen und verkaufen diese später oft im Darknet.

Täter der Gruppen 2 und 3 nutzen aber nicht nur E-Mails für Angriffe. Sie machen sich durchaus die Mühe, Wardriving anzuwenden. Unter diesem Begriff wird das systematische Lokalisieren von unsicheren WLAN-Netzwerken verstanden. Dazu fahren die Täter tatsächlich durch Wohngebiete und versuchen, mit dem Laptop im Auto unsichere Netze aufzuspüren. Eigentlich leitet sich der Begriff vom Wardialing ab, einer Methode, mit der Täter früher mittels Durchprobieren vieler Telefonnummern offene Modemzugänge suchten.

Aber warum sollte man sich diese Mühe machen? Einige Hacker wollen tatsächlich nur ein offenes WLAN zum Surfen finden. In Zeiten, in denen es immer mehr freie Netze gibt, ist das allerdings eher die Ausnahme. Den meisten Tätern geht es darum, ins WLAN einzubrechen, um Daten zu stehlen oder das ungesicherte Netz für weitere Angriffe zu nutzen. Immer häufiger werden auch verschlüsselte WLAN-Router geknackt. Ein guter Schutz ist daher, den eigenen Router unsichtbar zu machen, eine Einstellung, die die meisten Geräte ermöglichen. Wir wollen aber nicht verschweigen, dass echte Profis auch unsichtbare und gut verschlüsselte Router und WLAN-Netze finden und knacken können.[148]

Was ist aber, wenn sich nicht Kriminelle als Wardriver betätigen, sondern Geheimdienste? Der US-Geheimdienst CIA hackt offenbar schon seit Jahren WLAN-Router, um die Internetaktivitäten bestimmter Ziele zu überwachen. Das geht aus Unterlagen hervor, die von der CIA stammen sollen und die WikiLeaks 2017 veröffentlicht hat. Zudem soll die CIA in der Lage sein, den Datenstrom zwischen Nutzern und Internetdiensten so zu verändern, dass sich schädliche Inhalte einschleusen lassen. Diese wiederum sollen Anfälligkeiten in Anwendungen oder Betriebssystemen ausnutzen.[149] Nach der WannaCry-Attacke im Jahr 2017 etwa gab der leitende Anwalt von Microsoft, Brad Smith, in einem Blogeintrag des Unternehmens der US-Regierung eine Mitschuld an der Attacke:[150] Demnach hätten die Geheimdienste National Security Agency (NSA) und CIA von der Sicherheitslücke in Windows gewusst, durch die der Angriff möglich war. Hacker sollen an dieses Wissen gelangt sein und es schließlich für die Attacke genutzt haben. Weltweit hatte WannaCry Unternehmen und Behörden lahmgelegt.

Findet ein Angriff noch am gleichen Tag statt, an dem eine Sicherheitslücke in einer Software, Hardware oder Firmware entdeckt wird, nennt man dies »Zero-Day-Lücke«. Der Angriff wird entsprechend als »Zero-Day-Exploit« bezeichnet. Zero-Day heißen sie, weil die betroffenen Hersteller und Administratoren im Fall eines Angriffs null Tage Zeit haben, Abwehrmaßnahmen zu entwickeln und zu verteilen. Die Täter sind fast ausschließlich Profis der Gruppe 3. Mit dem Begriff »Exploit« wird in der elektronischen Datenverarbeitung eine systematische Möglichkeit beschrieben, Schwachstellen auszunutzen, die bei der Entwicklung eines Programms entstanden sind. Dabei werden mithilfe von Programmcodes Sicherheitslücken und Fehlfunktionen von Programmen oder ganzen Systemen ausgenutzt. In der Regel geht es darum, sich so Zugriff auf das Computersystem zu verschaffen. Ein Exploit ist sozusagen die Brechstange für digitale Einbrecher.

Ebenfalls ein Werkzeug der Tätergruppe 3 ist ein verseuchter oder extra für das Ziel oder die Zielperson programmierter USB-

Stick. So ein Stick könnte beispielsweise ein Keylogger sein, also eine Hardware und/oder Software, die alles mitliest und protokolliert, was der Benutzer über die Tastatur eingibt. So kommen die Täter an vertrauliche Daten – PIN-Nummern, Passwörter und vieles mehr. Und je nach Art des Keyloggers werden entweder alle Eingaben protokolliert oder nur bestimmte, denn die Software kann beispielsweise auch nur nach Zugangscodes suchen. Auch eine Mouse kann manipuliert sein. Auch sie protokolliert in so einem Fall die Bewegungen und die Daten, beispielsweise welche Links angeklickt werden. Und natürlich können verseuchte USB-Sticks auch Trojaner auf dem Rechner installieren.

Ein etwas neueres Phänomen sind USB-Kills – Sticks, die den Computer, den Fernseher, die Spielkonsole oder auch das Smartphone oder Tablet zerstören. Das funktioniert über Hochspannung, denn gegen diese sind die meisten USB-Anschlüsse in den Geräten nicht geschützt. Die Killer-Sticks enthalten nämlich keinen Speicherchip, sondern Kondensatoren, die sich innerhalb weniger Sekunden aufladen, sobald der Stick an ein Gerät angeschlossen ist – und dann schnell hintereinander Stromschläge in das System schießen.[151] Die dabei auftretende Spannungsspitze zerstört auf diese Weise wichtige Teile der Hardware.

Nicht immer brauchen die Täter das Internet, Technik oder Geräte. Es gibt auch jede Menge Offlinemethoden. Eine sehr effektive ist das sogenannte Dumpster Diving. Klingt nach einer komplizierten Methode, meint aber nur das Durchwühlen von Mülltonnen und Abfall. Wie bereits im zweiten Kapitel erläutert, ist Warenkreditbetrug mittels Identitätsdiebstahl kein neues Phänomen. Schon lange bevor es das Internet gab, haben Kriminelle die Mülltonnen durchwühlt, um für Straftaten an sensible Daten zu kommen. Im Visier der Täter sind dabei aber weniger der Abfall von Privathaushalten als die Altpapiercontainer von Unternehmen und Behörden. Denn auch hier ist auf die menschliche Faulheit Verlass: Oft genug werden auch Papiere mit vertraulichen Daten nicht geschreddert, sondern einfach achtlos in den Müll geworfen. Und viele Unternehmen sparen an den Kosten für eine sichere Aktenvernichtung. Übrigens ist Dumpster Diving auch eine Methode, die Geheimagenten bis heute bei der Beschattung von Zielpersonen anwenden. Denn der Abfall verrät so einiges.

Und nicht nur auf den Müll, auch auf die Post haben es die Täter abgesehen. Denn selbst Werbepost enthält sensible Daten. Immer wieder hat die Polizei es mit gestohlenen Briefen zu tun. Meist geht es den Kriminellen um Schreiben von der Bank. Zugesandte Kontoauszüge etwa sind äußerst interessant. Die Kriminellen geben sich bei der Bank als die Kontoinhaber aus und schreiben an das Geldinstitut Briefe wie diesen: »Sehr geehrte Damen und Herren, hiermit möchte ich Ihnen mitteilen, dass wir umgezogen sind. Während des Umzugs ist leider unsere EC-Karte verloren gegangen. Hiermit bitte ich Sie, uns eine neue Karte zu schicken. Für Ihre Mühe bedanken wir uns bei Ihnen recht herzlich.« Als Anschrift teilen die Täter dann eine Tarnadresse mit, unter der entweder sie selbst oder Strohmänner die neu zugesandte EC-Karte nebst PIN-Nummer in Empfang nehmen. Denn die allerwenigsten Finanzinstitute überprüfen, ob ihre Kunden tatsächlich umgezogen sind.

Auch auf achtlos herumliegende Post in der Wohnung haben es die Täter abgesehen: Viele Menschen lassen vertrauliche Dokumente wie Kontoauszüge, Schreiben von Versicherungen oder der Bank daheim offen herumliegen – auf dem Küchentisch, an der Garderobe, auf dem Wohnzimmertisch. Bei Wohnungseinbrüchen werden gerne auch solche Briefe mitgenommen. Und nicht immer müssen die Täter dafür bei ihren Opfern einsteigen. Sie geben sich als Vertreter, als Handwerker, als Postzusteller oder als vermeintlich neue Nachbarn aus.

Und wenn Geldbörsen gestohlen werden, geht es den Tätern nicht immer nur um Bargeld, Kredit- oder EC-Karten, sondern oft um den Personalausweis, den Führerschein und andere wichtige Dokumente, die sensible Daten enthalten.

Apropos gestohlene EC-Karten: Eine weitverbreitete Methode, Daten abzufischen, ist das sogenannte Skimming. Hierbei werden Geldautomaten manipuliert, um damit die Bankkarten auszulesen. Genauer gesagt die Daten des Magnetstreifens. Sie werden später auf gefälschte Karten kopiert, mit der die Betrüger dann – zusammen mit der PIN – Bargeld an Geldautomaten abheben können. Bemerkt wird der Diebstahl meist erst sehr viel später: wenn das Opfer seine Kontoauszüge checkt oder den Stand des Kontos. Denn die Originalkarte bleibt ja im Besitz des Opfers.

Skimming funktioniert in verschiedenen Varianten – beispielsweise wird direkt auf dem Einschiebeschacht der Geldautomaten ein Plastikrahmen installiert, der ein Lesegerät integriert hat. Manchmal befindet sich ein Mini-Lesegerät auch in den Türöffnern der Bankfiliale. Oder die Täter führen sogenannte Kartenlese-Wanzen in den Schlitz am Automaten ein. Sie werden auch Deep-Insert-Wanzen genannt.[152] Solche neuen Wanzen lassen sich mit herkömmlichen Mitteln kaum finden. Auch sie lesen die Daten aus. Bei den Wanzen handelt es sich um ein dünnes Metallplättchen mit Leseeinheit und Speicherchip, die von einer dünnen Batteriezelle betrieben wird. Früher funkten die erbeuteten Kartendaten zu einer Kamera am Eingabefeld des Bankautomaten, diese zeichnete auch die PIN-Eingabe mit auf. Neuere Modelle speichern die Daten auf der Wanze. Mitunter werden auch Keylogger eingesetzt, die PIN-Nummer speichern, oder Tastenfeld-Attrappen, die wie Keylogger funktionieren.[153]

Beliebt ist auch das sogenannte Shoulder Surfing. Dieser Begriff meint nichts anderes, als Menschen über die Schulter zu gucken und sie dabei zu beobachten, wie sie beispielsweise ihr Smartphone entsperren. Man kann auf diese Weise fremde Nachrichten lesen, Passwörter ausspähen oder an sonstige persönliche Daten gelangen. Shoulder Surfing ist fast überall in der Öffentlichkeit möglich – im Zug, in der Bahn, im Flieger, an öffentlichen Plätzen, in Restaurants und Cafés. Ob Handy, Laptop oder Dokumente, überall sind wir umgeben von Menschen, die offenherzig mit ihren Geräten spielen, mobil und für alle einsehbar arbeiten und schlimmstenfalls noch laut und für alle unüberhörbar Privates von sich am Handy verraten. Wie oft haben Sie selbst schon im Zug die E-Mails Ihres Nachbarn mitgelesen, die Präsentation mit Verkaufs- und Umsatzzahlen gesehen oder die Mitfahrerin beim Onlinebanking beobachtet? Interessantes Nebendetail: Viele Nutzer verwenden für ihr Telefon dieselbe PIN wie für ihre EC-Karte. Somit weiß der Täter schließlich auch, wie er Geld abheben kann, wenn er außerdem noch die Handtasche stiehlt. Und weil viele Nutzer sowieso nur ein Passwort für sämtliche Anwendungen verwenden, ist Shoulder Surfing äußerst effizient.

Cem Karakaya und das Wiedersehen mit Julia

Haben Sie auch schon mal die neueste Staffel der Lieblingsserie auf dem Laptop des Sitznachbarn im ICE mitgeguckt? Ich mache das regelmäßig bei längeren Bahnfahrten. Kürzlich, bei einer Reise von München nach Leipzig, hatte ich allerdings ein anderes Vergnügen ... Vor mir saß eine junge Frau, den Laptop aufgeklappt, mir den Rücken zugewandt und den Bildschirm so präsentiert, dass nicht nur ich, sondern auch alle anderen Reisenden in der Nähe jeden Arbeitsschritt von ihr mitverfolgen konnten. Zuerst bearbeitete sie allerlei E-Mails. So konnte man schnell herausfinden, wie sie hieß, wo sie angestellt war und an welchen Projekten sie gerade arbeitete. Dann aktualisierte sie ihren Facebookstatus und ließ eine ganze Weile ihre Profilseite offenstehen – mit einem Blick waren diverse private Angaben zu erkennen: Beziehungsstatus, Lieblingsfilm, letzter Urlaub. Schließlich begann sie, eine Präsentation für ihre Firma zu erstellen – inklusive sensiblen Wirtschaftskennzahlen, einsehbar für jedermann. Irgendwann hielt ich es nicht mehr aus, ich wollte sie darauf aufmerksam machen, dass sie hier mitten im vollen ICE gerade so etwas wie einen digitalen Striptease machte. Also tat ich so, als wollte ich auf die Toilette gehen, und sprach sie an. »Julia! Bist du das?«, fragte ich sie und grinste. Sie schaute überrascht von ihrem Computer auf und mich fragend an. »Hallo …«, antwortete sie, sichtlich erkennbar, dass sie mich noch nie zuvor gesehen hatte und verzweifelt versuchte, mich irgendwie einzuordnen. Ich ließ mir derweil nichts anmerken und sagte: »Mann, lange nicht gesehen. Das sind doch jetzt bestimmt fast 20 Jahre!« Jetzt war sie noch mehr verdutzt. »Öhm. Jaaa«, gab sie von sich. Ich konnte regelrecht die Gedankenblasen über ihrem Kopf aufsteigen sehen. Wer ist dieser Typ? Woher kenne ich den – und woher kennt er meinen Namen? Ich verwickelte sie in ein Gespräch, in dem ich die wenigen Informationen, die ich per Shoulder Surfing über sie gesammelt hatte, an den richtigen Stellen anbrachte. »Mensch, wie geht es dir? Arbeitest du immer noch für diese Steuerberatung? Du warst ja schon damals am Erich-Kästner-Gymnasium so gut …« Ich lächelte und grinste. Schnell war das Eis gebrochen und ich hatte ihr Vertrauen gewonnen. Sie hielt mich für einen längst vergessenen Mitschüler! So konnte ich noch viel mehr Informationen aus ihr herausbekommen. Wobei das eigentlich das falsche Wort ist. Sie lieferte mir bereitwillig viele private Daten. Etwa wo sie wohnte, wie groß die Wohnung ist, dass es eine Eigentumswohnung ist, die sie gemeinsam mit ihrem Partner schon mit Mitte 30 fast abgezahlt hat, und dass der nächste Skiurlaub über Weihnachten in die Alpen geplant sei. Gute drei Stunden lang unterhielten wir uns miteinander. Es war wirklich amüsant – und fast bedauerte ich, dass die gemeinsame Schulzeit nicht wirklich stattgefunden hatte. Was aber viel entscheidender ist: Hätte ich noch einige wenige gezielte Fragen mehr gestellt, hätte ich noch mehr Informationen über sie gewinnen können. Informationen, die ein echter Krimineller sicherlich äußerst interessant finden würde. Aber auch so war ich in der Lage, auf der Basis ihrer Angaben ihr Vermögen und

Einkommen schätzen zu können. Und ich wäre auch in der Lage gewesen, ihre schicke Eigentumswohnung in bester Lage in München zu finden und dort genau zur Urlaubszeit einsteigen zu können. Kurz bevor die Frau aussteigen musste, fragte ich sie schließlich noch nach ihrer Telefonnummer. »Lass uns doch mal zu einem Kaffee treffen, wenn ich wieder in München bin«, schlug ich ihr vor. Natürlich bekam ich ihre Nummer und versprach, sie bald anzurufen, damit auch sie meine hätte. Gemeldet habe ich mich natürlich gleich am nächsten Tag – und ihr erklärt, dass sie zum Glück nur an mich und nicht an einen Kriminellen geraten war.

Ganz ähnlich funktioniert auch Social Engineering oder Social Hacking: Damit ist gemeint, jemanden so zu beeinflussen, dass er oder sie das Gewünschte tut – persönliche Daten preisgeben zum Beispiel. Oder, wie beim CEO-Fraud bereits beschrieben, Millionen ins Ausland zu transferieren. Letztlich nutzen die Täter menschliche Eigenschaften aus: Hilfsbereitschaft, Angst, Respekt vor Autoritäten, Gutgläubigkeit, Unsicherheit, Bequemlichkeit oder Stolz beispielsweise.

Man unterscheidet drei verschiedene Formen des Social Engineerings: Da wäre erstens die auf den Menschen fokussierte, bei der die Zielperson direkt kontaktiert wird. Zweitens die technikbasierte Form, bei der das Opfer per E-Mail, SMS oder aber auch per Telefonanruf kontaktiert wird. Und drittens die sogenannte Reverse-Form, bei der die Angreiferin oder der Angreifer eine Situation erzeugt, in der die Zielperson den Angreifer selbst kontaktiert.

Für einen erfolgreichen Angriff ist beim Social Engineering in der Regel viel Vorbereitung nötig. Die Opfer werden meistens vorher ausspioniert. Oft erstellen die Täter auch ein Profil, um das Vorgehen besser planen zu können.

Um sich die Informationen zu beschaffen, gibt es drei Möglichkeiten: erstens, öffentliche Quellen zu nutzen. In der Fachsprache heißt dies OSINT, ein Begriff aus der Welt der Nachrichtendienste. Die Abkürzung steht für Open Source Intelligence und meint, dass die Täter zum Beispiel die Presse, Quellen im Internet oder öffentliche Veranstaltungen nutzen, um an die gewünschten Informationen über ihr Opfer zu kommen. Zweitens: Sie nutzen menschliche Quellen, in der Fachsprache HUMINT genannt, was für Human Intelligence steht. Die Täter heuern beispielsweise Informanten an, um ihre Opfer auszuspionieren. Und drittens, sie setzen Technik ein, um an die nötigen Informationen über ihre Opfer zu gelangen. Das wird in der Fachsprache SIGINT genannt, was für Signal Intelligence steht.

Sehr gut über die Zielpersonen Bescheid zu wissen hilft den Tätern auch dabei, das nötige Vertrauen der Opfer zu gewinnen und somit auch auf spontanes Verhalten reagieren zu können.

Social Engineering zeichnet sich zudem dadurch aus, dass die Täter nicht mit der Tür ins Haus fallen – also nicht gleich das Hauptziel (zum Beispiel Geld zu erpressen) zu erreichen versuchen, sondern eine Art Puzzleeffekt nutzen. Das heißt: erst einmal Vertrauen gewinnen und eine Kommunikation starten, erst dann den eigentlichen Angriff durchführen.

Soziales Hacken ist bei Kriminellen seither beliebt, weil es trotz der Vorbereitungsmaßnahmen relativ einfach ist: Man muss kein Kryptoexperte sein, man muss nur charmant und glaubwürdig sein, damit das Opfer einem alles freiwillig sagt. Oder eine Stresssituation erzeugen.

Cem Karakaya erzählt aus dem Polizeialltag: Ausgetrickst im Kaffeeladen

Menschen einfach unter Druck setzen, so machten es auch die Täter, die den Mitarbeiter des IT-Supports eines großen mittelständischen Unternehmens anriefen. Der Mann erkannte die Nummer seines Chefs auf dem Display. Wie auch im Fall der Buchhalterin

Sandra Müller nutzten die Täter hier Call-ID-Spoofing und meldeten sich wie folgt: »Hallo Michi!« *(Den Namen hatten sie zuvor bei Xing recherchiert.)* »Ich bin gerade beim Chef und wir haben hier sehr wichtige Kunden. Der Chef möchte einen Vertrag ausdrucken, kommt aber nicht ins System herein. Er hat sein Passwort mal wieder vergessen. Kannst du es bitte zurücksetzen und mir das neue sagen? Der Chef beschäftigt gerade die Kunden ...« *Michael Schulte, dem Anwenderbetreuer, kam der Anruf seltsam vor. Es war zwar üblich, dass er von den vielen Kollegen in der Firma geduzt wurde und lange nicht alle der über 500 Beschäftigten persönlich kannte. Immerhin gab es regelmäßig Fluktuation. Dennoch waren die Regeln klar: niemals Passwörter am Telefon durchsagen – schon gar nicht die der Führungskräfte.* »Ich kann dir doch am Telefon nicht das Passwort vom Chef sagen!«*, antwortete Schulte. Der Anrufer seufzte und sagte genervt:* »Okay, aber der Chef hat mich ausdrücklich darum gebeten, dich anzurufen, und gesagt, dass du das Passwort durchgeben sollst.« *–* »Ich kann das wirklich nicht machen«*, insistierte Schulte. Der Anrufer atmete tief durch. Jetzt wurde er ärgerlich.* »Gut, warte bitte, dann hole ich jetzt den Chef selbst ans Telefon! Damit er dir die Arbeitsanweisung persönlich erteilt. Und du ihn blamierst. Und wir den wichtigen Kunden und einen Auftrag von einer halben Million verlieren. Wenn du dafür die Verantwortung tragen möchtest – bitte schön.« *Der Anrufer war jetzt von etwas weiter weg zu hören. (Vermutlich verschloss er einfach nur mit der Hand den Hörer, für den Angerufenen klang es aber, als sei er durch den Raum gegangen.) Schließlich war zu hören:* »Herr Hartmann! Der Schulte vom Support weigert sich, Ihr Passwort zurückzusetzen ...« *Der Anwenderbetreuer zuckte zusammen und rief in den Hörer:* »Warte, warte!« *Und tat, wie ihm geheißen: Er setzte das Passwort des Chefs zurück und nannte dem Anrufer das neue. Ab sofort besaß der Täter nicht nur den Zugang, sondern auch alle Berechtigungen für das System des mittelständischen Unternehmens.*

Aus dem Polizeialltag wissen wir: Social-Engineering-Attacken sind erfolgreich, weil die Täter äußerst überzeugend auftreten. Gerade das macht es für die Opfer schwer, einen Angriff zu verarbeiten. Sie fragen sich, ob sie hätten Verdacht schöpfen können. Die Antwort lautet meistens: nein. Denn professionelle Täter sind so gut vorbereitet, haben so viel schauspielerisches Talent und authentisch wirkende Geschichten, dass es kaum möglich ist, eine Attacke zu erkennen.

In einem anderen Fall gab sich der Täter beispielsweise für einen neuen Kollegen aus, der seine Anmeldekarte für den Computer zu Hause vergessen habe und wegen der Probezeit nicht negativ auffallen wolle. Welcher hilfsbereite Mensch würde da nicht aushelfen und dem vermeintlichen »Neuen« in der Firma nicht gestatten, sich mal eben mit seiner Karte anzumelden? Blöd nur, wenn damit einem Kriminellen Zugriff auf alle Daten des Unternehmens gewährt wird. Noch dreister waren jene Täter, die sich Zugriff auf das System eines Betriebs verschafften, indem sie den Systemadministratoren bestahlen. Sie hatten zuvor ausgekundschaftet, in welchem Kaffeeladen sich der Admin nach dem Mittagessen immer noch einen Kaffee holte – eine Kette, bei der die Vornamen der Kunden üblicherweise auf den Becher geschrieben werden. Mit einem herzlichen »Hallo Marco!« begrüßte einer der Täter den Mann und umarmte ihn. Dabei zog er ihm den Hausausweis der Firma aus seiner Tasche, ohne dass der Mann dies bemerkte, und übergab den Ausweis im Hintergrund mit einer kaum merkbaren Bewegung einem Mittäter. Auch mit diesem Ausweis waren Zugriffsrechte verbunden. Und während der eine Täter ihn ablenkte und in ein Gespräch verwickelte, eilte der andere mit dem Ausweis ins Büro des Systemadministrators und verschaffte sich mit dessen Karte Zutritt zum Serverraum, wo er einen verseuchten USB-Stick an den Server steckte. Der Stick enthielt einen Trojaner. Nachdem dieser übertragen war, zog der Täter den Stick wieder heraus und verließ das Bürogebäude so schnell und unauffällig, wie er hineingekommen war. Anschlie-

ßend übergab er die Karte einer dritten Mittäterin. Sie ging damit zurück in den Kaffeeladen, wo der Systemadministrator noch immer ins Gespräch mit einem der Täter verwickelt war. Die Frau tat so, als habe sie den Ausweis gerade erst vor dem Café gefunden. Der Systemadmin vermutete, dass er sie verloren haben musste, als er sein Portemonnaie herausgenommen hatte – und bedankte sich, nicht ahnend, dass er binnen weniger Minuten Opfer eines Angriffs geworden war, der seinen Arbeitgeber ruinieren würde.

Unternehmen können verhindern, dass sie Opfer werden. Dazu gehören Richtlinien, die genau festlegen, wer befugt ist, Daten weiterzugeben. Sinnvoll ist es auch, die Daten und Befugnisse zu klassifizieren. Kein Mitarbeiter darf seine Benutzerdaten, insbesondere Kennwörter, mit anderen teilen – unabhängig von der jeweiligen Situation und schon gar nicht am Telefon oder per E-Mail. Nur so kann das Ausnutzen von Hilfsbereitschaft bei Social-Engineering-Attacken minimiert werden. Alle Mitarbeiter sollten unbedingt wissen, dass auch harmlose Daten sensibel sein können und die Sicherheitsrichtlinien immer Vorrang haben.

In vielen Unternehmen werden die Zugänge und Berechtigungen zu Systemen oft nicht sofort gelöscht, wenn ein Mitarbeiter den Betrieb verlässt. Mitunter können sich sogar Angestellte, die schon vor mehreren Monaten oder sogar Jahren die Firma verlassen haben, immer noch Zugang zu den Firmenmails oder Netzwerken verschaffen. Manche tun das auch – aus Rache zum Beispiel. Und löschen dann etwa Kundendatenbanken.

Gerade mittelständische Unternehmen tun sich schwer damit, eine zentrale Anlaufstelle für Sicherheitsfragen zu schaffen. In den meisten großen Firmen ist dies mittlerweile Standard. Aber auch wenn sich eine Abteilung um Cybersecurity kümmert, werden noch längst nicht alle Angriffe und erst recht nicht jeder Verdacht eines Angriffs gemeldet. Dafür müssen die Beschäftigten erst für dieses Thema sensibilisiert werden. Daher sind Sicherheitsschulungen für alle unerlässlich. Leider erhalten in vielen Unternehmen nur die Führungskräfte solche Trainings und nicht etwa die Mitarbeiter der Poststelle. Dabei werden diese besonders häufig angegriffen, schließlich laufen hier die meisten wertvollen Informationen zusammen. Oft unterschätzen Unternehmen auch das Thema Müllentsorgung: In vielen Büros verzichtet man auf professionelle Aktenvernichtung. Aber auch das kann ein Einfallstor für soziale Hacker sein.

Social Engineering ist übrigens keine neue Methode und auch keine, die ausschließlich von Kriminellen angewendet wird. Schon im Kalten Krieg kamen Geheimagenten dank Frauen, Geld und Alkohol an die meisten Informationen. Da lässt James Bond grüßen.

Cem Karakaya erzählt aus dem Polizeialltag: Ich will befördert werden!

Nicht nur Kriminelle sammeln Informationen über Unternehmen. Wenn die Firmenlenker im Verdacht stehen, höchstselbst in kriminelle Machenschaften verstrickt zu sein, greifen Ermittler schon mal zu ungewöhnlichen Beschattungsmethoden. Sie besuchen zur Mittagszeit beispielsweise – natürlich in Zivil – die Kantine der fraglichen Firma oder die Restaurants in der Nähe. Dort gehen die Polizisten nicht nur essen, sie hören auch ganz genau hin und schauen zu. Welche Mitarbeiterinnen und Mitarbeiter halten sich hier auf und worüber sprechen sie? Firmentratsch kann ihnen wertvolle Hinweise auf die Straftaten der Chefs geben. So wie in einem Fall, bei dem die Chefsekretärin schon länger auf eine Beförderung wartete.

Es war ein früher Morgen im Herbst und die Großstadt erwachte gerade. Müjdat, Agent der türkischen Interpol, allerdings war bereits hellwach. Schließlich hatten er und sein Team alle Vorbereitungen akribisch getroffen – alles, was noch fehlte, war der Angriff.

Müjdat trug die Montur eines Reinigungsmitarbeiters und präsentierte sich so seinem belgischen Kollegen Mathis. Der spuckte vor Lachen glatt seinen Kaffee aus. »Und morgen kannst du dann bei mir zum Putzen vorbeikommen!«, *feixte Mathis.* – »Haha, bei dir putze ich ganz bestimmt nicht!«, *antwortete Müjdat. So richtig zum Lachen war ihm aber nicht. Sie hatten schließlich den Auftrag, den Chef eines großen Unternehmens der Geldwäsche zu überführen. Alles deutete daraufhin, dass der Manager im Auftrag einer illegalen Organisation tätig war.*

Doch es waren Beweise nötig, und die schlummerten auf dem Server der Firma. Einziges Problem dabei: Sie mussten an den Server kommen! Nur zwei Computer in dem Unternehmen erlaubten den Zugriff: der Rechner des Systemadministrators und der des Chefs höchstselbst. Die Agenten hatten deshalb die Sekretärin des Firmenbosses als Zielperson ausgewählt. Sie sollte dazu gebracht werden, das Passwort zu verraten.

Zuvor hatten Agenten die Firma eine Woche lang observiert. Neben diversen Indizien, die den Verdacht der Geldwäsche erhärteten, war auch herausgekommen, dass die Sekretärin sehnlichst auf eine Beförderung wartete. Und dass sie jeden Morgen schon vor sieben Uhr im Büro war, einer Uhrzeit, zu der kaum jemand anderes arbeitete bis auf die Putzkräfte. Herausgefunden hatten sie auch, dass sie jeden ersten Freitag im Monat einen Homeoffice-Tag hatte.

Mathis war neugierig. »Ich habe die Sekretärin noch nie gesehen. Sie gilt als karriereambitioniert, richtig?« – »Sie ist ziemlich ehrgeizig«, *sagte Müjdat, der die Observation durchgeführt hatte.* »Und wie sieht sie aus? Ist sie schön?«, *wollte Mathis wissen. Müjdat lachte. Die Frage war für seinen Kollegen mal wieder typisch. Er war ein richtiger Womenizer und setzte seinen Charme auch gerne bei weiblichen Zielpersonen ein. Aber diesmal war das nicht vorgesehen.* »Ach Mathis, du hast genug Schlag bei Frauen! Aber ja, ich finde sie recht attraktiv. Und sie hängt sich im Job ziemlich rein. Daher habe *ich auch ein schlechtes Gewissen, weil ich nach einer Woche Observation das Gefühl habe, sie ein wenig zu kennen.«*

Müjdat überprüfte noch einmal alles. »Ist die Kamera in Aktion?«, wollte er nun von seinem Kollegen wissen und meinte damit die versteckte Kamera, die er am Körper trug. »Ja, und hier ist deine Karte«, sagte Mathis und gab dem Agenten einen Hausausweis für die Firma. Dann nahm er das Funkgerät in die Hand und sagte: »So, Leute, Müjdat kommt jetzt raus.«

Die beiden Agenten befanden sich im gegenüberliegenden Bürogebäude der fraglichen Firma. Somit hatte Müjdat es nicht weit, über Funk war er mit seinen Kollegen verbunden. Sein Auftrag: Als Mitglied der Reinigungskolonne getarnt sollte er die Sekretärin kontaktieren und sich über sie Zugriff auf den Computer des mutmaßlich kriminellen Chefs verschaffen. Der Tag des Angriffs war nicht zufällig gewählt: Die Observation hatte ergeben, dass der gesuchte Mann heute nicht in der Firmenzentrale sein würde, sondern in einer anderen Stadt geschäftlich zu tun hatte. Er würde erst am übernächsten Tag wiederkommen.

Zielsicher steuerte Müjdat erst den Putzmittelraum an und näherte sich dann mit einem Putzwagen dem Vorzimmer des Chefbüros. Hier begann er mit den Reinigungsarbeiten. Die Sekretärin saß schon vertieft in die Arbeit an ihrem Computer. Nachdem Müjdat den Mülleimer entleert hatte, tat er so, als fiele sein Blick auf das Namensschild der Frau. Dann sprach er in gebrochenem Französisch: »Sie, Frau Willems?« Die Frau zuckte zusammen. Offenbar hatte sie nicht damit gerechnet, dass die Putzkraft sie in ein Gespräch verwickeln würde. »Wie bitte?«, fragte sie. – »Sie, Frau Willems?«, fragte Müjdat erneut nach. »Ja, was wollen Sie?«, fragte sie zurück. »Ich Sie gratulieren!« sagte Müjdat. Die Frau guckte erstaunt. Offenbar war ihre Neugierde bereits geweckt. »Was meinen Sie damit?«, fragte sie. – »Eeeeh. Sie doch Frau Willems? Sie doch neuer Job!«, sagte Müjdat. »Wie meinen Sie das?«, wollte die Sekretärin wissen. »Ich letzte Woche Freitag (der Tag, an dem sie im Ho-

meoffice war) Chefzimmer putzen. Ein sehr netter Mann und er lustig. Chef sagt nette Sachen über Frau Willems. Und Chef hat eine Liste im Computer und oben steht ... Wie das Wort, für hohe Stelle und viel mehr Geld bekommen?« – »Beförderung?« – »*Ja, Beförderung. Die Liste für Beförderung. Und Ihre Name, Willems, ganz oben.*« – »Haben Sie das ganz genau gesehen?«, *wollte die Sekretärin nun wissen.* »*Ja, Sie möchten, ich zeigen. Weiß die Datei, wo ist. Wir dürfen das nicht. Beim Putzen und schauen, was die Menschen machen. Bitte nicht verraten. Ich will Ihnen Freude machen, nur deswegen ich Ihnen gesagt*«, *sagte Müjdat.*

Würden Sie auf so eine Geschichte hereinfallen? Wahrscheinlich führen nur die wenigsten Führungskräfte eine Namensliste mit Mitarbeitern, die befördert werden sollen. Und noch unwahrscheinlicher ist wohl, dass eine Putzkraft Einsicht in so eine Liste nehmen kann. Trotzdem biss die Sekretärin an, denn sie stand auf und schloss vorsichtig die Bürotür. »Zeigen Sie mir diese Datei!«, *forderte sie den vermeintlichen Putzmann auf. Dann öffnete sie die Tür zum Chefbüro und deutete Müjdat mit einer Kopfbewegung, dass er hineinkommen solle. Sie näherten sich dem Computer des Firmenchefs. Schon tippte die Sekretärin das Passwort ein. Was sie nicht wusste: Müjdat hatte sich schnell so hingestellt, dass die versteckte Kamera die Sicht auf die Tastatur aufzeichnete – und damit das Passwort für den Computer. Über den Knopf im Ohr bestätigte Mathis in diesem Moment, dass sie das Passwort hatten und es an die IT-Abteilung weiterleiteten. Doch noch war der Einsatz nicht vorbei. Müjdat tat nun so, als suche er auf dem Rechner nach der angeblichen Liste mit den Beförderungen. Natürlich fand er nichts. Die Sekretärin wurde ungeduldig. Immerhin füllte sich allmählich das Büro – und wenn nun jemand ins Chefbüro platzte und sie hier mit einem Putzmann am Rechner Ihres Vorgesetzten erwischte?* »Sind Sie sicher, dass Sie so eine Liste gesehen haben?«, *wollte sie nun wissen.* »*Ja, in dieser Ordner!*«, *sagte Müjdat und klickte in den Dokumenten herum.* »Gehen Sie mal zur Seite!«, *forderte die Assistentin ihn nach einer Weile entnervt auf, schob ihn unsanft beiseite und begann, selbst nach der angeblichen Datei zu suchen.*

Müjdat nutzte die Situation ihrer Abgelenktheit aus und steckte rasch einen nicht einmal einen Zentimeter großen USB-Stick an den Computer. Dieser gab den Kollegen der IT-Abteilung Zugriff auf das Gerät und somit Zugriff auf den Server. Noch aber war unklar, ob es wirklich funktionierte – denn wenn der Firmenchef klug war, hatte er eine USB-Sperre installiert. Bitte lass es funktionieren!, dachte der Agent. Sonst wäre der ganze Einsatz umsonst gewesen. Da meldete sich wieder Mathis über Funk. »Okay, Müjdat, Kumpel, es tut mir total leid. Wir sind umsonst früh aufgestanden – es ist eine Sperre darauf«, sagte der Belgier. Fast wäre Müjdat ein lautes »Verdammt!« entfahren. Da lachte ihm sein Kollege ins Ohr. »Quatsch. Alles ist gut, mein Lieber. Wir haben die Verbindung – und laden schon die Daten herunter. Super gemacht!«

Müjdat atmete erleichtert auf. Jetzt musste er nur noch aus dieser Situation herauskommen. Er schaute auf die Uhr. »Eeh, Frau Willems. Sie weitersuchen ohne mich. Datei dort ist. Ich weiterarbeiten muss. Sonst Ärger mit mein Chef. Ihnen schönen Tag!«, sagte er und nahm seinen Putzwagen. Er war sich nicht sicher, ob die Sekretärin ihn überhaupt noch hörte. Wie wild öffnete sie Dokumente und schloss diese wieder. Müjdat verließ unterdessen das Büro – und das Gebäude.

Tatsächlich lieferte die Auswertung der Daten und die Analyse der Korrespondenz des Firmenchefs gleich mehrere Beweise, dass das Unternehmen es mit Geldwäsche zu tun hatte. Den ganzen Tag verbrachte das Team mit der Auswertung der Daten – und als der Unternehmer tags drauf von seiner Dienstreise zurückkehrte, konnten die Agenten ihn festnehmen.

Neuland Internetkriminalität? Wie die Polizei arbeitet

Bei der Aufklärung von Straftaten ist die Polizei auf die Mithilfe von Bürgerinnen und Bürgern angewiesen. Ohne ihre Zivilcourage und Zeugenaussagen wäre die Aufklärungsquote oft deutlich niedriger. Doch damit eine Zusammenarbeit stattfindet, müssen die Bürger Vertrauen in den Staat und die Polizei haben. Und das wiederum heißt auch: Die Sicherheitsbehörden müssen sich ständig weiterentwickeln, um auf neue Phänomene schnell reagieren zu können. Internetkriminalität ist ein solches Phänomen. Daher muss die Quantität und Qualität von gut aus- und weitergebildeten Polizisten stets gewährleistet sein. Ebenso müssen beispielsweise die gesetzlichen Rahmenbedingungen ständig an neue Phänomene angepasst werden – etwa indem die Befugnisse erweitert oder verändert werden.

Um Cyberkriminelle zu stellen, muss man wissen, wie die Täter vorgehen, wie sie ticken und welche Methoden sie nutzen. Während die Polizei sehr viel Erfahrung bei der Aufklärung von Straftaten wie Einbruch, Diebstahl oder Drogendelikten hat, ist das Vorgehen der Täter im Netz noch nicht so gut erforscht. Hinzu kommt: Viele Kriminalpolizisten sind schon seit vielen Jahren und Jahrzehnten im Dienst. Besonders den Älteren, die nicht mit dem Internet aufgewachsen sind, fehlt es an Erfahrung im Umgang mit der Technik. Darum werden immer häufiger spezielle Dienststellen geschaffen – Cybercrime-Dezernate, die auf Fälle von Internetkriminalität spezialisiert sind, digitale Spuren sichern und kriminelle Hacker jagen. Doch es gibt ein Problem: Aufgenommen werden die Anzeigen zunächst meist bei der ganz gewöhnlichen Polizeiinspektion und erst danach werden die Fälle an die Cyberdezernate weitergeleitet. Und hier kann es passieren, dass ein aufgewühltes Opfer und ein Polizist ohne Erfahrung mit Internetkriminalität aneinander vorbeireden.

Zum Glück kommt dies immer seltener vor. Beispiel München: Hier wurden die allermeisten Polizisten geschult und seit 2014 gibt es in der bayerischen Landeshauptstadt ein Dezernat, das ausschließlich Fälle von Internetkriminalität bearbeitet. Auch bei den Landeskriminalämtern gibt es jetzt sogenannte Cybercops. Sie haben zumeist ein einschlägiges Studium absolviert, also oft Informatik und Wirtschaft studiert, ehe sie in den Polizeidienst traten.

Auch auf internationaler Ebene tut sich etwas: Bei Interpol gibt es seit 2015 eine Abteilung für Internetkriminalität, sie sitzt in Singapur. Die Abteilung ist eher ein Forschungszentrum mit dem Namen »Interpol-Weltkomplex für Innovation« und soll Kriminelle im Netz aufspüren, digitale Sicherheitslücken aufdecken und die Polizei weltweit im Umgang mit Internetkriminalität schulen.[154] Als das Forschungszentrum eröffnet wurde, arbeiteten hier mehr als 100 Beamte aus 50 verschiedenen Ländern. Heute sind es viel mehr.

Es bewegt sich etwas und immer öfter kommt es vor, dass Hacker festgenommen werden und überrascht fragen: »Wie habt ihr mich gefunden?«

Tatsächlich sind daran aber auch externe Sicherheitsfirmen beteiligt, mit denen die Ermittlungsbehörden bei der Cybercrime-Bekämpfung zusammenarbeiten. Über die konkreten Methoden können wir an dieser Stelle leider wenig verraten. Eines ist aber ein Vorteil: dass die Täter die Polizei nach wie vor unterschätzen.

Doch es gibt auch noch einiges zu kritisieren: Die Ausstattung in Sachen Personal, Technik und Know-how könnte besser sein. Und oft reichen Befugnisse einfach nicht weit genug, weil es nur wenige Paragrafen im Strafgesetzbuch mit direktem Bezug zu Cybercrime gibt. Dazu gehören beispielsweise das Ausspähen und Abfangen von Daten sowie das Vorbereiten dazu (StGB § 202 a, b und c) Computerbetrug (StGB § 263 a), Fälschung beweiserheblicher Daten (StGB § 269), Datenveränderung (StGB 303a) oder auch Computersabotage (StGB § 303b). Hier könnten wir von den USA lernen.

Nachdem in den Vereinigten Staaten eine Gruppe jugendlicher Hacker, bekannt als The 414s, 1983 in zahlreiche staatliche Computersysteme eingedrungen war, forderte der Kongressabgeordnete Dan Glickman neben einer Untersuchung der Vorgänge vor allem neue Gesetze gegen das Hacken. Neal Patrick, der damals 17-jährige Sprecher der Hackergruppe, wurde am 26. September 1983 vor dem Repräsentantenhaus der Vereinigten Staaten über die Gefahren des Hackens befragt – seine Aussagen führten schließlich dazu, dass noch im gleichen Jahr sechs Gesetzesentwürfe zur Computerkriminalität in das Repräsentantenhaus eingebracht wurden. Damit wurde die Verfolgung von Straftaten der Internetkriminalität in den USA möglich. Hierzulande dagegen gibt es nach wie vor nur die unbefugte Manipulation von Daten im Besonderen, die als spezielle Sachbeschädigung 1986 ins Strafgesetzbuch aufgenommen wurde.[155]

Cem Karakaya erzählt aus dem Polizeialltag: Stell dir vor, die Polizei glaubt dir nicht

Immer wieder erlebe ich am Beratungstelefon verzweifelte Anrufer, die selbst bei meinen Polizeikollegen nicht weiterkommen. Wie an jenem Tag, als eine aufgeregte Frau am Apparat war. »Ich hoffe, ich bin jetzt bei der richtigen Stelle. Ich bin wirklich verzweifelt. Ständig werde ich weitergeleitet und niemand versteht mich!«, sagte sie. Ich seufzte und ahnte: Diese Bürgerin hatte schon eine Odyssee quer durch verschiedene Dienststellen hinter sich, ehe sie bei mir landete. »Worum geht es denn bei Ihnen?«, wollte ich wissen. »Internetkriminalität. Das habe ich Ihren Kollegen schon mehrfach gesagt. Aber irgendwie konnte mir niemand helfen«, antwortete die Anruferin. »Zumindest bin ich für Internetkriminalität zuständig. Wie kann ich Ihnen weiterhelfen?«, fragte ich. Ich konnte hören, wie die Frau deutlich erleichtert aufatmete. »Gott sei Dank! Also, ich glaube, ich wurde gehackt. Ich habe nämlich überhaupt keine Kontrolle mehr über meinen Computer«, sagte sie. »Wie zeigt sich das?«, wollte ich wissen. »Wenn ich die Internetadresse einer Webseite eingebe, erscheint in meinem Browser eine andere, die ich aber gar nicht aufgerufen habe. Außerdem pustet mein Rechner wie verrückt. Der Lüfter läuft auf Hochtouren. Daher habe ich den Datenverkehr gecheckt – der ist bei der höchsten Belastung. Nur: Ich mache gar nichts! Ich habe keine Programme oder Dienste geöffnet. Und mein Virenscanner zeigt keine Meldung. Ich kann mir das Ganze nur so erklären, dass ich gehackt wurde, und habe nun furchtbare Angst, dass ein Fremder an meine Daten und an meinen Onlinebanking-Account kommt!«, sagte die Anruferin.

Ich bat sie, ihren Computer über die Website www.botfrei.de überprüfen zu lassen.[156] Die Seite ist ein kostenloser Service des eco-Verbands der Internetwirtschaft und soll helfen, das Internet nachhaltig sicherer zu machen. Nach einem kurzen Check war der Fall klar: Die Anruferin hatte recht. »In der Tat: Ihr Rechner ist befallen. Aber wir können mal etwas versuchen …«, sagte ich.

Plötzlich begann sie zu weinen. Erschrocken fragte ich: »Was ist bitte passiert? Alles in Ordnung?« – »Ach, ich bin so erleichtert. Sie sind der Erste, der mir glaubt und endlich begriffen hat, was mir passiert ist. Alle dachten, dass ich spinne. Und ich hatte so Angst, weil mir Ihre Kollegen nicht glaubten. Einer hat mir sogar gesagt, dass so etwas nur in Hollywood-Filmen passiert.« Zum Glück konnte ich das Vertrauen der Frau in den Staat wiederherstellen und auch ihren Computer retten. Zugriff auf ihre Daten und das Onlinebanking hatten die Täter zum Glück nicht erlangt, stattdessen beteiligte sich ihr Rechner munter an einer Botnet-Attacke. Aber auch das konnten wir schnell lösen.

Möglicherweise ist die Aufklärungsquote in Zukunft noch höher. Ein israelisches Start-up[157] arbeitet nämlich an einem Algorithmus, der die Absichten von Onlineverbrechern angeblich durchschauen kann und dann sofort reagieren soll. Das Programm baue seine Vorausahnung auf den Daten des zu schützenden Systems auf und lerne von selbst ständig dazu, versprechen die Entwickler. Möglich mache dies eine künstliche Intelligenz, die dafür sorge, dass das Programm auch immer neue Gefahren erkenne und bekämpfen könne. Dafür müsse der Algorithmus allerdings die gesamten Informationen des zu schützenden Systems analysieren. So soll die Software herausfinden, wofür sich Hacker interessieren könnten.[158] Man darf gespannt sein.

Tatort Darknet

Streng genommen ist der Begriff »Tatort« für das Darknet falsch. Denn nicht jeder, der sich hier bewegt, ist gleich kriminell. In Wirklichkeit ist das Darknet, besser gesagt Deep Web, gerade für Menschen in Ländern mit unterdrückerischen Regimen die einzige Möglichkeit, frei zu kommunizieren oder auf Missstände aufmerksam zu machen – Menschenrechtsaktivisten, Whistleblower und Journalisten sind daher zahlreich im Deep Web zu finden. Auch Edward Snowden nutzte es, um sich an Journalisten mit seinen Enthüllungen über die NSA zu wenden.

Und auch hierzulande nutzen viele Menschen das Deep Web völlig legal, zum Beispiel, weil sie Datenschutz sehr ernst nehmen, gegen Vorratsdatenspeicherung sind und einfach nur unbeobachtet surfen wollen, ohne dass ihre Provider und Werbenetzwerke ihre Nutzungsdaten und ihr Surfverhalten speichern.

Aber was genau ist das Darknet? Wir versuchen es mit einer anschaulichen Erklärung: Man kann sich das gesamte Internet wie einen Eisberg vorstellen. Da ist der Teil, der aus dem Wasser herausragt – das ist das normale, das sichtbare Netz, das mit Suchmaschinen wie Google durchsuchbar ist und durch das man mit einem gewöhnlichen Browser wie etwa Internet Explorer/Edge, Safari, Google Chrome oder Firefox surft. Es ist auch der Teil des Internets, in dem man beispielsweise Nachrichten auf Newsportalen liest, seine sozialen Netzwerke pflegt und chattet, wo man online einkauft, Onlinebanking betreibt oder einfach etwas recherchiert. Und dann gibt es noch den Teil des Eisbergs, der unter Wasser ist – der unsichtbare Teil des Internets, das sogenannte Deep Web. Es handelt sich dabei um jene Seiten, die nicht so leicht aufzufinden sind und die man nicht mit einem normalen Browser besuchen kann.

Dieser Bereich des Internets ist deutlich größer und umfassender als das normale Web. Es heißt, dass das Deep Web 90 Prozent umfassen soll. Laut des ehemaligen Leiters des Europol-Kompetenzzentrums Cybercrime, Troels Oerting, sollen sogar nur vier Prozent aller Websites von Suchmaschinen indiziert sein. Damit würde sich 96 Prozent des Internets generell im Verborgenen befinden.[159]

Aber längst nicht alles im Deep Web ist illegal. Im Gegenteil: Zu den Seiten im Deep Web zählen auch private Seiten, für deren Zugang man ein Kennwort oder eine Registrierung braucht – Familientagebücher beispielsweise. Oder viele wissenschaftliche Datenbanken, die nicht über gewöhnliche Browser im Netz durchsuchbar sind. Aber auch blockierte Internetseiten, deren Adresse nirgends sonst zu finden sind oder für deren Besuch auch eine IP-Nummern-Identifizierung nötig ist, zählen zum Deep Web. In der Regel besteht die URL dann nicht aus Buchstaben oder Wörtern, sondern aus einer Mischung aus Buchstaben und Zahlen. Als Beispiel: Während www.polizei.bayern.de eine normale Internetseite ist, wäre HTTP://IAFDG7HD9TV6.ONION eine Deep-Web-Seite.

Aber dann gibt es den »dunklen« Bereich des Deep Web, das Darknet[160]. Experten verstehen primär unter dem Begriff sogenannte Hidden Services, die aufgrund ihrer Domainnamen-Struktur nur mit einem speziellen Browser auffindbar sind. So ein Browser ist etwa TOR. Das steht für The Onion Router. Eigentlich ist TOR kein Programm, sondern vielmehr ein Netzwerk, das aus vielen verschiedenen Schichten besteht – ähnlich einer Zwiebel, daher auch der Name. Die Struktur ermöglicht es, anonym zu surfen.

Wie funktioniert das? Um mit TOR surfen zu können, muss man einen Client, den sogenannten Onion Proxy, auf seinem Rechner installieren, der sich wiederum mit dem TOR-Netzwerk verbindet. Schon beim Starten zeigt das Programm eine Warnung: »Bitte ändern Sie die Größe des Fensters nicht. Wenn Sie das Fenster maximieren, kann man die Bildschirmgröße herausfinden und somit könnte es möglich sein, Sie zu verfolgen.« Browser-Fingerprinting lässt grüßen.

Der Client lädt dann eine Liste mit allen derzeit vorhandenen und nutzbaren TOR-Servern herunter. Der Client wählt hierüber eine ganz zufällige Route aus und bildet mit dem ersten Server eine verschlüsselte Verbindung. Doch dabei bleibt es nicht. Damit die Spur des Nutzers nicht nachvollziehbar ist, wird die Verbindung um einen weiteren Server verlängert. Und diese noch einmal um einen weiteren. Man greift auf eine Seite also immer über drei Server zu – und die Verbindungskette wechselt nach zehn Minuten automatisch. Alle Daten werden dabei verschlüsselt. TOR schützt die Verbindung seiner Nutzer über mehrere Knoten und somit davor, dass ihr Datenverkehr analysiert werden kann.

Doch Vorsicht: TOR erschwert zwar die Überwachung des Nutzers im Internet, allerdings sollte man fürs Darknet weitere Sicherheitsmaßnahmen ergreifen. Zum einen darf keine Kamera aktiviert sein, wohl aber muss eine Firewall aktiv sein, die den Ein- und Ausgang von Daten überwacht. Außerdem sollte man dafür sorgen, dass Scripte nicht ausgeführt werden. Das TOR-Programm selbst bietet einen speziellen Button an, der dieses verhindert. Generell gilt als Sicherheitsregel fürs Surfen im Darknet, keine Dateien herunterzuladen – denn die beinhalten oft Viren und Trojaner.

TOR zu nutzen ist übrigens völlig legal. Man kann es einfach über jede Suchmaschine finden und sich kostenlos auf den Computer herunterladen. Auch das ist nicht strafbar. Und auch das Surfen im Deep Web oder im Darknet ist es an und für sich nicht.

Experten schätzen, dass etwa 60 Prozent aller Inhalte im Darknet auf Englisch sind. Die am zweithäufigsten gebrauchte Sprache ist Russisch. Deutschsprachige Inhalte kommen deutlich seltener vor: Nur etwa drei Prozent aller Inhalte im Darknet sollen auf Deutsch sein.

Auch sind viele Seiten sehr unzuverlässig. Sie ändern sich ständig, manche bestehen nur für paar Stunden – je nachdem, welcher Inhalt hier zu finden ist. Und manche sind sogar dauerhaft offline. Weil sich die Adressen ständig ändern, müssen sie immer wieder neu recherchiert werden, und genau das erschwert die Ermittlungsarbeit für die Behörden. Worauf man sich außerdem einstellen muss, sind lange Ladezeiten – eine Geschwindigkeit wie in den Neunzigerjahren. Wer hier mobil unterwegs sein möchte, sollte kein Android oder IOS-Gerät verwenden, denn ihre Erweiterungsprogramme funktionieren hier in der Regel nicht.

Auch im Darknet gibt es Suchmaschinen. Die beliebtesten sind: DuckDuckGo, TORSearch, Ahmia, Torch oder Grams. Grams ist dabei eine Suchmaschine für Drogen. Ihr Logo ist ein wenig an das Design von Google angelehnt – mit Buchstaben in unterschiedlichen bunten Farben.

Auch Kommunikationsprogramme gibt es hier, beispielsweise OnionChat, eine Art ICQ, mit dem Hunderte Nutzer gleichzeitig miteinander kommunizieren können. Und selbst eine Art Wikipedia fehlt nicht. Sie nennt sich The Hidden Wiki und ist so etwas wie die Startseite für Neulinge.

Zu den am häufigsten besuchten Seiten im Darknet zählen die Marktplätze. Hier bekommt man so gut wie alles – was illegal ist.

Am häufigsten werden Drogen, verschreibungspflichtige Medikamente und andere illegale Substanzen verkauft. Drogen online zu handeln, hat eine gewisse Tradition: Schon Ende der Neunzigerjahre kamen erste E-Mailinglisten auf, die Drogen anonym anboten. Bekannt wurde später etwa ein Anbieter mit dem Namen Farmer's Market, der bis 2009 einen E-Mail-only-Service betrieb.[161] Nur etwas später kam der berühmt-berüchtigte Marktplatz Silk Road auf. Der mutmaßliche Gründer, Ross Ulbricht, wurde 2013 von US-Ermittlern festgenommen und in New York zu einer lebenslänglichen Haftstrafe verurteilt.[162] Ulbricht war erst 25, als er als angeblicher Mitgründer der Diskussions- und Handelsplattform Silk Road zu einem der erfolgreichsten Darknet-Unternehmer und Millionär wurde.[163] Ob Ulbricht tatsächlich der Gründer der Plattform war, ist allerdings bis heute unklar. Als Admin trat eine Person unter dem Decknamen Dread Pirate Roberts auf, benannt nach einer Figur aus einem Film, die immer wieder von einer anderen Person gespielt wird, dabei aber den gleichen Namen behält.

Auf Silk Road wurden nicht nur Drogen, sondern auch gefälschte Ausweisdokumente und Hackersoftware verkauft. Auch soll die Seite für Geldwäsche genutzt worden sein. So oder so hatte die Festnahme des mutmaßlichen Betreibers wenig Erfolg: Nur wenig später wurde Silk Road 2.0 gelauncht. Wieder leitete ein Admin mit dem Decknamen Dread Pirate Roberts die Plattform. Und auch hier begann bald ein Katz-und-Maus-Spiel: Zunächst wurde die Seite intern, also von anderen Hackern aus dem Darknet, angegriffen. Diese hatten es auf die Bitcoins abgesehen, mit denen auf dem Marktplatz bezahlt wurde. Die Betreiber sperrten Silk Road 2.0 daraufhin für eine Weile. Kaum hatten sie den Marktplatz erneut eröffnet, erfolgte eine DDoS-Attacke (Distributed-Denial-of-Service). Wir erinnern uns: Dabei führen Angreifer die Nichtverfügbarkeit eines Dienstes oder Servers gezielt herbei. Also mussten die Betreiber Silk Road 2.0 erneut vom Netz nehmen.

Schließlich hatten auch Ermittlungsbehörden den Nachfolger des berühmt-berüchtigten Marktplatzes erneut auf dem Schirm. Nach einer erfolgreichen Fahndung wurden zumindest ein paar Moderatoren der Plattform festgenommen. Und was war die Folge? Nur wenige Stunden nach der Festnahme gingen gleich zwei neue Marktplätze live: Silk Road Reloaded und Silk Road 3.0. Die Seiten waren eigentlich nicht neu, sondern letztlich weitere Ableger von Silk Road mit einem leicht veränderten Namen. Am Ende griffen die Ermittlungsbehörden hart durch und sperrten gleich mehrere Marktplätze im Darknet. Allerdings war die Maßnahme nicht konsequent: Große andere Märkte wie Agora und Evolution, auf denen auch Waffen gehandelt wurden, blieben bestehen.[164]

Das Beispiel von Silk Road zeigt, wie schwer es ist, im Darknet erstens zu ermitteln und zweitens, es quasi trockenzulegen. Es ist ein ständiges Katz-und-Maus-Spiel zwischen Hackern und Ermittlern. Hinzu kam im Fall von Silk Road außerdem eine delikate Angelegenheit: Zwei US-Bundesagenten – ein Beamter von der DEA, der berühmten Drug Enforcement Administration, und ein weiterer vom Secret Service – konnten es offenbar nicht beim Jagen der Verbrecher im Darknet belassen. Die Gier, in der Unterwelt des Internets das große Geld machen zu können, wurde bei ihnen anscheinend zu groß: So sollen sie nicht nur das Konto von einem festgenommenen Silk-Road-Administrator übernommen haben, sondern auch den angeblichen Gründer mit Informationen aus den Ermittlungsakten erpresst haben. Am Ende bekamen beide Beamte eine sechsjährige Haftstrafe.

Bis auf die Geschichten drum herum unterscheiden sich die Verkaufsplattformen im Darknet aber kaum von ihren Schwestern im normalen Web. Auch hier gibt es Kundenbewertungen. Oder Geld-zurück-Garantien. Und wer Ware kauft, aber nicht erhält, bekommt in der Regel auf den großen Plattformen sein Geld erstattet. Denn die Bewertungen entscheiden am Ende darüber, wer sich als Verkäufer am Markt hält und größer wird. Daher liefern sich die Betreiber untereinander einen erbitterten Wettbewerb. In Foren tauschen sich die Nutzer nicht nur über Verkäufer und Plattformen aus, sie teilen auch ihre Erfahrungen mit dem Zoll miteinander, fachsimpeln über Drogen oder spekulieren über mögliche Polizeiermittlungen.

Neben Marktplätzen gibt es im Darknet spezielle Communitys. Eine relativ große ist die für Fälscher und Fälschungen. Auf diesen Webseiten findet man alles, was man fälschen kann – von Mode bis Ausweise, Urkunden, Universitätsabschlüsse und Falschgeld. Sie benötigen eine US-Staatsbürgerschaft nebst Sozialversicherungsnummer? Bekommen Sie hier. Ebenso wie Ihre amerikanische Geburtsurkunde und Ihren amerikanischen Führerschein. Oder wie wäre es mit einem schwedischen? Man bekommt täuschend echt aussehende Fälschungen von Dokumenten, die frei erfunden sind – wer weiß schon, wie die Führerscheine etwa aus Vanuatu aussehen? Und sogar ein ganzes neues Leben bekommt man hier: mit allen erforderlichen Dokumenten der Identität eines anderen. Die Preise variieren je nach Staatsbürgerschaft. Derzeit kostet ein »deutsches Paket«, das Personalausweis, Reisepass und einen Führerschein enthält, um die 800 Euro. Statistiken der Ermittlungsbehörden zeigen allerdings: Gut 80 Prozent der Personen, die unter einer gefälschten Identität leben, werden im Laufe der Jahre irgendwann festgenommen und fliegen mitsamt ihren gefälschten Dokumenten auf.

Wesentlich günstiger sind dagegen gefälschte Studentenausweise. Die allermeisten, die im Darknet danach suchen, nutzen diese, um Ermäßigungen zu bekommen.

Auch Falschgeld bekommt man hier, es kostet leider reales Geld – im Schnitt die Hälfte des realen Wertes. Wer also einen gefälschten 100-Euro-Schein erwirbt, muss dafür 50 echte Euro bezahlen.

Einen besonderen Raum im Darknet nimmt die sogenannten Pedo-Community ein: Das sind Webseiten von und für Pädophile. Hierbei handelt es sich leider um eine der größten Communitys. Studien zeigen, dass jeder 20. Mann von pädophilen Neigungen berichtet.[165] Im Darknet finden die Betroffenen einen Ort, an dem sie sich einerseits miteinander austauschen können und andererseits auch ihren Neigungen nachgehen. So gibt es einerseits Foren, in denen Pädophile sich schlicht über ihre Erfahrungen austauschen und sich gegenseitig helfen, um nicht straffällig zu werden. Doch ebenso gibt es die schwer kriminellen Seiten, auf denen die Nutzer kinderpornografisches Material miteinander tauschen. Diese »Angebote« überwiegen leider. Einer Studie des Softwareherstellers Trend Micro zufolge soll nämlich jede vierte Seite im Darknet kinderpornografischen Inhalt enthalten.[166] Viele dieser hochkriminellen Seiten stehen den Mitgliedern der Community auch nur für einen kurzen Zeitpunkt zur Verfügung. Den Link erhält nur, wer als vertrauensvoll gilt. Die Kommunikation erfolgt über andere Plattformen oder über bestimmte Chatprogramme. Hier werden dann auch das konkrete Datum und die Uhrzeit kommuniziert, wann es beispielsweise neues Material zum Download oder Tauschen gibt. Zudem erhalten die Community-Mitglieder auch Informationen, wie sie sich vor polizeilichen Ermittlungen schützen sollen.

Eine Unterform der Pedo-Community ist die sogenannte Cam-Community. Hierbei haben es die Pädophilen auf Videoaufnahmen von meist jungen Mädchen abgesehen. Sie werden entweder in Mädchen-, Jugend- und Kinderforen im normalen Web dazu gebracht, Aufnahmen von sich anzufertigen. Oft bringen die Pädophilen die Kameras in den Geräten der Kinder und Jugendlichen aber unter ihre Kontrolle, ohne dass die Opfer davon Kenntnis haben (mitunter auch die Kameras in Geräten von Erwachsenen). Weil viele – besonders Kinder und Jugendliche – ihre Geräte so gut wie nie abschalten und somit dauernd online sind, ist der Zugriff für die Täter dann sehr einfach. Rund um die Uhr können die Pädophilen somit live ihre Opfer überwachen, betrachten und in den intimsten Momenten beobachten. Oft werden die Kameras in diesen Communitys sogar vermietet.

Noch krasser ist die sogenannten Hitman-Community. Hier geht es um Mordaufträge. Tatsächlich ist nicht bekannt, ob überhaupt oder wie viele Morde über solche Seiten in Auftrag gegeben und letztlich auch ausgeführt werden. Die Ermittlungsbehörden gehen allerdings davon aus, dass solche Seiten nicht bestehen würden, wenn kein Interesse vorhanden wäre. Eine dieser Seiten verspricht sogar, den Auftrag binnen drei Wochen abzuschließen – die einzige Bedingung lautet: Die zu ermordende Person muss wenigstens 16 Jahre alt sein. Andere Anbieter veröffentlichen Preislisten: Die Seite C'thulhu unterschied etwa nach »Low Rank«, »Medium Rank« und »High Rank and Political«.[167] Angeblich sollten alle Morde aussehen wie ein Unfall. Für die Tötung eines Normalbürgers (etwa den verhassten Nachbarn) wurden 75.000 US-Dollar fällig. Wer einen Promi ermorden sehen wollte, musste ab 300.000 US-Dollar aufwärts hinlegen. Unklar ist, ob das Angebot nicht generell ein Fake war.

Wer vor Mord zurückschreckt, aber jemanden dennoch etwas Schreckliches angetan wissen möchte, kann auf Seiten wie diesen auch allerlei andere Dienstleistungen buchen – beispielsweise dass die Zielperson zusammengeschlagen oder vergewaltigt wird, dass ihr Arme oder Beine abgehackt werden oder sie sonstwie eingeschüchtert, missbraucht und ihr Gewalt angetan wird.

Und dann gibt es eine Art perfides Crowdfunding für einen Mordauftrag, Crowdsourced Assassination genannt: Hier werden kleinere (und größere) Beträge für die Ermordung einer bestimmten Person gesammelt. Die Nutzer können einen Menschen, der getötet werden soll, vorschlagen. Meist stehen hier Prominente und Politiker auf der Liste. Sobald genügend Geld als Bitcoin überwiesen ist, soll sich ein Auftragskiller melden, der die Tat durchführt. Auf den bisher bekannten Seiten wie etwa Dead Pool war der Pool allerdings immer leer. Sprich: Niemand scheint Geld für einen Auftragsmord überwiesen zu haben. Die Ermittlungsbehörden gehen daher davon aus, dass es sich auch bei Angeboten um Fakes handelt. Die meisten der angeblichen Hitman-Angebote sollen daher Betrug sein.

Ganz anders dagegen die Seiten, auf denen man neben den nötigen Materialien auch die Anleitung zum Bauen von Bomben findet. Außerdem Waffen, Munition und sogar radioaktives Material.

Daneben gibt es noch andere Communitys, die wir an dieser Stelle nur kurz anreißen möchten: Erwähnt sei die sogenannte Doxing-Community. Hier finden Menschen, die Selbstjustiz oder Rache üben wollen, ebenso wie Stalker ein reichhaltiges Angebot, denn auf diesen Seiten werden personenbezogene Daten veröffentlicht, um andere bloßzustellen, sich an ihnen zu rächen oder sie sonstwie zu bedrängen. Andere Kriminelle nutzen die hier veröffentlichten Daten gerne – beispielsweise um unter der Identität der Opfer eine Straftat zu begehen.

Und dann gibt es noch diverse Seiten, auf denen man gestohlene Daten kaufen kann. Hier bekommt man alles, was es braucht, um auf Kosten anderer shoppen zu gehen: Kreditkartennummern, Nummern von Bankkonten, Zugangsdaten von Onlinebezahldiensten wie etwa PayPal oder Zugänge zu Packstationen, die registriert sind, aber nicht genutzt werden. Und vieles andere mehr wie Mailadressen oder Guthabenkarten. Solche Karten sind im Darknet nämlich äußerst wertvoll: Viele Kriminelle nutzen solche Guthabenkarten, weil mit ihnen Geldgeschäfte ganz anonym möglich sind. Das macht eine Verfolgung durch die Ermittlungsbehörden schwieriger.

Daneben gibt es auch eher abseitige Angebote wie beispielsweise die Seiten der Crush-Community: Hier tummeln sich allerlei Menschen, die den Fetisch teilen, dass sie durch das Töten von Tieren – meist kleinen Tieren – angetörnt werden. Überhaupt bietet das Darknet Menschen mit abseitigen sexuellen Neigungen viele Möglichkeiten, sich Befriedigung zu verschaffen. Dazu zählen auch Seiten, auf denen Menschen als Sexsklaven verkauft werden. Eine Seite hat sich Cem Karakaya bei seiner Ermittlerarbeit im Darknet eingebrannt. Hier wurde eine Frau als Sexsklavin angepriesen. Zu sehen war sie völlig nackt – deutlich erkennbar, dass sie statt Beinen nur noch zwei Stumpen hatte. Angepriesen wurde diese arme Frau mit: »Du kannst sie so oft haben, wie du willst. Sie kann nicht abhauen.«

Eines soll abschließend über das Darknet erwähnt sein: Die wenigsten, die im Darknet Drogen, Waffen oder sexuelle Dienstleistungen kaufen wollen, suchen sofort hier nach dem Gewünschten. Oft erfolgt die erste Kontaktaufnahme über das normale Web – per Chat oder E-Mail und dann per verschlüsselter E-Mail. Erst nach einigen Checks erhalten Neulinge die Anweisung, wie sie auf die gewünschten Seiten oder Marktplätze im Darknet gelangen. Für viele Seiten ist auch eine Person nötig, die für den neuen Nutzer bürgt. Auf diese Weise soll verhindert werden, dass Undercover-Ermittler auf die illegalen Seiten kommen.

Doch genau das ist das Ziel der Cybercrime-Dezernate. Und daher nehmen wir Sie im nächsten Kapitel mit in die Welt der Täter und zeigen, wie aus digitaler Beute echtes Geld wird.

Kapitel 6
Wie aus digitaler Beute echtes Geld wird

In diesem Kapitel erläutern wir, wie die Täter aus der ergaunerten Ware Geld machen, dabei Mittelsleute einsetzen und selbst vor Geldwäsche nicht zurückschrecken. Wir zeigen auf, welche Rolle dabei Waren- und Finanzagenten sowie Online-Casinos spielen und warum digitale Währungen wie Bitcoins zwar eigentlich mal eine gute Idee waren, heute aber vor allem eine schwarze Währung der kriminellen Unterwelt sind.

Nach Angaben des Statistikportals Statista sind allein in Deutschland im Jahr 2016 Schäden durch Internetkriminalität in Höhe von 51,6 Millionen Euro entstanden.[168] Internetkriminalität zählt zu den am stärksten wachsenden Bereichen der Schattenwirtschaft hierzulande. Doch damit aus der digitalen Beute echtes Geld wird, sind einige Umwege notwendig. Die Täter wollen schließlich nicht erwischt werden und möglichst verschleiern, woher das Geld stammt. Darum wenden die Kriminellen sogenannte Cashout-Methoden an. Und diese sind so unterschiedlich wie die Taten, mit denen sich die Diebe und Betrüger auf Kosten anderer bereichern.

Um überhaupt unerkannt an die Waren aus dem Betrug zu kommen, werden sogenannte Dropzones genutzt. Das kann bedeuten, dass ein Ort oder auch ein Bankkonto genutzt wird, um die Tat aus Tätersicht »sicher« abzuwickeln. Beim Housedrop beispielsweise nutzen die Täter leere Wohnungen, die als Adresse für einen Warenkreditbetrug verwendet werden. Sie merken sicherlich: Extra eine Wohnung anzumieten, um sich letztlich mit Produkten zu bereichern, die man anschließend auch noch veräußern muss, ist ganz schön aufwendig. Aber es lohnt sich:

Die Täter mieten entweder selbst tatsächlich eine Immobilie, meist aber nutzen sie die Identität eines Dritten (mit gefälschtem Ausweis). Natürlich wohnen die Täter nicht selbst in der Wohnung und echte Profis lassen sich hier auch gar nicht erst blicken. Denn an diese Adresse werden die Bestellungen aus einem Warenkreditbetrug geschickt, der ebenfalls mit der Identität eines Dritten abgewickelt wird. Es kommt sogar vor, dass die Täter sogar dieselbe Identität benutzen, um einerseits die Wohnung zu mieten und andererseits die Waren zu bestellen. Der Name wird dann ans Türschild angebracht, und das ist in der Regel auch alles, was in die leere Wohnung einzieht. Die bestellten Produkte nämlich werden hier meistens gar nicht erst gelagert, auch wenn sie an diese Adresse geschickt werden. Denn weil die Paketboten in den leeren Wohnungen natürlich niemanden antreffen, hinterlassen sie eine Benachrichtigung, an welcher Paketstation oder Poststelle die Ware abzuholen ist. Und hier kommen Mittelsmänner ins Spiel, die von den Tätern dazu beauftragt werden, die Pakete abzuholen.

Wer sind diese Personen? Meist handelt es sich um Menschen, die leicht und schnell Geld verdienen wollen und wenig Skrupel haben. Angeworben werden sie fast immer über Spammails, die einen gut bezahlten Job als Kurier oder Warenagent versprechen. Oft erhalten die Mittelsmänner pro Auftrag einen gefälschten Ausweis – die Identität desjenigen, auf dessen Namen die Ware bestellt und meist auch die Wohnung angemietet wurde. Der gefälschte Ausweis ist nötig, damit den Mittelsmännern die Ware bei den Poststellen ausgehändigt wird. Es kommt auch vor, dass die Mittelsleute vor den angemieteten Objekten warten und die Lieferanten abfangen. Die Pakete schicken sie anschließend an die Täter weiter. Manchmal stehen sie auch im Kontakt mit ihnen und die Kriminellen holen die Pakete selbst bei den Mittelsleuten ab.

Manche werden aber auch unwissend zu Mittätern gemacht, beispielsweise weil ihnen ein angeblich legaler Job als Warenagent versprochen wird. Hier besteht der Auftrag darin, Pakete von Packstationen abzuholen und weiterzuversenden. In den Paketen sind meistens Produkte, die unter einer geklauten Identität bestellt wurden. Die Täter erhalten die Betrugsware auf diese Weise ganz anonym – und meist veräußern sie diese im Internet, bei nichts ahnenden Händlern, bei Hehlern, im Darknet. Was der Inhalt ist, wissen die Warenagenten natürlich nicht. In der Regel wird als Lohn eine bestimmte Summe pro Auftrag bezahlt, oft inklusive Fahrt- und Versandkosten. Erst wenn die Polizei ermittelt, fällt die Sache auf und die ahnungslosen Warenagenten werden für ihre Beteiligung an einer Straftat belangt.

Und manchmal kommt es auch vor, dass es gar keine Waren gibt, sondern nichts ahnende Jobsuchende als Mittäter für einen Betrug missbraucht werden. Auch hier gehen die Opfer einem Jobangebot auf den Leim. Versprochen wird eine angeblich attraktive Nebentätigkeit als Heimarbeiter. Auch hier finden die Täter ihre Mittelsleute häufig über Spammails. Wer so einen Job annimmt, dem wird in der Regel versprochen, denkbar einfache Aufträge abzuwickeln, die auch noch zeitlich flexibel ausgeführt werden können, aber meist nur für eine begrenzte Zeit – etwa die Dauer eines Monats. Oft sollen die Heimarbeiter Elektronikartikel auf Auktionsseiten einstellen und einen Teil des Kaufes abwickeln. Die vermeintlichen Auftraggeber behaupten, sie seien Gewerbetreibende aus dem Ausland, die einen Restbestand aus ihrem Lager abverkaufen müssten. Sie geben an, sie würden sich um das Versenden der Artikel kümmern und bräuchten nur jemanden, der das Einstellen und einen Teil der Abwicklung übernehme. Und das sieht dann so aus: Die Käufer sollen den Preis der Ware auf das Konto der Heimarbeiter überweisen. Die wiederum »dürfen« einen Teil der Summe als »Lohn« behalten, den anderen Teil müssen sie an den vermeintlichen Auftraggeber im Ausland weiterüberweisen. Wer sich auf so ein Jobangebot einlässt, erhält vom Auftraggeber fertige Produktbeschreibungen nebst Fotos. Der Schock kommt, wenn der Job erledigt ist. Denn auch wenn die Heimarbeiter tatsächlich einen Teil der Summe zunächst behalten dürfen, ist die Freude oft nur von kurzer Dauer: Denn die angeblichen Produkte werden natürlich nie an die Erwerber auf der Auktionsplattform verschickt und die Heimarbeiter haben an einer Straftat mitgewirkt. Mehr noch: Sie können von den betrogenen Käufern rechtlich belangt werden, schließlich waren sie es, die die Ware eingestellt und verkauft haben – und an die der Kaufpreis bezahlt wurde. Und so kann die vermeintlich lukrative Nebentätigkeit von zu Hause zu einer Anklage führen.

Es kommt aber auch vor, dass Menschen zu der Tätigkeit als Mittelsmann gezwungen werden – beispielsweise durch illegales Glücksspiel. Das funktioniert so: Das spätere Opfer kommt durch die Teilnahme an einem Spiel mit den Tätern in Kontakt. Zunächst gewinnt der spätere Mittelsmann sehr viel Geld und wird daraufhin zu weiteren Treffen eingeladen – alles das ist natürlich schon illegal. Doch das nächste Mal ist das Glück nicht auf seiner Seite und das Opfer verliert sehr viel Geld. Um die Spielschulden zu bezahlen, bieten die Täter schließlich einen Job als Warenagent an. Mit jedem Auftrag verringert sich dann die Schuldsumme.

Etwas anders funktioniert die Masche mit dem sogenannten Bankdrop. Hier werden die Bankkonten anderer zur Geldwäsche genutzt. Auch dabei werden in der Regel Menschen auf Jobsuche meist mit vermeintlichen Stellenangeboten als »Account-Manager« oder »Finanzagent« per Spammail angeworben. Die Aufgabe besteht darin, das eigene Bankkonto für Transaktionen zur Verfügung zu stellen, einen Teil der Transaktion darf als Lohn behalten werden.

Auftraggeber sind in der Regel organisierte Banden, die ihr Geld mit Internetkriminalität verdienen. Sie verschaffen sich zum Beispiel Zugriff auf Onlinekonten von Bankkunden und überweisen hohe Beträge auf andere Konten. Das so gestohlene Geld transferieren sie natürlich nicht direkt ins Ausland, sondern sie tun alles dafür, ihre Spur zu verwischen. Das geschieht über die angeworbenen Finanzagenten, die in der Regel glauben, sie machten einen legalen Job. Sie heben das Geld ab und überweisen es meist über einen Bargeldtransfer wie Western Union an die Täter im Ausland.[169]

In manchen Fällen sollen die Finanzagenten nicht Geld weiterüberweisen, sondern sogenannte Ukash-Karten kaufen. Das sind Guthabenkarten. Das Geld bekommt, wer die dazugehörigen PIN hat. Die Finanzagenten sollen dann die PINs an die Täter übermitteln.

Eine weitere beliebte Masche ist eine Falschbuchung auf dem Bankkonto. Wer wäre nicht überrascht, wenn auf dem eigenen Konto auf einmal ein hoher Betrag eingeht? Erhält man dann einen Anruf von einem angeblichen Rechtsanwalt, der mitteilt, dass versehentlich eine Fehlbuchung erfolgt sei, sollte man vorsichtig sein. Natürlich ist der angebliche Anwalt äußerst eloquent am Telefon. Er entschuldigt sich und bittet um Verständnis. Vermutlich würden auch Sie anbieten, die Fehlbuchung zurückzuüberweisen an den Auftraggeber. Das wäre in Ordnung. Doch der angebliche Anwalt wird Ihnen ein anderes Angebot machen und Sie bitten, das fälschlich an Sie transferierte Geld an den tatsächlichen Empfänger im Ausland zu überweisen. Für diese Mühe bietet er Ihnen außerdem eine Aufwandsentschädigung an – meist eine Summe von einigen Hundert Euro. Wer sich darauf einlässt, macht sich strafbar, denn man beteiligt sich auch in diesem Fall an der Geldwäsche.

Seltener passiert es, dass die Täter ein persönliches Treffen vorschlagen, bei denen Sie das überwiesene Geld vorher abheben und in bar übergeben sollen. Auch in diesem Fall werden einige Hunderte Euro als Entschädigung angeboten. Und auch hier gilt: Lassen Sie die Finger davon! Denn die böse Überraschung kommt, wenn die Ermittlungsbehörden der Sache auf die Spur kommen. Oft wissen die Kontoinhaber nämlich nicht, dass solche Finanzgeschäfte verboten sind und man dafür sogar ins Gefängnis kommen kann.

Eine ganz besondere Masche wenden Täter bei Opfern mit Migrationshintergrund an. Sie werden von Landsleuten angesprochen, die die gemeinsame Herkunft nutzen, um das Vertrauen ihrer Opfer zu missbrauchen. Die Täter erzählen den Geschädigten dann beispielsweise, dass ein Verwandter im Ausland erkrankt sei und Geld für die medizinische Behandlung überwiesen werden müsse. Unter fadenscheinigen Ausreden wird das Opfer dazu gebracht, das Geld für die Täter zu transferieren. Dann heißt es beispielsweise, man könne das Geld nicht selbst vom eigenen Konto überweisen, weil ein Insolvenzverfahren laufe, dies aber niemand wissen dürfe. Daher soll das Opfer das Geld in bar bekommen und es entweder von seinem Konto oder per Geldtransfer überweisen.

Und dann gibt es noch Fälle, bei denen die Betroffenen nicht nur unwissend zu Mittätern gemacht werden, sondern auch noch zutiefst emotional verletzt – die Rede ist vom Love Scamming oder Romance Scamming. Unter diesen Begriffen werden Betrugsmaschen mit Internetbekanntschaften verstanden, die darauf abzielen, dass sich das Opfer unter Vorspiegelung falscher Tatsachen in den Täter verliebt und diesem Geld transferiert oder, ohne es zu wissen, ihm oder ihr bei einer Straftat hilft.

Abenteuer Internetliebe

An diesem Morgen hatte er sich seinen Wecker extra früh gestellt. Das frühe Aufstehen fiel Moritz Neumann in letzter Zeit leicht. Schnell unter die Dusche und rasieren. Dann einen Kaffee und los. Nicht etwa ins Büro, sondern an seinen Schreibtisch, den Rechner hochfahren. Denn sein wichtiger Termin war ein Date mit einer Frau. Seit zwei Wochen chattete er mit einer jungen Afrikanerin. Der 43-Jährige konnte sein Glück kaum fassen, dass diese attraktive 25-Jährige wirklich Interesse an ihm zu haben schien. Und die 18 Jahre Altersunterschied waren eigentlich auch kein Problem. Im Gegenteil: Dass seine Neue erst Mitte 20 war, schmeichelte ihm. Wobei, »Neue« – noch war er ein wenig misstrauisch. Denn es kam so überraschend. Auf Facebook hatte er von Liz eine Nachricht erhalten, perfektes Englisch. Sie hatte ihn als Kontakt hinzugefügt und eine kurze Nachricht geschickt. Ob sie sich auch hier vernetzen wollten. Erst war Moritz irritiert, denn seinem Eindruck nach verwechselte sie ihn mit jemand anderen. Und tatsächlich: Liz hatte gedacht, dass Moritz ein Kunde aus Deutschland sei, mit dem sie es geschäftlich zu tun hatte. Aus einem kleinen Chat auf Facebook war bald ein intensiveres Gespräch geworden, und schon hatten sie sich auf Skype zum Videochat verabredet. Und seither war nichts mehr, wie es vorher war.

Nach der Trennung von seiner Exfrau vor einem Jahr war Moritz' Selbstbewusstsein ganz schön im Keller. Immerhin waren sie fast 20 Jahre lang zusammen gewesen – und er hatte befürchtet, dass er nicht so schnell jemand Neues kennenlernen würde. Er hatte es mit Onlinedating probiert, aber schnell die Lust daran verloren, weil er gemerkt hatte, dass er nach der Trennung noch nicht so weit war. Umso mehr erstaunte ihn, wie heftig schon jetzt seine Gefühle für Liz waren. Dass es so schnell so intensiv werden könnte – wow! Allein gestern hatten sie fast drei Stunden lang miteinander gechattet. Alles lief perfekt, fast wie in einem kitschigen Film. Und obwohl sie sich erst zwei Wochen lang kannten, wussten sie schon sehr viel voneinander. Sie lachte über seine Witze und hatte ihm schnell gesagt, dass sie sich beim Chatten mit ihm sehr wohlfühle und mit ihm über alles sprechen könne. Mit den Männern in ihrem Land sei das nicht so. Überhaupt habe sie als moderne junge Frau mit den Männern in ihrer Kultur einige Probleme. Dabei würde sie sich Familie wün-

schen – mindestens zwei Kinder wollte sie haben, hatte sie ihm erst vor zwei Tagen erzählt. Während er an diesem Morgen vor dem Spiegel stand und sich rasierte, musste er wieder lächeln. Dass er noch einmal mit einer Frau übers Kinderkriegen sprechen würde! Vielleicht könnte sein sehnlichster Wunsch doch eines Tages noch wahr werden? Seine Ehe war kinderlos geblieben – letztlich war das der Trennungsgrund gewesen. Moritz seufzte. Warum ist diese Frau so weit weg?, dachte er. Sollte es wirklich so sein, dass die wahre Liebe seines Lebens ausgerechnet in Afrika war? Und ob es wohl viel zu früh war, sie zu fragen, ob er sie in Afrika besuchen könne? Immerhin hatte er in diesem Jahr noch fast keinen Urlaub genommen. Schließlich machte es keinen Spaß, alleine zu reisen. Und alle seine Freunde hatten Frau und Kinder und keine Zeit, mit ihm gemeinsam in den Urlaub zu fahren. Und nach Afrika fliegen – das wäre ein Abenteuer! Das Geld für einen Flug und eine längere Reise hätte er. Warum sich nicht mal etwas gönnen und etwas wagen? Aber vielleicht doch erst einmal abwarten. Schließlich sollte man bei einer Internetbekanntschaft erst einmal vorsichtig sein. Und überhaupt: Sie hatte gestern gesagt, dass sie heute vielleicht eine Überraschung für ihn hätte. Was das wohl sein würde? Moritz machte sich schnell noch eine zweite Tasse Kaffee und setzte sich an seinen Computer.

Schon meldete sie sich. Schnell vergrößerte er den Screen. Sie begrüßte ihn und lächelte dabei: »Sag mal, wartest du schon lange vor deinem Computer?« – »Nein, nein. Ich bin auch gerade erst online gegangen, ich wollte dich nicht warten lassen«, sagte er. »Das ist so lieb von dir! Als ich heute aufgestanden bin, habe ich zuerst an dich gedacht«, sagte sie und lächelte. Er grinste. »Mir ging es ebenso«, antwortete er leise. Sie lachte. »Anscheinend fangen wir an, das Gleiche zu denken und zu fühlen.« Ihr Englisch war einfach perfekt, dachte er wieder. Und überlegte: Was heißt noch mal »Zeichen« auf Englisch? Dann fiel es ihm wieder ein. »Das ist vielleicht ein Zeichen …« Sie schob sich eine Haarlocke hinters Ohr und legte ihren Kopf schräg. »Ein Zeichen für was?« Jetzt schlug sein Herz schneller.

Ob er es wagen sollte? »Na, dass wir uns mögen. Bitte verstehe mich nicht falsch. Ich will nicht aufdringlich wirken, aber ich fühle mich bei dir auch sehr wohl.« Jetzt war es raus. »Oh Moritz! Das ist so großartig. Ich denke genauso. Nach unserem Chat gestern war ich so aufgekratzt. Ich habe noch den ganzen Tag an dich gedacht ... und deswegen, glaube ich, habe ich auch von dir geträumt.« Moritz durchfloss ein warmes Gefühl. »Ehrlich? Du hast von mir geträumt?« – »Ja, bitte versteh das nicht falsch. Oh Gott, ich hoffe, du hältst mich nicht für verrückt – immerhin haben wir uns ja noch nie getroffen. Aber unsere Gespräche sind so intensiv ...« Sie atmete tief ein und aus. »Und du willst gar nicht wissen, was genau ich geträumt habe!« Dann lachte sie, aber es wirkte etwas verschämt. In diesem Moment hätte er sie küssen können, wenn sie nur hier gewesen wäre – und nicht nur auf dem Bildschirm. »Ach komm. Du brauchst dich nicht zu schämen«, sagte er. »Na ja ... vielleicht doch«, deutete sie an. Nun wollte er es ganz genau wissen. »Komm jetzt, zuerst etwas andeuten und dann nichts Konkretes sagen, Liz! Das geht doch nicht ...«, neckte er sie. »Wie soll ich so weiterleben?«, setzte er noch einen drauf. Sie lachte. »Okay, also gut. Also ... ich habe geträumt, dass wir uns getroffen haben. Dass du hier warst. Bei mir – in meinem Bett ...! Oje, das ist mir zu peinlich.« Sie lachte. Moritz merkte, wie ihn ihre niedliche Art, über einen erotischen Traum zu sprechen, erregte. Er lächelte und nahm lieber einen Schluck Kaffee aus seiner Tasse. Wahnsinn, sie träumte schon von ihm! Wenn das nicht Liebe war, was sollte es sonst sein? »Du sagst ja gar nichts!«, sagte sie. Er lächelte noch immer in die Kamera. »Liz, ich habe schon drei Mal von dir geträumt, um ehrlich zu sein ...« Jetzt lachte auch sie. »Oh Moritz!« Sie schlug die Hände vors Gesicht, warf ihre Haare zurück. »Das ist mir jetzt doch peinlich«, sagte sie. Moritz fragte sich, ob er mit seiner Andeutung einen Schritt zu weit gegangen war. »Nein, nicht so, wie du denkst ... also: Ich träumte nicht davon, dass wir gemeinsam ein Bett teilen ... aber ich habe auch geträumt, dass wir uns getroffen haben. Und dass es noch viel schöner war, direkt mit dir zu sprechen.« Gerade noch die Kurve gekriegt, dachte Moritz und beobachtete, wie sie sich entspannte. *»Das gefällt mir. Denn genau darum geht es in meiner Überraschung für dich!«*, sagte sie. Sein Herz pochte: »Ich kann es kaum erwarten.« Und dann sagte sie: »Ich will nach Deutschland kommen, um dich wirklich zu treffen. Das ist mein innigster Wunsch. Nur – mir fehlt im Moment das Geld.« Moritz erschrak. Erst vor knapp einem Monat hatte er beim Stammtisch von einem Freund gehört, dass viele Frauen aus dem Ausland offenbar versuchten, mit deutschen Männern in Kontakt zu kommen. Sein Freund hatte so eine Geschichte gerade erst von einem Kollegen gehört und im Fernsehen wurde über diese Masche auch berichtet. Die Frauen seien Betrügerinnen und würden ihren Opfern Liebe vorspielen, um an das Geld der Männer zu kommen. Nach einem heißen Flirt und sobald das Vertrauen des Opfers gewonnen sei, würden die Frauen den Vorschlag machen, nach Deutschland zu kommen, um sich endlich zu sehen. Doch dafür brauchten die Damen Geld. Kaum hätten die Männer die Reisekosten ins Ausland transferiert, würde immer wieder etwas dazwischenkommen. Im Fall des Kollegen seines Freundes war auf einmal die Mutter der Frau schwer erkrankt und weil die medizinische Versorgung sehr teuer sei und die Familie keine Krankenversicherung habe, hätte die Frau ihn wiederum nach Geld gefragt. Der Kollege habe mehrere Tausend Euro überwiesen. Und kaum war die Mutter angeblich operiert worden, habe die Schwester einen schweren Unfall gehabt und benötigte wiederum Geld für die medizinische Versorgung. Irgendwann war dem Mann klar geworden, dass seine neue Liebe niemals nach Deutschland komme würde – und dass alle Geschichten nur erfunden waren und sein Geld ein für alle Mal weg. Moritz zuckte zusammen. War er etwa drauf und dran, ebenfalls auf eine Betrügerin hereinzufallen? Liz bemerkte, wie sich sein Gesichtsausdruck in der Kamera veränderte. »Nein, nicht so, wie du denkst. Ich will auf keinen Fall Geld von dir!«, sagte sie. Moritz atmete auf. »Also, eigentlich habe ich das

Geld für eine Reise nach Deutschland. Nur komme ich nicht so leicht dran«, sagte Liz. Moritz verstand nicht, was sie sagen wollte. »Wie meinst du das?«, fragte er nach. »Ich habe vor drei Jahren einer Freundin von mir Geld geliehen. 9.000 US-Dollar insgesamt. Also, mir gehörten davon zwar nur 5.000, aber den Rest habe ich für sie hier gesammelt. Meine Freundin war in Not, sie hatte sich politisch hier engagiert und das war, wie du weißt, sehr gefährlich. Also musste sie fliehen. Und sie brauchte das Geld für die Flucht. Sie ist nach Frankreich gegangen, wo sie Asyl bekommen hat. Mittlerweile ist sie sogar mit einem Franzosen verheiratet. Ist das nicht toll?«, fragte Liz und in ihrer Stimme klang viel Aufregung und Empathie mit. Moritz verstand aber immer noch nicht, was das alles mit ihrem Besuch in Deutschland und ihrer finanziellen Lage zu tun haben sollte. »Ja, das ist toll, dass deine Freundin heute in Sicherheit ist und in Frankreich ein neues Zuhause gefunden hat. Aber worauf willst du hinaus?«, fragte er. »Meine Freundin ist mir sehr dankbar, dass ich ihr damals geholfen habe. Mittlerweile hat sie einen guten Job in Frankreich und möchte mir das Geld erstatten – und zwar nicht nur die 5.000 Dollar, sondern die 9.000 Dollar insgesamt, die ich ihr organisiert hatte«, sagte Liz. »Wow, das ist doch eine Stange Geld«, bemerkte Moritz. »Nur bringt mir das Ärger mit dem Finanzamt ein«, erklärte Liz jetzt. »Die Finanzbehörde hier ist sehr streng und will wissen, wo das Geld, das aus dem Ausland stammt, genau herkommt. Und ich kann doch nicht riskieren, meine Freundin auf diese Weise erneut in Gefahr zu bringen. Zumal ich ihr das Geld damals in bar in die Hand gedrückt habe. Wenn sie mir die Summe dann überweist, bekomme ich Schwierigkeiten …«, sagte Liz. Sie machte eine Pause und druckste etwas herum. »Also, ich habe lange überlegt, ob ich dich das fragen soll: Könntest du dir vorstellen, dass sie dir das Geld überweist, du hebst es von deinem Konto ab und überweist es mir über einen Geldtransferdienst? Wichtig wäre, dass du drei oder vielleicht vier verschiedene Dienste oder Filialen nimmst. Das Geld darf nicht als eine Summe bei mir ankommen, denn auch die Geldtransferdienste wollen wissen, woher eine so hohe Summe aus dem Ausland kommt.« Moritz hatte ein komisches Bauchgefühl dabei. Liz fuhr unbeirrt fort: »Ich möchte allen, die Geld für meine Freundin gespendet haben, die Spende zurückgeben. Es sind insgesamt immerhin 4.000 Dollar und ich möchte den Menschen das Geld gern zurückbezahlen. Und mit meinen 5.000 Dollar könnte ich dich besuchen kommen – und vielleicht werden dann unsere Träume wahr.« Moritz lächelte und merkte, wie ihn diese Anspielung antörnte. Und plötzlich sagte er: »Das ist doch kein Problem. Dann machen wir das so.« – »Ach, Moritz, das freut mich sehr!«, antwortete Liz und lachte. »Und … ich gehe davon aus, dass ich in Deutschland kein Hotel zu buchen brauche, sondern bei dir übernachten kann?«, fragte sie unverblümt. Moritz' Herz schlug höher. – »Natürlich kannst du bei mir übernachten«, sagte er und grinste. – »Ach, Moritz, das wird großartig. Ich will so viel Zeit wie möglich mit dir verbringen und hoffe, dass du mir ganz viel von deinem Land zeigen wirst. Ich habe allerdings nur drei Wochen Urlaub. Und da ist noch etwas«, sagte sie. Moritz erschrak für einen Moment. »Ich möchte die Reise nach Europa dann aber auch mit einem Abstecher nach Paris verbinden – man bekommt ja ein Visum für den gesamten Schengenraum und meine Freundin besteht darauf, dass ich wenigstens für zwei Tage zu ihr komme. Ich war auch noch nie auf dem Eiffelturm«, sagte Liz. Moritz stellte sich in diesem Moment vor, wie er mit dieser wunderschönen und lebenslustigen Frau durch Paris flanierte. »Wenn du nur drei Wochen hast – also vorausgesetzt, es schockiert dich jetzt nicht … aber vielleicht sollte ich einfach mitkommen nach Paris?«, schlug er vor. Liz strahlte über beide Ohren. »Moritz, du bist wirklich sehr lustig. Ich möchte doch jede Minute mit dir genießen – und ja, das wäre ein Traum. Paris soll doch die Stadt der Liebe sein, heißt es.« Moritz konnte sein Glück kaum fassen. »Ich recherchiere mal günstige Flüge von hier aus«, schlug er vor. Dann blickte er auf die Uhr – und stellte fest, dass er sich beeilen musste, um noch rechtzeitig ins Büro zu kommen. Bevor sie sich verabschiedeten, sagte Liz noch, dass ihre Freundin das Geld morgen überweisen würde und Moritz nannte ihr seine Bankverbindung, damit sie diese an ihre Freundin in Paris weitergeben konnte. Gern hätte sich Moritz für ein weiteres Skype-Date am Abend verabredet, aber Liz konnte nicht. »Ich habe eine extra Schicht bei uns in der Firma übernommen, damit ich den Urlaub genehmigt bekomme«, sagte sie und schlug vor, dass sie am nächsten Tag gegen Mittag skypen sollten. Den ganzen Tag und auch die kommende Nacht war Moritz in Gedanken nur bei ihr ...

In den nächsten Tagen kommunizierten sie sehr intensiv miteinander. Und konkretisierten ihre Reisepläne. Moritz wollte Liz einerseits so viel wie möglich von Deutschland zeigen, zum anderen aber auch genug Zeit lassen, dass sie sich gut kennenlernen könnten. Und der Trip nach Paris musste auch noch organisiert werden! Und nur wenige Tage später hatte Moritz wirklich 9.000 US-Dollar auf seinem Konto. Ein wenig erleichtert war er nun doch, als er den Kontoeingang bemerkte. Liz war also keineswegs eine Betrügerin, sondern eine empathische und einfach umwerfende Frau! Als er sie an diesem Tag sprach, war er aufgeregter denn je. »Ich glaube, ich bin drauf und dran, mich in dich zu verlieben«, sagte er ihr. Und sie lachte. »Mir geht es genauso. Ich kann es kaum erwarten, dich endlich live zu sehen. Dich zu fühlen, dich zu schmecken ...«, flüsterte sie. Dann sagte sie, sie habe noch eine Überraschung für ihn. Er solle für einen Moment die Augen schließen. Als er sie wieder öffnen durfte, stand sie nur in sehr schönen Dessous vor der Kamera. »Willst du dich nicht auch ausziehen und mir einen kleinen Vorgeschmack geben?«, fragte sie ihn. Moritz konnte kaum glauben, welches Erlebnis er hier gerade hatte.

Am nächsten Tag war Moritz auf dem Weg zu seiner Bank. Er hob das ganze Geld in bar ab und transferierte es, wie aufgetragen, über drei verschiedene Dienste zu Liz nach Afrika. Schnell schickte er ihr über Skype eine Nachricht. »Auftrag erledigt. Ich freue mich so auf dich!« Doch auf die Nachricht erhielt er keine Antwort. Zwar konnte er erkennen, dass seine Mitteilung gelesen worden war – aber Liz antwortete einfach nicht. »Sie ist bestimmt beschäftigt«, versuchte er sich zu beruhigen. Doch als er nach sechs Stunden immer noch keine Antwort hatte, wurde er nervös. Was war passiert? Sie meldete sich doch sonst immer sofort. Stattdessen war ihr Profil bei Skype offline. Er schickte wieder eine Nachricht. »Ist alles okay bei dir?« – und erhielt sofort eine Rückantwort. Aber nicht von Liz, sondern von Skype. »Dein Kontakt ist nicht zu finden. Vergewissere dich, ob der Benutzername stimmt.« Moritz fühlte sich wie vom Schlag getroffen. Hatte er sich vertippt? Hatte er etwas falsch gemacht? Er versuchte abermals, die Nachricht zu verschicken – und erhielt erneut den automatischen Alert des Programms. Ganz offenbar war Liz' Profil gelöscht worden.

Zwei Wochen lang versuchte Moritz immer wieder, Liz zu erreichen. Er recherchierte mit allen Angaben, die er über sie hatte. Doch er fand sie nicht. Was war passiert? Hatte sie mit der Polizei Ärger bekommen? Immerhin hatte sie ihrer Freundin ganz offenbar zur Flucht verholfen. Wenn er nur den Namen und die Adresse dieser Freundin in Paris hätte. Dann könnte er diese Frau kontaktieren. Aber Liz hatte ihm beides nicht genannt. Ebenso hatte sie ihm nicht die Kontaktdaten ihrer Familie gegeben. Und schon gar nicht wusste er, wo genau sie eigentlich arbeitete. Sonst hätte er in der Firma anrufen können. Moritz machte sich Sorgen. Hatte sie einen Unfall und lag verletzt im Krankenhaus? Aber das würde nicht erklären, warum ihr Skype-Profil nicht mehr existierte. Zwei Wochen lang hat er versucht, mit ihr Kontakt aufzunehmen, hatte aber keinen Erfolg.

Dann klingelte es bei ihm an der Wohnungstür. Es war sehr früh am Morgen und er erwartete keinen Besuch. War es der Postbote? Brachte er einen Brief von Liz? Aber er hatte ihr seine Adresse doch gar nicht gegeben. Als er öffnete, staunte er. Vor ihm standen zwei Männer, die sich als Kripobeamten vorstellten und ihm ihre Aus-

weise zeigte. Sie kämen vom Dezernat für Wirtschaftskriminalität, sagten sie. Und dann teilten sie ihm mit, dass er sich an illegaler Geldwäsche beteiligt habe – und zwar ganz offensichtlich ohne dass er sich dessen bewusst war. *Die Kriminalbeamten konnten ihm ganz genau mitteilen, wie die vermeintliche Romanze zwischen ihm und Liz abgelaufen war. Es klang, als wären sie live mit dabei gewesen.* »*Wissen Sie, Herr Neumann, die Masche läuft immer genau so ab. Sie sind weder der Erste noch der Einzige, dem das passiert*«, *sagte einer der Beamten recht trocken. Moritz musste die beiden Männer dennoch zur Vernehmung auf die Dienststelle begleiten. Und während er sich anzog, dachte er ständig: Wie dumm bist du …*

Scamm-Männer geben sich oft als Akademiker aus. Sie geben an, Ingenieur, Architekt, Soziologe, IT-Experte oder Arzt zu sein. Als Opfer werden heterosexuelle Frauen gesucht, denen meist das Bild eines attraktiven weißen Mannes gezeigt wird. Diese Fotos zeigen natürlich nicht den Täter selbst, sondern sind meist gestohlen. Der Scammer nimmt unter einem Vorwand Kontakt mit dem Opfer auf und gibt an, im Ausland – in der Regel Amerika oder dem europäischen Ausland – zu leben. In den meisten Fällen agieren die Scammer aus Westafrika. Davon merken die Opfer allerdings nichts, denn ihre Internetbekanntschaft spricht fließend Englisch oder sogar Deutsch – dank Übersetzungsprogrammen. Ist das Opfer ein Mann, tun die Täter so, als seien sie eine Frau. Solche Scamm-Frauen geben bevorzugt an, einen typisch weiblichen Beruf auszuüben. Sie sind dann beispielsweise Krankenschwestern, Ärztinnen, Lehrerinnen oder Kindergärtnerinnen. Manchmal tun sie aber auch so, als seien sie Unternehmerinnen. Auch hier werden gestohlene Bilder von meist weißen jungen und attraktiven Frauen verwendet, die aus sozialen Netzwerken oder Datingplattformen heruntergeladen wurden. Auch die Scamm-Frauen tun so, als stammten sie aus dem Ausland – Osteuropa etwa. Manchmal werden aber auch die Bilder von Asiatinnen benutzt, und dann tun die Täter so, als seien sie Frauen aus Thailand.

Auch alle Scamm-Frauen beherrschen die englische Sprache, manchmal sogar die deutsche Sprache perfekt. Aus einem zunächst harmlosen Chat mit den Scammern entwickelt sich alsbald eine echte Internetliebe. Die Opfer werden mit sehr viel zeitlichem Aufwand so eingelullt, dass sie jegliche Skepsis verlieren – auch wenn sie den oder die Neue noch nie wirklich getroffen haben. Stattdessen werden romantische E-Mails ausgetauscht, in denen es bald um eine gemeinsame Zukunft geht – und gerade eben nicht um Geld. Oft werden Geschichten über verstorbene Ehepartner und Kinder aufgetischt. Aber bald darauf passiert etwas Sonderbares: Der oder die Angebetete muss häufig aus dienstlichen Gründen nach Westafrika und sie versprechen oft noch, dass sie nach der Reise die Internetbekanntschaft real treffen wollten. Doch dann kommt es zu unerwarteten Problemen. Die Scammer behaupten beispielsweise, Opfer einer Straftat geworden zu sein. Angeblich wurde ihnen alles gestohlen. Oder sie hatten einen Unfall und mussten angeblich ins Krankenhaus. Oder sie behaupten, es habe Probleme mit der Kreditkarte gegeben. Ganz gleich, welche Story erzählt wird, ab jetzt geht es darum, dass die Internetbekanntschaft ihnen Geld überweisen soll. Und zwar nicht einfach so überweisen, sondern als Bargeld transferieren, üblicherweise per Western Union oder MoneyGram. Es kommt sogar vor, dass sich einer der Täter als Verwandter, Freund, Arzt oder Polizist ausgibt, der das Opfer als vermeintlich neuen Partner kontaktiert und Druck ausübt. Wer auf Love Scamming hereinfällt und echte Gefühle entwickelt hat, kann in diesem Moment quasi nicht anders, als dem vermeintlich neuen Liebsten den Gefallen zu erfüllen und Geld zu senden. (Manchmal soll übrigens auch nicht Geld überwiesen werden, sondern es wird eine Kopie des Reisepasses oder Personalausweises erbeten, angeblich ist dies für ein Visum oder für ein gemeinsames Konto nötig.) In harmloseren Fällen werden nur Einladungen nach Deutschland als Unterstützung für einen Visumantrag erbeten.

Haben es die Täter auf Geldwäsche abgesehen, funktioniert die Masche wie im Fall von Moritz Neumann: Die Opfer werden gebeten, Schecks aus dem Ausland einzureichen, oder sie erhalten Zahlungen aus dem Ausland auf das eigene Bankkonto und sollen das Geld weiterleiten. Und tatsächlich: Meist erhalten die Opfer auch das Geld, das sie dann wiederum per Bargeldtransfer ins Ausland an den Scammer schicken sollen. Oft heißt es dann, aus Liebe und Dankbarkeit solle das Opfer einen Teil des Betrags für sich behalten. Und genau hier schnappt die Falle zu: Denn die Schecks sind Rückschecks, für deren Rückzahlung an die Bank die Kontoinhaber verantwortlich sind. Im schlimmsten Fall droht dem Opfer später eine Strafanzeige wegen Betrugs.[170]

Bei anderen Formen von Love Scamming sollen die Opfer Pakete, die vermeintliche Verwandte oder Freunde bei ihnen vorbeibringen, ins Ausland senden. Meist beinhalten diese Waren, die mit gestohlenen Kreditkarten bezahlt wurden. Die Waren werden später im Ausland weiterverkauft. Natürlich ist auch das Aufbewahren oder Versenden dieser Betrugsware strafbar. Und dann kommt es auch vor, dass die Scammer vortäuschen, das Ticket für das erste Date in Deutschland auf einmal nicht bezahlen zu können. Dann soll das Opfer die Reise spendieren. Und natürlich auch die Kosten für das Visum oder dessen Erteilung oder andere Kosten, die je nach Herkunftsland fällig werden.

Moralisch betrachtet haben die Opfer von Love-Scamming nichts falsch gemacht, strafrechtlich sieht die Sache anders aus. Moritz Neumann beispielsweise wurde vorgeworfen, sich der Beihilfe zur Geldwäsche strafbar gemacht zu haben. Das kann nach § 261 des Strafgesetzbuches mit zwischen drei Monaten bis fünf Jahren Freiheitsstrafe geahndet werden.[171] In der Regel wird ein Ermittlungsverfahren eingeleitet und oft müssen die Opfer auch mit zivilrechtlichen Folgen rechnen. So war es auch im Fall von Moritz Neumann: Das Geld, das er an die angebliche Liz in Afrika weitergeleitet hatte, stammte natürlich nicht von einer Freundin aus Frankreich, sondern von Menschen, die Opfer von Phishing-Attacken geworden waren. Tatsächlich konnten die Ermittler nachvollziehen, auf welches Konto die abgefischten Überweisungen der Opfer überwiesen worden waren – das Konto von Moritz Neumann. Und diese Geschädigten stellten schließlich Regressansprüche gegen ihn. Am Ende hatte er doch noch einen finanziellen Schaden.

In anderen Fällen geht es den Tätern nicht um Geldwäsche, sondern wie bereits erwähnt um Betrug. Jedes Jahr werden Tausende auf diese Weise geprellt. Oft werden Singles in kostenlosen Flirtbörsen Opfer. Dabei sind Frauen den bekannten Statistiken zufolge etwas häufiger betroffen als Männer. Wie etwa in einem Fall, mit dem Cem Karakaya es zu tun hatte, bei dem eine Frau ihrem vermeintlichen Traummann 120.000 Euro überwies und dafür extra einen Kredit aufnahm. Auch hier fand der Täter sein Opfer in einer Flirtbörse im Internet. Und nachdem sie eine Weile miteinander geflirtet hatten und er ihr Vertrauen gewonnen hatte, brachte er sie mit Lügengeschichten dazu, ein Darlehen bei ihrer Bank für ihn aufzunehmen. Aus Hilfsbereitschaft und Liebe tat das Opfer genau das – noch heute zahlt sie das Darlehen ab.

Bitcoins und Onlinecasinos

Onlineglücksspiele sind seit jeher beliebt. Es gibt unzählige solcher Seiten und Tausende nutzen diese Dienste. Allerdings sind sie auch für Kriminelle interessant, um auf diese Weise Geld zu waschen. Genutzt werden in der Regel Dienste, die aus dem Ausland betrieben werden und die keine Registrierung oder Angabe personenbezogener Daten verlangen. Alles das macht natürlich auch eine Strafverfolgung schwierig. Für Kriminelle interessant sind auch die unterschiedlichen Bezahlmöglichkeiten auf diesen Seiten: von Guthabenkarten, dem Einsatz des Mobiltelefons bis zum Geldtransfer unter Spielern und digitaler Währung ist so ziemlich alles gängig, was technisch möglich ist.

Onlinecasinos sind nicht illegal, allerdings gibt es – gerade um Missbrauch zu verhindern – strenge Vorschriften für die Betreiber. Viele seriöse Anbieter haben außerdem viel dafür getan, um kriminellen Missbrauch zu verhindern. Eine wichtige Rolle spielt dabei etwa die Lizenzierung. Mit zunehmender Lizenzierung schoss allerdings auch die Zahl der unlizensierten Online-Casinos im Darknet in die Höhe, die vor allem für illegale Geschäfte genutzt werden. Laut einem Bericht des Softwareherstellers McAfee aus dem Jahr 2014 existieren mindestens zehnmal so viele nicht lizensierte Casinos wie legale Casinoseiten.[172] Man muss davon ausgehen, dass die Zahl seither noch größer geworden ist.

Einer Studie des Softwareherstellers G Data zufolge wurden allein im Jahr 2015 durch Onlineglücksspielseiten 40 Milliarden US-Dollar Einnahmen erzielt. Jede fünfte Online-Glücksspielseite soll dieser Untersuchung nach aber Viren und Trojaner verbreiten.[173] Mitunter sind die Casinoseiten per se ein betrügerischer Fake: Eine beliebte Masche ist es, an Spieler eine Spammail zu versenden, die Werbung für die Seite macht. Dann heißt es, gegen eine Registrierung mit einem Spieleinsatz in Höhe von 50 US-Dollar könne man mit 100 US-Dollar Guthaben starten. Natürlich müssen die Spieler ihre Bank- oder Kreditkartendaten für die Registrierung hinterlassen. Und obwohl diese Betrugscasinos echte Spiele anbieten, kommt es nie zur Auszahlung des Gewinns. Auch das Geld, das man für die Registrierung bezahlt hat, ist futsch – und zusätzlich wurden auch noch Bank- und Kreditkartendaten abgefischt.

Auf den nicht gefakten, unlizensierten Seiten werden in der Regel virtuelle Währungen verwendet, weil diese nur schwer von den Ermittlungsbehörden zurückverfolgt werden können. Und das wiederum ist auch attraktiv für Kriminelle, um aus digitaler

Beute echtes Geld zu machen. Bitcoins (BTC) sind eine digitale, dezentrale und kryptografische Währung. Zwar handelt es sich streng genommen nicht um eine richtige Währung, weil hinter Bitcoins kein Staat steht. Letztlich sind sie ein digitales Bezahlsystem und bezeichnen ein weltweit verwendbares dezentrales Buchungssystem.

Bitcoins sind auch nicht die einzige sogenannte Kryptowährung. Es gibt noch viele andere, etwa Monero, Ethereum oder Dash. Diese Internetwährungen werden aber deutlich seltener verwendet – gut 80 Prozent der Umsätze in digitalen Währungen werden in Bitcoins abgewickelt, daher sprechen wir an dieser Stelle vor allem über sie.

Alle digitalen Währungen zeichnet aus, dass man sie nicht greifen kann und es keine Münzen oder Scheine gibt, um damit zu bezahlen. Die meisten Kryptowährungen sind auch nicht an einen Gegenwert wie etwa den Goldpreis gekoppelt. Sie bestehen letztlich nur aus Daten, ihr Wert berechnet sich nach Angebot und Nachfrage. Um beim Beispiel Bitcoin zu bleiben: Der Clou daran ist, dass es nicht unendlich viele Bitcoins gibt, sondern sie auf 21 Millionen Einheiten limitiert sind. Berechnungen zufolge wird dieses Limit erst im Jahr 2140 erreicht.[174] Weil immer mehr Menschen die Digitalwährung nutzen und damit mittlerweile auch spekulieren, schwankt ihr Wert erheblich.

Man kann Bitcoins auch teilen – bis zur achten Stelle nach dem Komma. Die kleinste Einheit eines Bitcoin sind dabei 0,00000001 BTC. Diese Einheit nennt sich Satoshi, benannt nach dem angeblichen Erfinder der Digitalwährung. Denn das Bitcoin-Zahlungssystem wurde erstmals 2008 in einem unter dem Pseudonym Satoshi Nakamoto veröffentlichten Dokument beschrieben.

Letztlich besteht das System aus einem Zusammenschluss von Rechnern. Eine Bank als zentrale Abwicklungsstelle gibt es nicht. Das Bitcoin-Netzwerk basiert auf einer von den Teilnehmern gemeinsam mithilfe einer Bitcoin-Software verwalteten dezentralen

Datenbank. Sie wird Blockchain genannt. In ihr sind alle Transaktionen hinterlegt.

Will man sich dem Bitcoin-Bezahlsystem anschließen, braucht man zunächst eine Bitcoin-Adresse und einen Bitcoin-Client. Eine Adresse erhält man entweder auf einer Handelsplattform für Bitcoins oder über ein spezielles Programm. Die Bitcoin-Adresse besteht aus einem öffentlichen und einem privaten Schlüssel. Außerdem ist eine Geldbörse nötig, das sogenannte Bitcoin-Wallet. In dieser digitalen Geldbörse ist hinterlegt, wer aktuell der jeweilige Eigentümer der Bitcoins ist. Für die Transaktionen gibt es mittlerweile aber auch mehrere Onlinebezahldienste, mit denen auch mobiles Bezahlen in Bitcoins möglich ist. Auch Hardwarelösungen wie beim normalen Onlinebanking werden angeboten. Auch hier wird ein Gerät an den Computer angeschlossen, das die Bitcoins verwaltet.

Ganz ähnlich wie beim Onlinebanking wird über die Blockchain-Datenbank die Buchhaltung abgewickelt – es ist so etwas wie das virtuelle Kassenbuch.[175] Hier sieht man beispielsweise die bisherigen Transkationen unter einer bestimmten Bitcoin-Adresse und vieles mehr. Mit Kryptotechnik wird beim Bezahlen sichergestellt, dass die Transaktionen nur vom jeweiligen Eigentümer vorgenommen werden und die Geldeinheiten nicht mehrfach ausgegeben werden können.

Anders als beim Onlinebanking ist die Buchhaltung übrigens öffentlich und unter https://blockchain.info[176] für jedermann im Netz einsehbar. Hier erfährt man beispielsweise auch, welchem US-Dollarkurs ein Bitcoin derzeit entspricht. Weil durch die Verschlüsselung nicht einsehbar ist, wem die jeweilige Bitcoin-Adresse gehört und wer dahintersteckt, bleibt das System in der Regel anonymisiert und ist daher attraktiv für Kriminelle. Es sei aber erwähnt, dass die Anonymität von Experten mitunter infrage gestellt wird.[177] Für Kriminelle attraktiv ist auch, dass die Internetwährung keine Grenzen kennt. Überall auf der Welt kann man damit länderübergreifend bezahlen, man benötigt nur Internetzugang. Die Transaktionen unterliegen auch nicht der staatlichen Kontrolle, weil die Kryptowährung zu keinem Land gehört – und genau das macht eine Überwachung und Verfolgung durch die Strafermittlungsbehörden so schwer und den Reiz für Kriminelle so groß.

Und noch etwas ist an Bitcoins besonders: Man kann sie schürfen. Das Ganze nennt sich Mining und funktioniert, ganz vereinfacht dargestellt, indem man seinen Rechner dem Rechnernetz aller Bitcoin-Teilnehmer zur Verfügung stellt. Natürlich nicht irgendeinen Rechner, sondern möglichst einen äußerst leistungsstarken. Denn rund um die Uhr werden in Bitcoins Transaktionen[178] getätigt, die bestätigt, verwaltet, aufgezeichnet und wiederum verschlüsselt werden müssen, damit sie später nachvollziehbar sind. Für diese Dienstleistung werden die Teilnehmer in Bitcoins entlohnt – sie bekommen einen Teil der Transaktionsgebühr. Und nicht nur das: Es entstehen auch neue Bitcoins bei diesem Vorgang. Das Schürfen ist also durchaus finanziell attraktiv, vorausgesetzt, man hat die Rechenpower und niedrige Energiekosten. Denn Mining frisst unvorstellbar viel Strom: Im Februar 2020 soll Experteneinschätzungen zufolge der Energiebedarf für das Bitcoin-Mining den weltweiten Stromverbrauch übersteigen![179]

Der Handel und das Bezahlen mit der Internetwährung sind übrigens völlig legal, auch wenn es immer Stimmen gibt, die eine Kontrolle fordern. Das System wurde genau dazu erfunden: Es sollte weltweite Geldtransaktionen einfach und ohne staatliche Kontrollen möglich machen.

Natürlich lassen sich Bitcoins in echtes, analoges Geld umtauschen: zum Beispiel auf Handelsplattformen im Internet wie etwa www.bitcoin.de. Und auch immer mehr Banken bieten an, Geld von Bitcoins in der jeweiligen Landeswährung auf das eigene Konto oder die Kreditkarte zu transferieren. In vielen Ländern gibt es sogar schon Bitcoin-Geldautomaten, mancherorts – etwa in Berlin – kann man auch in Cafés und Restaurants mit der Kryptowährung zahlen. Man muss also weder Geld, EC- oder Kreditkarten mehr mit sich führen und man braucht auch kein Konto und keine Geldinstitute mehr.

Die Zukunft des Bezahlens könnte aber noch ganz anders aussehen. Stellen Sie sich Folgendes vor: Sie treffen einen alten Bekannten, der Sie in einen Nachtklub einlädt und verspricht, Sie in den VIP-Bereich zu bringen. Am Eingang steht ein bulliger Türsteher, eine Art Durchsuchungsgerät in der Hand. Und was macht Ihr Bekannter? Streckt dem Mann seinen Arm hin, die Faust geballt. Hier hat er eine ganz kleine Stichverletzung. Während Sie sich noch wundern, ob Ihr Bekannter gerade den Türsteher besticht und ob er in Illegales verstrickt ist, scannt der Bodyguard den Arm ab, berührt dabei fast die Pulsader. Da leuchtet die Maschine grün. Und Ihr Bekannter und Sie dürfen den VIP-Bereich betreten. Tatsächlich ist das keine Szene aus einem Science-Fiction-Roman, sondern heute schon Realität. Ein Bekannter von Cem Karakaya zum Beispiel hat sich mit einem kleinen Eingriff einen Chip implantieren lassen, einen sogenannten RFID-Chip, mit dem man beispielsweise qua Körper bezahlen kann.[180] RFID steht für »Radio Frequency Identification«. Ein solcher Chip kann mit Radiowellen gespeicherte Informationen an ein Lesegerät (RFID-Scanner) übermitteln. So einen Chip haben hierzulande zum Beispiel Katzen und Hunde – und Waren in einem Kaufhaus. Doch mittlerweile lassen sich auch immer mehr Technikfreaks freiwillig solche Chips implantieren und träumen von einer Welt, in der sie mit dem Chip unter der Haut zum Beispiel bezahlen können, Zugang zu ihrem Büro haben oder ihren Körper auf diese Weise mit sonstigen »neuen Funktionen upgraden«, wie ein Hersteller verspricht.[181] Mit so einem Chip unter der Haut ist man allerdings eindeutig identifizierbar.

Eindeutige Identifizierbarkeit – das ist etwas, was sich Opfer von Datenmissbrauch in der Regel vor allem wünschen. Welche –

durchaus langfristigen – Folgen Internetkriminalität für die Opfer hat und wie man nach einer Tat sein normales Leben weitestgehend zurückgewinnen kann, zeigen wir im folgenden Kapitel.

Kapitel 7
Die Folgen für die Opfer und wie man sich schützen kann

Wird man erst einmal Opfer von Internetkriminalität, sind die Folgen je nach Tat oft kaum zu überblicken. Ob Polizei, Anwalt für IT-Recht oder Verbraucherschützer: Meist können auch Experten keine verlässliche Auskunft darüber geben, wie lange ein Opfer mit den Folgen der Tat zu tun hat. Und Interessensvertretungen, die für die Rechte von Gewaltopfern eintreten, engagieren sich bisher nur zaghaft im Bereich Cybercrime. Zwar finden Betroffene Ansprechpartner bei Verbänden wie etwa dem Weißen Ring, eine echte Lobby haben sie aber kaum. Das ist ein Problem, denn ihre Stimme wird auf diese Weise kaum gehört, wenn es darum geht, politische Maßnahmen gegen Internetkriminalität zu treffen und diese Straftaten wirksam zu bekämpfen. In diesem Kapitel zeigen wir auf, warum es Opfern von Cybercrime oft unnötig schwer gemacht wird, welche Rolle Gesetze wie das Datenschutzgesetz dabei spielen, aber auch, welche Erste-Hilfe-Maßnahmen es gibt und was man tun kann, um langfristig mit den Folgen einer Tat besser zurechtzukommen – oder gar nicht erst Opfer zu werden.

Ein Kurzurlaub steht an. Einfach mal die Seele baumeln lassen, etwas entspannen. Ein nettes Hotel soll es sein. Das Netz ist voll mit Hotelvergleichsplattformen, die das beste Schnäppchen rausfiltern. Und so finden Sie einen guten Deal – vier Sterne, drei Tage, 200 Euro, gefunden über den Marktführer unter den Plattformen.

Die Buchung erfolgt noch am Frühstückstisch und damit sie auch hinterlegt ist, müssen Sie Ihre Kreditkartendaten eingeben. Die Verbindung erfolgt verschlüsselt – eigentlich eine vertrauenswürdige Sache, oder? Und: Was soll schon passieren? Doch nur kurz darauf stellen Sie fest: Am besagten Tag, an dem Sie Ihren Kurzurlaub buchten, wurde mit Ihren Kreditkartendaten auch bei teuren Luxusmarken eingekauft. Später stellt sich heraus, dass der Anbieter gehackt wurde, um so an Kreditkartendaten von Kunden zu gelangen. Verschlüsselte Verbindung hin oder her. Und jetzt?

Wer einen Kreditkartenmissbrauch innerhalb der ersten vier bis sechs Wochen[182] bemerkt, sollte unverzüglich handeln: die Karte sofort unter dem zentralen Sperrnotruf (0049) 116 116 sperren lassen, die Buchungen umgehend bei der Bank reklamieren und den Missbrauch bei der Polizei anzeigen. In der Regel greift dann die entsprechende Versicherung der Bank und man erhält, sofern der Betrag überhaupt abgebucht wird, das Geld zeitnah zurück. Wer allerdings einen Missbrauch deutlich später entdeckt, hat es schwer: Denn wer die häufig kurzen Reklamationsfristen versäumt, bleibt meist auf dem Schaden sitzen. Und das kann sehr teuer werden, weil die Betrüger oft versuchen, das Kartenlimit in Höhe eines durchschnittlichen Nettomonatslohns auch auszuschöpfen. Sie finden, das ist heftig? Es stimmt – der finanzielle Schaden ist eine Belastung. Der Aufwand, den man durch Sperrung, Wiederbeschaffung einer neuen Kreditkarte und Kommunikation mit der Bank und der Polizei hat, kostet Zeit und Nerven. Und dennoch ist ein Kreditkartenmissbrauch die noch am einfachsten zu bewältigende Tat aus Sicht eines Opfers.

Wie kommen wir darauf? Zum einen ist diese Straftat längst alltäglich geworden. Laut Statistik des Bundeskriminalamts ist die Zahl der polizeilich erfassten Fälle von Kreditkartenmissbrauch seit Jahren konstant hoch. Mehr als 1,33 Milliarden Euro Schaden entstehen der Wirtschaft im Schnitt dadurch. Allerdings werden auch nicht alle Fälle angezeigt. Das liegt daran, dass Geldinstitute und Unternehmen eine regelrechte Infrastruktur und Routine aufgebaut haben, um auf Missbrauchsfälle zu reagieren. Es gibt bereits seit vielen Jahren einen zentralen Sperrruf, der rund um die Uhr im In- und Ausland erreichbar ist und unter dem man die Karte jederzeit umgehend sperren lassen kann. Und heute stellt kaum noch ein Kreditinstitut eine Kreditkarte aus, ohne dafür eine Versicherung abzuschließen.

Anders sieht es bei den Opfern von Identitätsdiebstahl aus. Zwar gibt es mittlerweile Versicherungen, die im Fall eines Missbrauchs der personenbezogenen Daten greifen sollen, und auch die Schufa bietet umfangreiche Produkte zum Identitätsschutz an – doch hat die Wirtschaft noch nicht in der Breite auf die Betrugsmethode reagiert, wie es bei Kreditkartenmissbrauch der Fall ist. Im Gegenteil: Die Unternehmen kalkulieren gute ein bis zwei Prozent Forderungsausfälle einfach ein – das entspricht etwa dem Volumen von Betrugsfällen und jenen Schuldnern, bei denen am Ende wirklich nichts mehr zu holen ist – und so gestatten die Firmen weiterhin Käufe auf Rechnung. Obwohl Warenkreditbetrug in Verbindung mit Identitätsdiebstahl stark zugenommen hat, lohnt sich das Geschäft für die meisten Versandhändler immer noch. Den Ärger haben vielmehr jene Verbraucher, deren Daten missbraucht wurden – und die einkalkulierten Ausfallkosten werden vermutlich einfach auf alle Verbraucher in Form von höheren Preisen umgelegt.

Noch schlechter sieht es für Opfer anderer Straftaten im Bereich Internetkriminalität aus. Wer Opfer von Fake-President-Attacken oder Love Scamming wird, wer, ohne es zu ahnen, Kriminellen dabei hilft, eine Cashout-Methode anzuwenden, wer sich auf einer Glücksspielseite oder auf einer Erotikseite Malware heruntergeladen hat und ausgeplündert wurde, der erntet vor allem eins: Unverständnis, oft Geld-, Job- und/oder Reputationsverlust und schlimmstenfalls noch selbst eine Anklage.

All diese Menschen verbindet, dass ihnen etwas Schreckliches widerfahren ist. Und dass ihnen oft implizit oder explizit unterstellt wird, selbst daran schuld zu sein, weil sie angeblich fahrlässig mit ihren Daten umgegangen sind, weil sie angeblich zu gutgläubig waren, weil sie angeblich zu naiv waren. Frei nach dem Motto »Wer nur gut genug aufpasst, dem kann es nicht passieren, Opfer von Internetkriminalität zu werden«, führt diese Haltung zu einer Stigmatisierung der Opfer.

Und ist die Scham, Opfer geworden zu sein, zu groß, hat das wiederum zur Folge, dass viele Taten schlicht gar nicht erst angezeigt werden: 2013 kam eine in Niedersachsen durchgeführte Dunkelfeldstudie zu dem Ergebnis, dass lediglich neun Prozent aller solcher Delikte überhaupt zur Anzeige gebracht werden.[183] Doch das ist problematisch: Wenden sich die Opfer von Cybercrime nicht an die Ermittlungsbehörden, tauchen die Taten auch nicht in der offiziellen Kriminalstatistik auf. Das wiederum hat zur Folge, dass die Anzahl an Delikten unterschätzt wird und die Ermittlungsbehörden wiederum nicht so gut ausgestattet werden, wie sie es sein müssten. Und natürlich hat dies auch zur Folge, dass eine breite öffentliche Debatte ausbleibt und die Bekämpfung von Cybercrime auch auf der politischen Agenda nicht vorne steht. Dabei wäre genau das wichtig, um gegen Internetkriminalität vorzugehen – idealerweise auf internationaler Ebene, wenigstens innerhalb der EU und mit den richtigen rechtlichen Maßnahmen wie etwa Ergänzungen in der EU-Datenschutzrichtlinie oder den Polizeiaufgabengesetzen der Länder.

Problematisch ist auch, wie über Cybercrime – und nicht zuletzt die Opfer – in den Medien berichtet wird. Da werden Betrugsfälle aufgebauscht, um die Sensationsgier des Publikums zu befriedigen. Doch gänzlich unerwähnt bleibt dabei, welche langfristigen Schäden entstehen. Denn auch wenn der konkrete Missbrauch zunächst ein akutes Problem ist – sei es, dass sich Opfer unberechtigten Forderungen gegenübersehen, man einer Straftat bezichtigt wird, die man zumindest nicht wissentlich begangen hat, oder tatsächlich Geld verliert –, Cybercrime hat zumeist auch einen Schaden, der quasi chronisch wird: Dann nämlich, wenn personenbezogene Daten im Spiel sind, die durch den Missbrauch quasi toxisch werden und infolge von Big Data eine dauerhafte giftige Wirkung entfalten. Und da helfen neunmalkluge Tipps wenig, die Verbrauchern Kryptotechniken beibringen sollen, aber wenig mit der Lebensrealität und dem Nutzungs- und Surfverhalten der allermeisten Internetnutzer zu tun haben.

Und so entsteht der völlig falsche Eindruck, dass dem, der nur gut genug aufpasst, angeblich nichts passieren könne. Und wem etwas passiere, der habe es vor allem mit einem akuten Problem zu tun. Andererseits ist bisweilen auch das genaue Gegenteil der Fall, nämlich wenn Berichterstattung über Cybercrime den Eindruck erweckt, es sei ohnehin ein nicht mehr zu lösendes Massenphänomen, bei dem die Polizei eh nicht ermittelt und man nichts weiter machen könne, außer vielleicht zu beten und zu hoffen, dass es einen nicht trifft. Mitunter wird sogar vermittelt, das Allerbeste sei sowieso, generell die Finger vom Internet und der neuen Technik zu lassen.

Die Wahrheit aber ist: Weder das eine noch das andere trifft zu. Opfer von Cybercrime sollten so wie alle anderen Opfer von Straftaten auch keiner Stigmatisierung ausgesetzt sein. Die allermeisten sind nicht schuld daran, dass sie Opfer wurden. Es gibt keinen Grund für Kriminalitätsopfer, sich zu schämen oder gar schuldig zu fühlen. Trotzdem erleben es Experten wie Cem Karakaya sehr häufig in der Beratung, dass sich Betroffene erst einmal dafür entschuldigen, überhaupt Opfer geworden zu sein: »Ich war sooo dumm und bin hereingefallen«, lautet dann ein oft gesagter Satz. Nur: Die Geschädigten waren nicht dumm, sondern die Täter sind einfach sehr professionell vorgegangen. Wie wir in den vorangegangenen Kapiteln gezeigt haben, sind die Tricks sehr ausgefeilt. Die Täter wissen ganz genau, wie man die Menschen unter Druck setzen kann, wie man Ängste schüren und Stress erzeugen kann. Aber ganz offensichtlich glauben die Geschädigten, dass sie besonders nachlässig waren – und entschuldigen meist aus einem diffusen Angstgefühl heraus, dass man und vor allem die Ermittlungsbehörden ihnen ohnehin eine Mitschuld an ihrem Schicksal geben könnten. Begegnen die Behörden ihnen dann mit Verständnis, sind die allermeisten überrascht und vor allem eins: erleichtert.

Interessant ist übrigens auch: Besonders die Älteren unter den Betroffenen sind stark verunsichert. Bei ihnen ist die Scham oft sehr groß. Und sie wollen häufig nicht als Alte abgestempelt werden, die nicht mehr mit der neuen Technik mitkommen und deshalb ausgeplündert worden sind. Viele ältere Opfer wagen es daher nicht, den Fall zur Anzeige zu bringen – lieber bleiben sie auf dem Schaden sitzen, informieren nicht einmal ihr engeres Umfeld darüber, dass sie von einer Straftat betroffen sind. Es gibt sogar Opfer, die bereitwillig lieber die Warenkreditschulden der Täter zahlen. Diese Menschen leiden still unter der Tat und wissen nicht, wie gut es tun kann, mit jemandem darüber zu sprechen. Das Wichtigste ist das Gefühl, dass man nicht alleine ist.

Denn so wie bei Opfern von anderen Straftaten hinterlässt auch Cybercrime in vielen Fällen einen psychischen Schaden – wenn das Vertrauen missbraucht wird, wenn das Sicherheitsgefühl verloren geht, wenn aus dem Hinterhalt Gewalt über einen ausgeübt wird. Dies bleibt nicht ohne seelische Folgen. Nur: Anerkannt ist das noch kaum.

Bekannt ist: Kriminalitätsopfer leiden häufig an psychosomatischen Folgen der Tat. Sie sind also nicht nur seelisch belastet, sondern es können auch körperliche Beschwerden und Reaktionen auftreten. Bestimmte Dinge können an die Tat erinnern und lösen dann traumatische Erinnerungen aus. Das führt zu Stressreaktionen im Körper.

Generell durchleben die meisten Kriminalitätsopfer drei Phasen: In der akuten Situation, in der sie die Tat (bewusst) erleben, löst das Ereignis erst einmal einen Schock aus. Die Opfer sind verwirrt, überrascht, traurig, verängstigt, aufgeregt. Sie können kaum klar denken und oft sind die Menschen nicht mehr in der Lage, sich an die Details der Tat zu erinnern, weil unter dem akuten Stress der Körper nur noch auf Schmalspur reagiert. Er ist quasi auf Überleben programmiert, was wiederum zur Folge hat, dass wir zwar auf Flucht oder Angriff gepolt sind, aber unsere kognitiven Fähigkeiten nicht so arbeiten wie in einer entspannten Situation. Wir fühlen vielleicht Wut, Ohnmacht oder eine Art Betäubtsein – dieser Zustand kann zwischen wenigen Stunden bis zu mehreren Tagen oder sogar Wochen andauern. Danach beginnt die zweite Phase, in der Psychologen vom Einwirken des Traumas sprechen. Die akute Stresssituation der Tat hat nachgelassen, aber die Opfer sind immer noch völlig von dem Geschehnis mitgenommen. Kaum ein anderes Thema bestimmt ihre Gedanken und ihre Gefühle so dominant wie die traumatische Situation, die sie erlebt haben. In dieser Phase leiden viele Betroffene unter Angst, sie haben Zweifel, Zukunftssorgen, fühlen sich absolut hilflos und ausgeliefert, werden depressiv. Wut, Schuldgefühle, Scham und Verzweiflung wechseln sich ab. Es können auch körperliche Symptome auftreten: Schlafstörungen, Angst- und Panikattacken oder auch Herzrasen. Diese Phase kann teilweise sehr lange dauern.

Erst deutlich später und bei einem positiven Verlauf und einem guten Verarbeiten der Tat kann eine Erholung oder Genesung eintreten. Immer noch werden in dieser Zeit Gedanken und Gefühle von der Tat bestimmt. Immer und immer wieder denken die Opfer über das Geschehene nach, sprechen es durch, bis die Tat langsam verarbeitet ist. Das ist vor allem für das unmittelbare Umfeld des Opfers, also Familienangehörige und Freunde, oft belastend. In vielen Fällen treten erst nach Wochen, Monaten oder sogar Jahren wieder andere Themen in den Vordergrund und so etwas wie ein normaler Alltag ist dann wieder möglich, in dem Gefühle und Gedanken von der erlebten Tat unbelastet sind. Die Zeit, die es braucht, um eine Tat zu verarbeiten, und auch die Belastungen, die durch das Erlebte entstehen, hängen übrigens nicht zwingend von der Schwere der Tat ab. Vielmehr ist ausschlaggebend, wie das Geschehene erlebt wurde, wie viel Handlungsspielraum das Opfer für sich sieht und welche individuellen Ressourcen zur Verfügung stehen.[184] Das Opfer muss den Eindruck haben: Ich kann diese Tat und die Folgen bewältigen. Und gerade hier wird es schwierig: Weil nämlich die konkreten Auswirkungen von Cybercrime oft gar nicht abzusehen sind, weil gar nicht klar ist, ob die Tat wirklich schon abgeschlossen ist, wird das Ohnmachtsgefühl von zahlreichen Betroffenen als überwältigend groß wahrgenommen. Der Handlungsspielraum wird dabei als ungleich kleiner empfunden. Dabei spielt es auch eine Rolle, dass den Opfern teilweise kein verlässlicher Zeithorizont genannt werden kann, in dem die Folgen der Tat abgeschlossen sein werden. Das beeinflusst wiederum das Sicherheitsempfinden: In der Unwissenheit darüber, ob die – oder ganz andere – Täter immer noch zuschlagen oder ob sie jederzeit wieder zuschlagen könnten, ist die Tat weniger gut zu bewältigen, als wenn ein Opfer weiß, dass sie Vergangenheit ist und sich nicht mehr wiederholen kann. Wer aber damit rechnen muss, mit jahrelangen oder vielleicht nie endenden unübersehbaren Folgen fertigwerden zu müssen, hat schlechtere Voraussetzungen, eine vielleicht auch gar nicht so heftige Tat verarbeiten zu können.

Hinzu kommen rechtliche Rahmenbedingungen, die nur wenig Hoffnung auf Entschädigung oder Wiedergutmachung geben. Da wäre zunächst einmal die leider immer noch geringe Aufklärungsquote von Cybercrime. Auch wenn es immer wieder Ermittlungserfolge gibt, so werden leider längst nicht alle Täter geschnappt. Und in den allermeisten Fällen ist bei den Tätern auch nichts zu holen. Ebenso bescheiden sieht es mit den rechtlichen Bedingungen für Schadensersatz aus. Zwar gibt es in Deutschland seit 1986 ein Opferschutzgesetz und 2015 wurden zudem die Opferrechte zuletzt reformiert.[185] Seither können Opfer eine psychosoziale Prozessbegleitung bekommen – dafür müssen sie allerdings als besonders schutzbedürftig gelten. In der Praxis profitieren daher vor allem Kinder und Jugendliche von der Reform und in der Regel auch nur, wenn es um Missbrauch und Gewaltverbrechen geht.

Dennoch hat die Reform auch die Informationsrechte von Opfern erweitert. Und endlich haben Opfer außerdem das Recht auf Ersatz des erlittenen materiellen Schadens und auf Schmerzensgeld.[186] Ihren Schadensersatzanspruch können Opfer nunmehr bereits innerhalb des Strafverfahrens geltend machen, mit dem sogenannten Adhäsionsverfahren. Parallel bleibt es weiterhin möglich, Schadensersatz- und/oder Schmerzensgeldansprüche in einem gesonderten Zivilverfahren geltend zu machen. Außerdem ist im Strafverfahren eine Wiedergutmachungsauflage zugunsten des Opfers möglich. Zudem gibt es einen Täter-Opfer-Ausgleich, der Ausgleichszahlungen, ein Schmerzensgeld oder eine andere Ausgleichsleistung ermöglicht. Allerdings greifen diese gesetzlichen Regelungen aus den oben genannten Gründen in Fällen von Internetkriminalität entweder gar nicht oder nur unzureichend.

Und eigentlich müssten Opfer Schadensersatz auch an einer ganz anderen Stelle geltend machen. Denn diejenigen, die für die jahrelangen Folgen verantwortlich sind, das sind streng genommen gar nicht die Täter. Es sind die datenverarbeitenden und datenspeichernden Unternehmen.

Stellen Sie sich vor, dass sie plötzlich kein einfaches Girokonto bei einer großen Bank eröffnen können. Denn viele Banken arbeiten mit exklusiven Datenbanken, wie sie etwa von dem Medienkonzern Thomson Reuters betrieben werden. Diese Datenlisten warnen vor Kunden, die möglicherweise kriminell sind – völlig egal, ob der Verdacht erwiesen werden konnte oder nicht. Die Kreditinstitute nutzen solche Datensammlungen, um nicht in Geldwäsche und Terrorfinanzierung verwickelt zu werden. Aber ganz offenbar landen auf diesen Listen auch Unbescholtene und Personen, gegen die ergebnislos ermittelt wurde.[187] Wie etwa gegen den bekannten Soziologen und Politiker Andrej Holm, den die Norisbank einem Bericht der *Süddeutschen Zeitung* zufolge als Kunden ablehnte. Der gentrifizierungskritische Wissenschaftler und Politiker soll nach Recherchen der Zeitung kein Konto erhalten haben, weil er irrtümlich in der sogenannten World-Check-Datenbank von Thomson Reuters auftauchte. Die Datenbank soll mehr als zwei Millionen Profile zu Einzelpersonen und Organisationen enthalten und wird von Banken, Versicherungen und Finanzdienstleistern benutzt. Neben den Namen echter Krimineller soll die Datenbank auch Namen von gänzlich unschuldigen Menschen umfassen. Und nun stelle man sich vor, man gerät durch einen Identitätsmissbrauch mit falschen Daten auf solch schwarze Listen der Finanzbranche – und hat keine Möglichkeit, überhaupt davon Kenntnis zu erlangen, weil diese Datenbanken nicht öffentlich, sondern gut geschützte Geheimnisse der Branche sind.

Noch Jahre später falsche Daten (von Tina Groll)

Als Opfer von Internetkriminalität (und auch sonst nicht) hat man leider keinen Überblick darüber, welches Unternehmen auch die »falschen« Daten aus einem Missbrauch weiterhin gespeichert hält, sie verbreitet und mit »echten« Daten zusammenführt oder noch ganze andere Dinge damit anstellt. Dabei sind auch für das Inkassowesen beispielsweise nicht aktuelle Datensätze ein Problem. Noch schlimmer sind die Probleme aber für die Opfer, wie ich selbst Jahre nach dem Identitätsdiebstahl erfahren musste.

Im Juli 2014 erhalte ich wieder eine Datenaktualis und bemerke, dass mein Score auf gerade einmal neun Prozent gesunken ist.[188] Meiner Selbstauskunft entnehme ich, dass das Frankfurter

Inkassounternehmen Universum eine angeblich titulierte Forderung in Höhe von fast 1.000 Euro hatte eintragen lassen. Und das offenbar schon Ende November 2013. Aus den Schufa-Daten geht außerdem hervor, dass es sich um eine Altforderung aus dem Jahr 2009 handelt – jenes Jahr, als ich Opfer von Identitätsdiebstahl wurde.

Universum Inkasso war aber niemals bei mir vorstellig geworden. Stattdessen nahm ich 2010 – als ich die falschen Forderungen in meinen Schufa-Daten entdeckte – sofort Kontakt zu Universum Inkasso auf und schrieb, dass ein Betrugsfall vorliegt. Meinem Brief lagen damals auch das Aktenzeichen der ermittelnden Polizeibehörden und ein Brief meines Anwalts bei. Nach einigem Hin und Her erklärte der Anwalt des Unternehmens schließlich: Man habe keine weiteren Daten zu meiner realen Person an die Schufa übermittelt. Seltsam – aber die Schufa löschte 2010 die als falsch deklarierten Daten. Wie kommt es dann Jahre später zu diesem Falscheintrag?

Ganz einfach: Das Inkassounternehmen hat Altforderungen im großen Stil eintragen lassen, erfahre ich von dem Berliner Rechtsanwalt Sven Tintemann. Seine Kanzlei vertritt Verbraucher wegen negativer Schufa-Einträge. Viele der Universum-Forderungen, die im November 2013 an die Schufa übermittelt wurden, seien mehr als drei Jahre alt, erzählt er mir. Offenbar handelt es sich um Forderungen der Firmen Karstadt und Quelle. Freilich haben viele seiner Mandanten tatsächlich Schulden gemacht. Allerdings müssten Forderungen richtig gemahnt werden, damit sie wirksam seien und später auch bei Auskunfteien eingetragen werden dürfen.

Die Kriterien dafür regelt § 28 a des Bundesdatenschutzgesetzes[189] genau. Zunächst einmal muss die Forderung berechtigt sein. Das heißt, es hat ein Rechtsgeschäft stattgefunden, bei dem der Schuldner Ware oder eine Diensthaltung erhalten und nicht bezahlt hat. Er wurde mindestens zweimal schriftlich gemahnt in einem Abstand von einem Monat – mit einem Warnhinweis, dass die Forderung sonst bei einer Auskunftei eingetragen wird.

Reagiert der Schuldner nicht, braucht er sich über einen negativen Score nicht zu wundern. Ebenso darf eingetragen werden, wenn der Schuldner die Forderung sowieso anerkannt hat, es ein rechtskräftiges Urteil oder einen Schuldtitel für die Forderung gibt. Fraglich ist, ob ein Eintrag ohne Mitteilung an den Schuldner erfolgen darf. Rechtsanwalt Tintemann ist da der Rechtsauffassung, dass dies gegen die Schufa-Grundsätze verstößt. Denkt man dies konsequent zu Ende, dürfte prinzipiell gar keine Forderung in den realen Datensatz eines Opfers von Identitätsmissbrauch eingetragen werden. Und mehrere Jahre alte Forderungen dürften sowieso nicht einfach so an Auskunfteien weitergemeldet werden, ohne dass die Schuldner hierüber informiert werden. Dies habe die Schufa in ihren eigenen Eintragungsregeln so festgehalten.

Bei der Schufa sieht man die Eintragung von Altforderungen hingegen nicht als Verstoß gegen die eigenen Richtlinien an. Gebe es einen rechtskräftigen Titel, dann habe der Gläubiger 30 Jahre lang Zeit, die Forderung einzutreiben – und auch bei Auskunfteien eintragen zu lassen. Wann die Eintragung erfolge, darüber könne der Gläubiger frei entscheiden. Es ist durchaus denkbar, dass dies erst Jahre nach der Titulierung erfolgen könne. Der Schuldner müsste darüber nicht abermals informiert werden. Denn er werde mit der Zustellung des Titels durch das Gericht informiert. Wenn er diese widerspruchslos akzeptiert, brauche er sich später nicht über eine Meldung an die Schufa zu wundern. Ein Problem für Opfer von Identitätsdiebstahl: Weil in der Regel falsche Adressen genutzt werden, an denen die realen Personen natürlich nicht wohnen, bekommen sie die Vollstreckungstitel auch nie zugestellt und können entsprechend auch nicht widersprechen.

Wie konnten nun die falschen Daten von damals erneut in meine Schufa-Daten gelangen? Ich nehme Kontakt mit Universum

Inkasso auf. Der Geschäftsführer reagiert umgehend und ist verlegen. Er habe das Unternehmen erst vor wenigen Monaten gekauft und könne zu Vorgängen aus der Vergangenheit nichts sagen. Aber der Datenschutzbeauftragte kümmere sich darum. Dieser meldet sich tags drauf und gibt zu: Offenbar hat man die Forderung damals nicht gelöscht. Und offenbar habe es auch nie einen rechtswirksamen Titel gegeben, weil die Zustellungsversuche unter der falschen Adresse natürlich fehlschlugen. Dort gab es natürlich keine Tina Groll.

»Aufgrund der Aktenlage kommen wir zu der Annahme, dass die Sachbearbeitung entschieden hat, die Forderungsbeitreibung trotz Ihres Hinweises auf einen Betrugsvorfall fortzusetzen, um an den tatsächlichen Schuldner zu gelangen«, heißt es vom Unternehmen. Man habe dann Monate später unter dem internen Hinweis »Schuldner unbekannt« die Beitreibung ausgesetzt. Die Forderung erhielt den Vermerk »ruhend«, nicht aber abgeschlossen.

Gelöscht wurde sie also nie, es wurden nur meine realen Adressen nicht verwendet, die das Unternehmen durch Abfragen bei den Einwohnermeldeämtern in Erfahrung gebracht hatte. Und als es Ende 2012 ein neues Inkassosystem gab, wurden alle alten Forderungen übernommen. Dabei ging nur dummerweise der interne Verweis verloren, dass die Forderung eben nicht auf Tina Groll läuft. Als Universum Inkasso im November 2013 bei der Schufa eine Bestandsaktualisierung durchführt, gerät die falsche Forderung von damals erneut in meinen ganz realen Datensatz. Falsche Adresse hin oder her. »Wir übernehmen die Daten unserer Vertragspartner nur spiegelbildlich«, heißt es aufseiten der Schufa. Universum Inkasso erklärt, es hätte eigentlich zu dieser Verwechslung nicht kommen dürfen, weil man ja nur die Forderung unter der falschen Adresse gemeldet hätte. Die Schufa sei der Schuldige. Sie habe falsche Adresse und reale Person nun erneut zusammengebracht. »Eine mögliche Zusammenführung Ihrer Person mit dieser Adresse bei Dritten liegt nicht in unserem Verantwortungsbereich«, schreibt mir der Datenschutzbeauftragte von Universum Inkasso.

Die Nachfrage bei der Schufa zeigt aber: Die falsche Adresse ist in meinem Datensatz gar nicht gespeichert, vielmehr läuft die Zusammenführung über Namen und Geburtsdatum – also den von dem Vertragspartner gemeldeten Daten. Das Datenknäuel ist wieder da!

Zugleich erfahre ich, dass Universum Inkasso bei der Wiederbelebung der alten Datensätze die falsche Forderung auch noch an eine andere Auskunftei weitergegeben hat. Immerhin: Nach einigem Hin und Her teilt mir das Inkassobüro mit, dass man eine Löschmitteilung an die Auskunfteien herausgegeben habe. Die Schufa ist unterdessen schon selbst tätig geworden. Vier Tage später ist mein Score wieder korrekt.

Im Zuge dessen beginne ich – fünf Jahre nach dem Datenmissbrauch – mal wieder, alle Auskunfteien anzuschreiben. Auch bei Arvato Infoscore, der Auskunftei des Bertelsmann-Konzerns, hat man Falschdaten 2010 nicht gelöscht. Auch hier werde ich mit einer geringen Bonität wegen angeblich offener Forderungen geführt. Auch hier hatte man mir 2010 bescheinigt, alle falschen Daten zu löschen, und es nie getan.

Warum habe ich nicht früher von dem negativen Eintrag erfahren? Weil ich schlicht nicht jedes Jahr alle Unternehmen angeschrieben und mir einen vollständigen Datensatz habe erstellen lassen. Wer hat dazu schon die Zeit? Auch habe ich von »wiederbelebten«, wie es die Unternehmensdatenschützer nennen, falschen Forderungen nichts erfahren, weil nicht alle an die Schufa weitergegeben worden sind, die aber als einzige Auskunftei überhaupt einen Update-Service anbietet.

Und dann hatte die Schufa auch noch den Identitätsdiebstahlsvermerk gelöscht, »weil ja alles ruhig geblieben war«. Jetzt gebe es wieder diesen Vermerk. Und diesmal solle er nicht gelöscht werden. Die Schufa selbst beklagt den mangelnden Datenschutz bei den Vertragspartnern. »In manchen Fällen gehen die nicht sorgfältig genug mit den Daten um«, sagt die Pressestelle. Kein Wunder: Den Nachteil haben ja die Dritten – diejenigen, mit deren Daten gehandelt wird.

Am Ende bleibt die Erkenntnis, dass es eins ist, was im Bundesdatenschutzgesetz steht – und ein anderes, sein Recht auch wirklich zu bekommen.

Seit Ende Mai 2018 gilt aber die neue EU-Datenschutzgrundverordnung (DSGVO), die Opfern – theoretisch – einen besseren Schutz bieten könnte. Für Unternehmen, die das neue Recht dann nicht richtig umsetzen, kann es künftig teuer werden. Denn Artikel 83[190] der Verordnung sieht Bußgelder von bis zu vier Prozent des globalen Umsatzes vor – großen Konzernen drohen durchaus Milliardenbeträge. Außerdem drohen Unternehmen auch erhebliche Risiken durch Schadensersatzforderungen, denn Verbrauchern wird es künftig einfacher möglich sein, Firmen wegen tatsächlichen oder auch nur vermuteten Fehlern zu verklagen. Betroffene haben künftig außerdem Anspruch auf Schmerzensgeld, wenn ihnen ein materieller oder immaterieller Schaden entstanden ist. Der Clou an der Regelung ist die Beweisumkehr. War es bisher so, dass die Opfer beweisen mussten, dass ihnen überhaupt ein Schaden entstanden ist, müssen nun die datenverarbeitenden Unternehmen nachweisen, dass sie keinen Schaden verursacht haben. Das setzt die Branche natürlich unter Druck und dürfte für eine Disziplinierung sorgen und dafür, dass mit Daten sorgfältiger umgegangen wird.

Tipps zum Schutz: Wie kann man sich gegen Cybercrime absichern?

Kann man verhindern, Opfer von Internetkriminalität zu werden? Nein, völlige Sicherheit gibt es nicht. Ebenso wenig ist es kaum möglich, einen Identitätsdiebstahl vorab zu erkennen. Aber man kann es den Kriminellen zumindest etwas schwerer machen. Denn wie auch in der realen Welt gilt: Die Wahrscheinlichkeit, Opfer eines Einbruchs zu werden, ist natürlich höher, wenn man alle Türen und Fenster sperrangelweit offen lässt.

Grundregel Nummer eins lautet daher: Halten Sie Ihre Geräte mit Antivirensoftware, einer Firewall und Updates aktuell. Das gilt nicht nur für Ihren PC oder Mac, sondern auch für Tablet und Smartphone sowie alle sonstigen Geräte, die mit dem Internet verbunden sind. Malware nutzt häufig Sicherheitslücken aus, daher sollte man immer Updates installieren, sobald diese zur Verfügung stehen. Und: Das gilt auch für Apple-Nutzer. Noch immer hält sich hartnäckig die These, dass Apple-Rechner sicherer seien als PCs, weil es nicht so viel Malware für sie gebe und man daher weder eine Firewall noch eine Antivirensoftware für seine Apple-Geräte benötige. Doch das stimmt oft nicht mehr. Immer mehr Menschen nutzen Apple, was es für Hacker interessanter macht, Malware für diese Geräte zu schreiben.[191, 192]

Alle wichtigen Sicherheitsupdates durchzuführen ist in etwa so, wie die Haustür abzuschließen. Aber auch hier gibt es nie eine Gewähr auf Vollständigkeit. Und natürlich kommt es auch vor, dass Softwareupdates zu spät eine Sicherheitslücke schließen, dass Angriffe bereits erfolgt sind oder dass Nutzer von wichtigen Updates zu spät erfahren, sofern sich die Software nicht automatisch aktualisiert.

Bei Firewalls und Antivirensoftware kommt hinzu: Viele Verbraucher kennen sich nicht gut genug mit den Programmen aus. Da werden Updates nicht richtig durchgeführt, manchmal behindern sich Programme gegenseitig oder beinhalten Funktionen, die völlig überdimensioniert sind. Wer außerdem Software kostenlos aus dem Netz herunterlädt, läuft mitunter Gefahr, sich den Rechner mit Schadware zu infizieren. Manchmal handelt es sich auch »nur« um Programme, die zwar auch den Computer sichern, aber zugleich personenbezogene Daten ausspionieren oder andere Dinge im Hintergrund durchführen. Überdies gilt: Machen Sie regelmäßig ein Update Ihrer Daten. So ist die Datenwiederherstellung im Schadensfall nicht ganz so schwer.

Zweitens: Veröffentlichen Sie nicht leichtfertig personenbezogene Daten. Und dazu gehört auch das Geburtsdatum.

Drittens: Seien Sie vorsichtig mit Phishingmails und allem, was möglicherweise Trojaner enthält. Öffnen Sie keine Anhänge von Ihnen unbekannten Absendern, klicken Sie nicht leichtfertig Links in E-Mails an, laden Sie Software und Tools nur von vertrauenswürdigen Websites herunter. Überprüfen Sie bei Links in der Browser-Adresszeile genau, ob dort wirklich die richtige Internetadresse steht oder ob es sich um eine gefälschte Seite mit leicht veränderter Adresse handelt. Man sollte generell nie einem Link beim Onlinebanking ohne Gegencheck einfach so folgen. Am sichersten ist es daher, die URL selbst einzugeben. Nur so kann man verlässlich verhindern, dass man auf einer Phishingseite landet. Und tragen Sie nie ohne zweimal nachzudenken Ihre persönlichen Daten irgendwo ein.

Viertens: Wechseln Sie regelmäßig Ihre Passwörter. Verwenden Sie keine einfachen Passwörter, sondern kryptische, die mit Zahlen, Zeichen, Groß- und Kleinschreibung variieren. Und verwenden Sie nicht dasselbe Passwort für alle Dienste. Auch das gleiche Passwort in verschiedenen Variationen ist keine clevere Alternative.

Es gibt verschiedene Tools, die sicherstellen, dass man verschlüsselte und regelmäßig wechselnde Passwörter verwendet. Eines davon ist zum Beispiel 1password[193], ein Programm, das alle

Ihre Zugänge sicher verschlüsselt und für das Sie nur ein Metapasswort brauchen.

Das Programm erstellt verschlüsselte Passwörter zu allen von Ihnen eingegebenen Diensten und wechselt diese auch regelmäßig. Man muss sich also nicht x verschiedene hochkomplexe Passwörter merken, sondern nur eines für den Dienst. Der Dienst lässt sich auch mit mehreren Geräten synchronisieren – wie viele man verwendet, ist dabei dem Nutzer selbst überlassen.[194]

Fünftens sollte man in sozialen Netzwerken nicht wahllos Freundschaftsanfragen von Unbekannten akzeptieren. Facebook ist hier anfälliger als die Karriereplattform Xing oder LinkedIn. In beiden veröffentlicht man meist sowieso nur berufliche Kontaktdaten, die auch auf anderem Wege herauszufinden sind. Man sollte auch vorsichtig sein, wenn ein Kontakt einem erneut eine Freundschaftsanfrage stellt, weil seine Kontodaten angeblich verloren gegangen seien. Das kommt auf Facebook tagtäglich vor. Betrüger spiegeln Nutzerprofile und versuchen auf diesem Weg, die Kontaktdaten der Freunde des gekaperten Nutzerprofils abzufischen. Gut ist es übrigens auch, wenn man Nutzerkonten durch sogenannte doppelte Authentifizierung mit einem Handy-Code schützen kann. Die sogenannte Zwei-Faktor-Authentifizierung ist mittlerweile häufig Standard. Wichtig ist auch, Sicherheitsfragen für Nutzerkonten so zu wählen, dass sie nicht einfach über das Netz recherchierbar sind. Generell sollte man außerdem immer checken, ob es Hintertüren gibt, die für die Hacker leicht zu knacken sind. Statt Sicherheitsfragen ist es mitunter besser, einfach ein zweites, starkes Passwort einzugeben. Ein guter Tipp ist auch: Geben Sie immer eine faktisch falsche Antwort ein, die nur Sie sich merken können.

Vernünftig ist es daher, sechstens, regelmäßig seine Selbstauskunft von Auskunfteien zu überprüfen. Nicht umsonst gibt es das Recht, einmal im Jahr eine kostenlose Selbstauskunft bei Schufa und Co. zu erhalten. Wer auf Nummer sicher gehen will, nutzt den bereits erwähnten Update-Service. Oder man beauftragt einen Dienst wie https://selbstauskunft.net. Wer in den Abfragen falsche Daten oder Anfragen bezüglich der Bonität von Unternehmen oder Kreditinstituten vorfindet, mit denen er selbst nie etwas zu tun hatte, sollte diese Daten der Auskunftei sofort als falsch melden. Dies kann ein Indiz für einen Datenmissbrauch sein.

Siebtens lohnt es sich, einen Google-Alert[195] für den eigenen Namen einzurichten. Das ist eine automatische Suchabfrage. Man kann auch einstellen, wie oft man diesen Alert bekommen möchte – täglich, wöchentlich oder monatlich. Man wird von Google darüber informiert, wenn der Name an einer neuen Stelle im für die Suchmaschine zugänglichen Netz gefunden wird. Sprich: Das Darknet ist davon ausgenommen. Jemand mit einem sehr verbreiteten Namen wie etwa Stefan Schmidt wird natürlich sehr viele Benachrichtigungen erhalten. Mit der umgekehrten Google-Bildersuche[196] ist es möglich festzustellen, ob die eigenen Bilder auf anderen Seiten missbräuchlich verwendet werden. Dabei lädt man seine Fotos bei Google hoch und die Suchmaschine prüft, ob die Bilder auch an anderen Stellen im für sie zugänglichen Netz auftauchen. Oder man sucht mit einer Bilder-URL.

Daneben ist es lohnenswert, achtens, sich in die Robinsonliste einzutragen. Der Eintrag schützt Verbraucher vor unaufgeforderten Werbesendungen und Telefonanrufen.[197] Die Robinsonliste ist eine gemeinnützige Einrichtung, die sich das Ziel gesetzt hat, Verbraucher vor unerwünschter Werbung zu schützen. Dazu wird Benutzern die Möglichkeit geboten, sich kostenfrei in die Schutzliste einzutragen. Die hinterlegten Einträge können dann von seriösen Unternehmen zum verschlüsselten Abgleich gegen ihre Versand- bzw. Werbelisten genutzt werden, um unerwünschte Kontaktdaten zu löschen. Verbraucherdaten werden dabei in keinem Fall offengelegt. Steht man auf der Robinsonliste, so ist man zumindest davor gefeit, dass die seriösen Unternehmen der Werbewirtschaft die personenbezogenen Daten nutzen oder weiterverbreiten. Unternehmen müssen sich aber nicht daran halten. Ratsam ist daher immer, beim Einwohnermeldeamt der Stadt einen Widerspruch für die Weitergabe der persönlichen Daten zu unterschreiben. Seit einigen Jahren müssen die Ämter bei der An- oder Ummeldung den Bürgern ohnehin eine Erklärung vorlegen.

Und ansonsten gilt neuntens: Augen auf im Netz. Der Handel mit Daten ist für Unternehmen ein einträgliches Geschäft. Daten sind eine wichtige Währung. Daher achten Sie genau, bei welchem Dienst und für welchen Service Sie welche Daten hinterlassen. Soll man sein Geburtsdatum angeben und ist das reale nicht aus ersichtlichen Gründen ernsthaft notwendig, verfremden Sie Ihren Geburtstag um eine oder zwei Ziffern. Notfalls haben Sie sich halt einfach versehentlich verklickt.

Lesen Sie auch die allgemeinen Geschäftsbestimmungen (AGB) sorgfältig und achten Sie darauf, ob bereits vorgenommene Einstellungen, zum Beispiel dass Ihre Daten weiterverbreitet oder zu Werbezwecken verwendet werden dürfen, rückgängig gemacht werden können. Klicken Sie nicht leichtfertig bei einem Bestellvorgang alles an. Und richten Sie sich für Aktivitäten im Netz eine oder mehrere Spammailadressen ein. Dann haben Sie im Missbrauchsfall meist nur das Ärgernis, dass Sie eine neue Wegwerfadresse brauchen.

Aber was tut man, wenn man bereits den Verdacht hat, dass personenbezogene Daten in fremde Hände gekommen und damit Schindluder getrieben worden sein könnte?

Auch dann gelten die erwähnten Punkte. Ferner sollte man bei den wichtigsten oder am häufigsten genutzten Diensten prüfen, ob die Nutzerdaten so noch stimmen – bisweilen tragen Betrüger hier manchmal eine weitere Mailadresse ein, mit der sie die Kommunikation eines gekaperten Mailkontos abfangen können.

Haben Sie den Verdacht, dass ein Onlineshop oder eine Website auf Ihren Namen angemeldet wurde, lässt sich dies per »Whois«- oder DENIC-Abfrage überprüfen. Man gibt die Domain an und bekommt den Webseitenbetreiber angezeigt.

Es lohnt sich auch, einen Blick in die Datenbank des Hasso-Plattner-Instituts (HPI) zu werfen, in der gehackte Mailadressen hinterlegt sind. [198] Im sogenannten HPI Identity Leak Checker können Sie mithilfe Ihrer E-Mail-Adresse prüfen, ob Ihre persönlichen Identitätsdaten bereits im Internet veröffentlicht wurden. Per Datenabgleich wird kontrolliert, ob die angegebene E-Mail-Adresse in Verbindung mit anderen persönlichen Daten (etwa Telefonnummer, Geburtsdatum oder Adresse) im Internet offengelegt wurde und missbraucht werden könnte.[199] Die Liste ist nicht vollständig, gibt aber Anhaltspunkte. Einen ähnlichen Dienst bietet die englischsprachige Seite: https://haveibeenpwned.com/[200]. Eine weitere Site dieser Art ist https://hacked-emails.com//[201].

Die Dienste geben den Nutzern auch Auskunft darüber, in welchem Maße die Daten betroffen sein könnten, welche Daten betroffen sind und was als nächste Schritte empfohlen wird. Meist muss man übrigens nur das Passwort ändern.

Daher gilt, zehntens, auch: Wenn man aus den Medien von einem neuen Hack hört, bei dem die Zugangsdaten von Nutzern abhandengekommen sind, sollte man vorsorglich sein Passwort ändern.

Ansonsten ist, elftens, Vorsicht in öffentlichen WLAN-Netzen angesagt. Vermeiden Sie es, in einem ungesicherten oder sonstwie öffentlichen Netz (beispielsweise in einem Hotel) sensible Dienste wie Onlinebanking oder Onlineshopping zu nutzen. Sinnvoll ist es auch, den WLAN-Router unsichtbar zu machen. Das heißt, niemand sollte den Router anwählen können, der nicht den Namen des Gerätes kennt. Eine weitere Möglichkeit ist es, nur bestimmte Geräte für das Netzwerk oder den Netzwerkzugriff freizuschalten.

Kommunizieren Sie, zwölftens, verschlüsselt. Eine normale E-Mail ist so sicher wie eine Postkarte. Und überlegen Sie mal, was man alles per E-Mail verschickt: Kopien vom Personalausweis, Kontoverbindungsdaten, Adressdaten und vieles andere mehr. Besser ist es – und WhatsApp oder auch der Facebook Messenger nutzen es mittlerweile –, auf eine End-zu-End-Verschlüsselung zu bestehen. Das ist bei PGP beispielsweise der Fall. Zum Glück wird diese Technik immer verbreiteter. Am Ende dieses Buches finden Sie eine Anleitung, was bei der verschlüsselten Kommunikation zu beachten ist.

Übrigens hat ein interdisziplinäres Projekt mit dem Titel »EI DI – Effektive Information nach digitalem Identitätsdiebstahl«[202], das vom Bundesforschungsministerium gefördert wurde, im Jahr 2017 untersucht, wie Betroffene möglichst schnell den Zugriff auf ihre Daten bemerken können, um beispielsweise ihre Bank zu informieren und Strafanzeige zu stellen. Die Wissenschaftlerinnen und Wissenschaftler haben das Problem dabei in zwei Teile zerlegt: die technische Diagnose des Verbrechens und die Information der Betroffenen.

Bei der technischen Diagnose geht es darum herauszufinden, welche Daten wann und wo auftauchen. Die schnellstmögliche Information der Betroffenen ist daher ebenfalls ein Teil des Forschungsprojekts. Die Wissenschaftler suchen nach Kommunikationskanälen, über die ein Opfer kontaktiert und vor Angriffen gewarnt werden kann – etwa per Brief, mit einer SMS oder auch über einen Webdienst. So soll das Opfer sofort erfahren, welche Daten abhandenkamen und was zu tun ist.

Zusammengefasst: Auch ohne Expertenwissen kann man viel für seine Sicherheit tun, wenn man bereit ist, auf etwas Komfort zu verzichten. Das bisschen mehr, das man an Aufwand hat, erschwert es Kriminellen ungleich mehr, Sie anzugreifen. Und das sollte es uns wert sein.

Exkurs: Präventionstipps für Kinder und Jugendliche

Bisher haben wir den Fokus auf Erwachsene als Opfer gelegt, aber was passiert eigentlich, wenn Kinder die Opfer sind? Sie verfügen bei Weitem nicht über die psychischen Verarbeitungsmechanismen und Ressourcen von Erwachsenen, um eine Tat gut zu verkraften. Oft sagen Kinder ihren Eltern auch nicht, dass ihnen im Netz etwas Schlimmes passiert ist. Gerade wenn die Täter andere Kinder sind, wie es beim Cybermobbing meist der Fall ist, erfahren Eltern oft erst spät davon. Außerdem tun manche Eltern Cybermobbing als Hänseleien unter Kindern ab, nur eben mit digitalen Mitteln. Doch genau damit hilft man seinem Nachwuchs überhaupt nicht. Im Gegenteil: Cybermobbing nicht ernst zu nehmen, verunsichert Kinder noch mehr, und dabei sind Kommunikation und Vertrauen der Schlüssel, um Kinder zu stärken, damit sie gerade nicht zum Opfer (und auch zum Täter) werden.

Und es geht nicht nur um Cybermobbing: Kinder brauchen heute eine ganz andere Medienkompetenz als ihre Eltern, aber die wird leider noch viel zu wenig in der Schule vermittelt. Die Kernfrage, die sich Eltern heute daher stellen müssen, lautet: Wie kann ich meinem Kind die Medienkompetenz beibringen, die es braucht?

Leider glauben viele Eltern, dass ein Handy-, Tablet- oder Computerverbot hilfreich sei. Aber Verbote, das ist eine Binse, machen eine Sache nur noch attraktiver. Und wer heute nicht früh lernt, mit den Geräten umzugehen, avanciert auf dem Schulhof schnell zum Außenseiter und ist somit erst recht dem Risiko ausgesetzt, gemobbt zu werden. Mehr noch: Viele Eltern erwarten zwar von ihren Kindern, dass sie den Gerätekonsum einschränken, hängen aber die ganze Zeit selbst am Smartphone. Auch so eine Binse, aber man kann es nicht oft genug erwähnen: Wer in seinem eigenen Verhalten nicht konsequent ist, braucht dies schon gar nicht von seinen eigenen Kindern zu erwarten. Aber auch die

Geräte und Spiele zu verteufeln, bringt nichts. Kinder sollen und dürfen das Netz mit seinen vielen Möglichkeiten nutzen – aber sie sollen dabei begleitet werden und ihrem Alter und ihren Fähigkeiten angemessen damit umgehen lernen. Das geht nur, wenn wir als Eltern, Lehrer und Erziehende selbst über die entsprechende Medienkompetenz verfügen. Nur so können wir beurteilen, ob etwas im Netz nun kind- oder jugendgerecht ist.

Cem Karakaya erzählt aus der Präventionsarbeit: Wie man Kinder anspricht

In meiner Präventionsarbeit bei der bayerischen Polizei bin ich viel an Schulen unterwegs – und weiß genau: Um die Kinder und Jugendlichen zu erreichen, muss man wissen, wie sie ticken. Mein Erfolgsrezept? Ich erwähne schon bei der Vorstellung, dass ich selber ein Zocker, also ein Computerspieler bin. Dann habe ich schon die Aufmerksamkeit der meisten. Denn Kinder und Jugendliche hören zu, wenn sie den Eindruck haben, dass derjenige, der ihnen Prävention näherbringen soll, sie auch versteht, weil er zum Beispiel weiß, was sie meinen, wenn sie von CoD[203] sprechen. So entsteht Vertrauen und sie merken, dass ich die Medien nicht verteufeln will oder mahnend den Zeigefinger erhebe, sondern sie für Gefahren sensibilisieren möchte. Außerdem muss man Humor mitbringen.

Wie die Geräte und Technik funktionieren, wissen Kinder und Jugendliche heute meist schon sehr früh – Medienkompetenz bedeutet aber, auch über die Risiken Bescheid zu wissen und diese einschätzen zu können. Und das lernen Kinder und Jugendliche am einfachsten, wenn sie Spaß dabei haben und zum Beispiel lustige Geschichten mit einem Aha-Effekt hören. Dazu gehört auch, dass sie lernen: Man kann jederzeit einen Neustart machen.

Frühe Sensibilisierung

Das gilt übrigens nicht nur für Heranwachsende: Selbst wenn man bis dato sehr freizügig mit seinen Daten war, kann man sich jederzeit umentscheiden und restriktiver werden. Und hinterfragen: Wozu braucht ein Anbieter meine Daten? Welche Daten fallen hier überhaupt an und was geschieht damit?

Kinder und Jugendliche müssen außerdem lernen, was Privatsphäre ist. Sie müssen wissen, dass nicht jeder Lebensmoment digital dokumentiert werden sollte, dass jedes Posting auch negative Kommentare und Beurteilungen nach sich ziehen kann. Sie müssen wissen, wie die sozialen Netzwerke funktionieren, die sie nutzen. Wie man Privatsphäreeinstellungen vornimmt, wie man Postings bearbeiten oder löschen kann, welche Spielregeln es gibt und wie die Netiquette ist. Und sie müssen auch wissen, wie man Freundeslisten und Kontakte bearbeiten und verwalten kann, dass und wie man bestimmte Kontakte blocken kann und wo sie im Missbrauchsfall Hilfe finden – beim Anbieter und bei externen Stellen bis hin zu den eigenen Eltern und Lehrern. Sie sollten auch wissen, dass die Anzahl der digitalen Freunde nichts darüber aussagt, ob sie ein wertvoller Mensch sind.

Kinder sollten auch früh lernen, dass die Sprache im Netz oft eine andere ist als in der direkten Kommunikation von Mensch zu Mensch. Und sie müssen wissen, wie man mit Hass im Netz umgeht. Abschließend sei erwähnt, dass Kinder ohnehin nur in solchen Netzwerken und Foren unterwegs sein sollten, die erstens kindgerecht und zweitens rund um die Uhr von einem Moderator betreut werden. Eltern sollten darauf achten, dass ausgebildete Pädagoginnen und Pädagogen die Foren betreuen. Es gibt einige sehr gute Angebote im Netz, eine Übersicht ist im Anhang zu finden. Und letztlich müssen Kinder auch wissen, dass viele vermeintlich kostenlose Spiele im Netz zur Kosten- oder Abofalle werden können. Dass nicht jeder Streaming- und Downloaddienst gänzlich harmlos ist. Dass es so etwas wie Urheberrechte gibt, die nicht verletzt werden dürfen, und dass illegale Downloads strafbar sind und enorm teuer für ihre Eltern werden können.

Vorsicht vor Challenges

Ein gefährlicher Trend für Kinder und Jugendliche sind Challenges im Netz. Sie erinnern sich bestimmt an die sogenannte Ice Bucket Challenge, die im Jahr 2014 aufkam. Menschen haben sich einen Eimer mit eiskaltem Wasser (oft angefüllt mit Eiswürfeln) über den Kopf gegossen, sich dabei gefilmt und diese Filme im Netz veröffentlicht. Auch viele Prominente haben sich daran beteiligt.[204] Das Ganze war zwar ein Spaß, hatte aber einen ernsten Hintergrund. Durch die Aktion sollten Spenden für die Erforschung der Nervenkrankheit Amyotrophe Lateralsklerose, kurz ALS, gesammelt werden. Tatsächlich kamen auch Millionen US-Dollar an Spendengeldern zusammen.

Seither kursieren immer wieder solche Challenges und Aufforderungsspiele (sogenannte Dare Games) im Netz. Leider haben die wenigsten davon heute einen karitativen Hintergrund, sondern werden als virale Mutproben verbreitet. Meist richten sich die Spiele an Jugendliche, die aufgefordert werden, etwas Peinliches oder eine riskante Aufgabe zu erledigen und sich dabei zu filmen. Oft landen diese Clips später auf YouTube oder anderen Plattformen und immer wieder kommt es vor, dass diese Videos der Beginn eines späteren Cybermobbings sind. Hinzu kommt: Viele Kinder und Jugendliche machen bei diesen Spielchen mit und können oft die Risiken – unter anderem auch für ihre Gesundheit – nicht abschätzen. Ein Beispiel ist die sogenannte Cinnamon Challenge, bei der die Teilnehmer einen Tee- oder Esslöffel Zimt herunterschlucken sollen. Bei manchen löst das Zimt-Spiel allergische Reaktionen aus, immer wieder erleiden Jugendliche dadurch schwere Atemstörungen oder sogar Erstickungssymptome. Ein 13-Jähriger aus den Niederlanden fiel sogar für fünf Tage ins Koma.[205]

Ein anderes Spiel ist die sogenannte Salt and Ice Challenge, bei der Eiswürfel zusammen mit Salz auf die Haut gelegt werden sollen.[206] Auch hier haben sich schon zahlreiche Jugendliche mit Kälteverbrennungen auf der Haut schwer verletzt.

Tödliche Folgen soll russischen Medienberichten zufolge die sogenannte Blue Whale Challenge gehabt haben: Hierbei sollten die Teilnehmer sich innerhalb von 50 Tagen mit immer neuen Aufgaben an ihre eigenen seelischen und körperlichen Grenzen bringen. In einigen Fällen, so berichtet es die Zeitung *Nowaja Gazeta*, stand am Ende der Challenge der Suizid. Zwischen November 2015 und April 2016 soll es zu einer Häufung von Suiziden unter Jugendlichen gekommen sein, die sich an der Blue Whale Challenge beteiligt haben sollen.

Zur Medienkompetenz gehört auch Rechtsverständnis

Damit sich Kinder sicher im Netz bewegen, ist außerdem grundlegendes Rechtsverständnis wichtig. Wenn man sich Snapchat genauer ansieht, stellt man schnell fest, dass vielen Kindern und Jugendlichen dieses fehlt. Sie schicken so viele Snaps untereinander hin und her und veröffentlichen diese, dass einem Nicht-Snapper davon ganz schwindelig werden kann. Nur: Meist verstößt der Nachwuchs dabei gegen Gesetze. Sei es, dass sie sich selbst nackt oder halb nackt fotografieren oder solche Fotos von Freunden anfertigen und veröffentlichen. Vielen ist dabei nicht klar, dass sie sich damit durchaus auch selbst strafbar machen – wegen Verbreitung, Erwerb und Besitz kinderpornografischer und jugendpornografischer Schriften, was nach § 184 b und § 184 c des Strafgesetzbuches verboten ist. Solche Bilder zu verschicken, fällt unter den Begriff »Sexting«. Oft kommt es auch vor, dass ein Kind oder ein Teenager mit diesen Bildern später erpresst wird – oft sind es Mädchen. Dieses Phänomen wird Sextortion genannt.

Und dann kommt es vor, dass Kinder und Jugendliche auf der Toilette oder in der Umkleidekabine oft von Gleichaltrigen gefilmt werden. Meist geht es darum, sich gegenseitig zu ärgern. Manchmal steckt aber auch schon hinter solchen Filmaufnahmen eine Form von Cybermobbing, erst recht, wenn diese Aufnahmen dann auf Facebook oder YouTube oder anderen Plattformen veröffentlicht werden. Natürlich sind solche Aufnahmen verboten – nämlich nach § 201 a des Strafgesetzbuches, weil sie gegen die Persönlichkeitsrechte verstoßen.

Kinder und Jugendliche sollten auch wissen, dass es das sogenannte Kunsturhebergesetz gibt. § 22 regelt hier: »Bildnisse dürfen nur mit Einwilligung des Abgebildeten verbreitet oder öffentlich zur Schau gestellt werden …«. Was meinen Sie, wie viele Kinder und Jugendliche sich jeden Tag dadurch strafbar machen?

Vertrauen ist der Schlüssel

Natürlich können wir unsere Kinder nicht rund um die Uhr überwachen. Und wir werden vermutlich nicht vermeiden, dass sie auch auf Inhalte im Netz stoßen, die nicht kindgerecht sind. Daher ist die allerwichtigste Prävention eine gesunde, stabile Beziehung zwischen Kindern und Eltern – und Vertrauen. Das bedeutet auch, dass wir als Eltern unseren Kindern vertrauen sollten. Ihnen einerseits den nötigen digitalen Freiraum geben, andererseits aber auch durchaus die Wahrnehmung unserer Kinder ernst nehmen. Denn gerade Kinder im Grundschulalter und in der Vorpubertät haben ein recht gutes Bauchgefühl. Und das ist zum Beispiel wichtig, um im Fall von Cybermobbing schnell reagieren zu können. Kinder, die ihren Eltern vertrauen, erwähnen oft frühzeitig, wenn es dazu kommt. Wenn Ihr Kind Ihnen also mitteilt, dass ihm im Netz etwas passiert ist, das irritierend oder schlimm war, heißt es: die Sache gemeinsam mit dem Kind überprüfen. Und das Netz ist hier nicht nur ein Tatort oder eine Gefahr, sondern auch eine Hilfequelle. Denn es gibt viele gute Seiten, die Eltern wie Kinder im Fall von Mobbing oder Datenmissbrauch informieren. Und es gibt viele gute Foren, in denen man Rat, Unterstützung und Experten findet, die einem weiterhelfen. Mittlerweile haben zahlreiche Schulen in ganz Deutschland ein Mediatorenprogramm für Cybermobbing gestartet. Hier helfen speziell geschulte Jugendliche anderen Jugendlichen, begleitet von Schulsozialarbeitern und Schulpsychologen.

Ein Test für die Medienkompetenz

So weit unsere Tipps. Erfahrene Eltern werden jetzt vermutlich einwenden, dass ihre Kinder meinen, bereits über ausreichende Medienkompetenz zu verfügen. »Mama, Papa, ich kenne mich aus und weiß, was ich mache!« ist ein dann häufig gesagter Satz. Ach, wirklich? Dann fordern Sie Ihren Nachwuchs heraus. Denn es gibt einen großartigen Test, der Ihnen und Ihrem Kind verrät, wie weit es um die eigene Medienkompetenz wirklich bestellt ist: Auf der Webseite https://medienquiz.schau-hin.info können Sie gemeinsam ein Quiz spielen und dabei mögliche Wissenslücken schließen. Das Quiz unterscheidet zwischen Eltern und Kindern und nach Altersgruppen, man kann es aber auch als Familie gemeinsam spielen. Insgesamt müssen 15 Fragen beantwortet werden. Wird eine Frage falsch beantwortet, endet das Spiel. Zu jeder Frage (beispielsweise wie man sicher chattet oder welche Prüfstelle hierzulande die Altersangaben für Computerspiele festsetzt) gehört ausführliches und familiengerechtes Informationsmaterial.

Hinter dem Quiz steckt unter anderem das Bundesfamilienministerium. Wir empfehlen, dass Sie Ihren Nachwuchs das Quiz alleine spielen lassen. Schafft Ihr Kind, mindestens 13 Fragen richtig zu beantworten, ist das ein Indikator, dass es wirklich recht gut informiert ist und sich halbwegs sicher im Netz bewegen wird. Wahrscheinlicher ist aber, dass die Kinder durch den Test durchrasseln. Dann sollte Ihre Ansage lauten, dass Sie sich gemeinsam erst einmal schlaumachen, bevor Ihr Kind ganz allein surfen, spielen oder chatten darf. Und: Machen unbedingt auch Sie selbst den Test. Es sind übrigens nicht immer die gleichen 15 Fragen, sondern das Spiel wählt aus einer Fülle von Fragen aus. Es kann daher sein, dass Ihr Kind Ihnen die Fragen aus seiner zufälligen Auswahl des Quiz stellt. Dann sollten Sie besser vorbereitet sein.

Und noch einen Clou hat das Spiel: Wer das Quiz erfolgreich besteht, erhält am Ende eine Urkunde, die man ausdrucken und einrahmen oder zum Beispiel am Kühlschrank oder im Kinderzimmer aufhängen kann. Ein toller Anreiz, finden wir.

Regeln für die Mediennutzung

Neben allem bisher Erwähnten ist es wichtig, dass Regeln für die Mediennutzung gelten sollten – und zwar für alle, die Kinder und die Eltern. Wer sich daran hält, tut auch etwas gegen die Entgrenzung von Arbeit rein ins Privatleben. Denn wenn Sie mit Ihrem Kind ausmachen, dass der Computer und das Smartphone zum Beispiel ab 20 oder 21 Uhr ausgeschaltet werden, dann checken Sie bitte auch keine E-Mails mehr nach dieser Uhrzeit.

Präventionsexperte Cem Karakaya beispielsweise hat in seiner Familie folgende Regeln: Freitags ist Filmabend und die Tochter darf entscheiden, welcher Film angesehen wird – im Gegenzug gibt es ab 21 Uhr kein Internet mehr. Ebenso gilt, dass beim Essen weder der Fernseher läuft noch das Smartphone auf dem Tisch liegen darf. Und für den Urlaub haben sich die Eltern die Regel auferlegt, dass die dienstlichen Geräte zu Hause bleiben. Denn die haben im Urlaub nichts zu suchen. Der E-Mail-Server von Papa Karakaya wird so eingestellt, dass in dieser Zeit keine E-Mails eingehen, aber die Absender eine Nachricht erhalten: »Ihre E-Mail wird weder gelesen noch gespeichert noch beantwortet. Wenn Sie ein eiliges Anliegen haben, rufen Sie bitte die Polizei unter 110 an, wenn nicht, schreiben Sie Ihre E-Mail ab folgendem Datum bitte noch einmal.« Und als Datum ist der erste Arbeitstag nach dem Urlaub angegeben. Etwas Wichtiges hat Cem Karakaya trotzdem noch nicht verpasst. Eher habe der E-Mail-Shutdown einen positiven Nebeneffekt: Nach dem Urlaub muss er sich nicht mehr durch Hunderte ungelesene Nachrichten klicken.

Bei Familie Groll dagegen gibt es keinen kategorischen Onlineshutdown, wohl aber eine bewusste Offlinezeit am Abend, die nur der Familie gehört. Hier wird kein Anruf angenommen, keine WhatsApp-Nachricht gelesen, keine E-Mail beantwortet und auch mal keine Newssite gescannt. Sondern gekuschelt, gespielt, vorgelesen und sich bewusst miteinander beschäftigt.

Kinder müssen wissen, dass es auch ein Leben ohne Medien gibt. Dass Genuss auch ohne Geräte möglich ist, dass Wertschätzung Liebe, Verantwortung und Geborgenheit ausmacht, dass man direkt und unmittelbar bewusst miteinander Zeit verbringt – und sei es auch nur eine wertvolle Stunde am Tag. Wir sind davon überzeugt, dass dies die beste Prävention ist.

Übrigens gilt das nicht nur für Kinder, sondern auch für Freunde. Sicher kennen Sie das: Sie haben sich mit Bekannten, Kollegen und Freunden verabredet und dann gibt es doch diesen Moment, in dem alle auf ihr Smartphone schauen oder jemand einen Anruf erhält und nicht mit seiner Aufmerksamkeit bei Ihnen ist. Cem Karakaya hat für seinen Stammtisch daher eine Verabredung getroffen: Alle Stammtischbesucher müssen ihr Telefon in einen

Korb auf den Tisch legen. Und wessen Gerät klingelt, vibriert oder blinkt, der zahlt die nächste Runde. Das Ergebnis: »Am Ende eines jeden Abends weiß ich zwar nicht mehr, in welche Richtung die U-Bahn fährt. Aber ich habe bei meinem Stammtisch noch nie für mein Bier bezahlt,« sagt er.

Apropos Offlinezeit: Immer beliebter werden sogenannte digitale Detoxkuren – eine digitale Entgiftung sozusagen. Es gibt immer mehr Hotels, die damit werben, dass man bei ihnen komplett offline ist, zum Beispiel weil es wegen ihres Standorts mitten in den Bergen sowieso keinen Netzempfang gibt. In Österreich etwa kann man ganz bewusst unter dem Motto »Wandern statt WLAN« eine solche Kur machen und mit der ganzen Familie entschleunigen.[207] Man kann in einer Unterkunft auch ganz ohne Radio oder Fernsehen absteigen, manchmal gibt es nicht einmal einen Wecker. Und bei den Wandertouren ist man statt auf GPS auf eine Wanderkarte angewiesen.[208]

Wem das nicht reicht, der muss ins Camp Grounded nach Kalifornien in die USA reisen, das Mekka der Digital-Detoxbewegung.[209] Hier muss man am Eingang alles abgeben, was mit dem digitalen Leben zu tun hat. Dafür kann man meditieren und Yoga trainieren, sich im Müßiggang üben, Handarbeit lernen und ganz im Hier und Jetzt abtauchen. Und wer Kontakt mit der Außenwelt aufnehmen möchte, der darf auf einer Schreibmaschine einen Brief verfassen. Oder ihn mit der Hand schreiben. Die Campregeln sind ansonsten simpel: »No digital Technology, No W-Talk, No Networking, Leave your Work and Titles behind«.

Handy erst ab 16 Jahren

Zum Schluss wollen wir noch Antwort auf die Frage geben, ab wann Kinder eigentlich einen eigenen Computer und ein eigenes Handy haben sollten. Experten empfehlen ein Alter von 16 Jahren. In der Realität aber werden Teenager, die erst mit 16 ein eigenes Smartphone bekommen, häufig zum Außenseiter. Wir raten daher dazu, dass Kinder mindestens zwölf Jahre alt sein sollten, um ein eigenes Handy zu bekommen.

Generell sollten sich Eltern bewusst sein, dass Handys nicht zu früh in die Hände von Kindern gehören – auch wenn das Argument, die Kinder müssten im Notfall ein Telefon haben, sicherlich seine Berechtigung hat. Aber ob es dann ein Smartphone mit allen Möglichkeiten zum Surfen sein muss?

Um als Eltern die richtige Entscheidung treffen zu können, wann ein Kind mit einem Handy oder Computer verantwortungsvoll umgehen kann, sollte man auch ein wenig über die Entwicklung von Kindern Bescheid wissen: Bis zum dritten Lebensjahr bilden sich die neuronalen Verbindungen aus (die nicht mehr im späteren Leben ausgebildet werden können). Bis zum vierten Lebensjahr lernen Kinder aufzustehen, zu gehen und die Hände zu koordinieren. Es entfalten sich Sehschärfe und plastisch räumliches Sehen. Erst in einem Alter von zehn Jahren können Kinder die Außen- und Innenwelt unterscheiden, vorher sind sie noch ganz mit der Ausbildung der Organe und des Gehirns beschäftigt. Ebenfalls bis zum zehnten Lebensjahr entwickeln sich die Feinmotorik der Hände und Gliedmaßen, die durch vielfältige Anregungen gefordert werden müssen. Die Blicksteuerung der Augenmuskulatur ist erst im Alter von 18 Jahren – also mit Erreichen der Volljährigkeit – richtig ausgebildet.[210]

Wenn Ihr Kind ein Handy hat, sollten Sie ein paar Grundregeln zur Nutzung vereinbaren. Dazu gehört auch, dass das Gerät am Abend und vor allem in der Nacht ganz ausgeschaltet oder auf Flugmodus gestellt wird. Viele Kinder leiden nämlich wegen ihrer Smartphones unter Schlafstörungen – weil sie mit ihren Freunden nächtelang SMS schicken und chatten, spielen und kommunizieren und diverse Push-Meldungen von Apps und Anwendungen das Gerät auch nachts zum Vibrieren bringen. Daher sollten Sie auch darauf achten, welche Apps sich auf dem Gerät befinden und welche Einstellungen hier voreingestellt sind.

Auch Schulen haben mittlerweile klare Regen für den Umgang mit Smartphones und Laptops im Unterricht aufgestellt. Oft sind Handys in der Schule ganz verboten, mindestens aber im Unterricht. Da wird der Klassenraum zum Digital-Detox-Camp. Studien zeigen, dass Schulen mit Smartphoneverbot weniger Fälle von Cybermobbing haben.

Abschließend möchten wir Ihnen zwei Seiten ans Herz legen, die Sie zusammen mit Ihren Kindern einmal besuchen sollten: Die bereits erwähnte Seite www.schau-hin.info und www.klick safe.de. Wenn Sie und Ihr Nachwuchs die hier zusammengestellten Tipps beherzigen, klappt es auch mit der Sicherheit im Netz.

Sie haben nun erfahren, welche langfristigen Folgen Opfer von Internetkriminalität in Kauf nehmen müssen, aber auch, was man tun kann, um sich zu schützen. Die Liste mit Tipps ist weder vollständig noch abschließend, denn vieles verändert sich ständig. So wie sich die Technik ständig weiterentwickelt, ändern sich auch die Angriffsmethoden – und somit auch die Sicherheitstipps. Was heißt das für die Welt, in der wir künftig leben? Einen Ausblick darauf wollen wir im letzten Kapitel geben und ein Fazit ziehen.

Kapitel 8
Verräterische Daten:
In welcher Welt wollen wir leben?

In diesem Kapitel möchten wir auf die bereits erwähnte menschliche Firewall eingehen. Technischer Schutz ist zwar wichtig und notwendig, aber irgendwo auf der Welt gibt es immer einen Hacker, der eine Lücke finden kann und es früher oder später auch tun wird. Ein eindringliches Beispiel dafür ist die Sicherheitslücke in den Intel-Prozessoren, die erst Jahrzehnte später bekannt wurde. Wir zeigen daher in diesem Kapitel auf, was Verschlüsselung wirklich bringen kann. Am effektivsten ist jedoch, unser eigenes Verhalten so zu ändern, dass wir uns trotz wachsender Internetkriminalität einerseits und trotz ständiger Analysen unserer Datenspuren andererseits möglichst sicher durchs Netz bewegen. Außerdem ziehen wir ein Fazit und diskutieren die Frage, wie die digitalisierte Welt von morgen eine sichere sein kann.

Die Digitalisierung ist nicht mehr umkehrbar. Weder Computer noch das Internet sind aus unserem Leben mehr wegzudenken. Und immer wichtiger wird auch künstliche Intelligenz (KI). Schon heute ist KI kaum noch von menschlicher Intelligenz unterscheidbar. Der sogenannte Turing-Test – benannt nach dem britischen Mathematiker und Logiker Alan Turing – wird immer öfter von Software bestanden. Turing entwickelte das Konzept der künstlichen Intelligenz und im Zusammenhang damit das Frage-Antwort-Spiel »Können Maschinen denken?«, auf dem der

Test basiert. Dieser funktioniert folgendermaßen: Ein Proband unterhält sich per Text-Chat mit zwei Gesprächspartnern, die er nicht sehen oder hören kann. Einer davon ist ein Mensch, der andere ein Computer. Der Proband stellt den Gesprächspartnern dabei Fragen. Hinterher soll er einschätzen, welches Gegenüber der Mensch und welches die Maschine war. Wenn der Proband den Computer in mehr als 30 Prozent der geführten Unterhaltungen für einen Menschen hält, gilt der Turing-Test als bestanden. Seit 2014 ist das regelmäßig der Fall.[211] Damals teilte die University of Reading mit, dass die russische Software mit der Bezeichnung Eugene Goostman den Test erstmals erfolgreich bestanden habe.[212] Zwar gab es später Kritik an dieser Auslegung, aber seither mehren sich die Fälle, in denen Turing-Tests bestanden wurden.

Wir leben also in Zeiten, in denen sich zunehmend menschliche und künstliche Intelligenz nicht mehr voneinander unterscheiden lassen – kein Wunder, dass immer mehr Forscher davor warnen, dass dies geradezu ein Weckruf für Internetkriminelle sei. Und genau das passiert: Cybercrime nimmt zu und immer öfter wird auch künstliche Intelligenz dafür genutzt.

Wir haben in den vorausgegangenen Kapiteln gezeigt, wie vielfältig die Maschen, Tricks und Methoden der Täter sind. Und dass die Möglichkeiten für Internetkriminalität in der digitalisierten Welt schier unendlich sind. Wir werden uns daher darauf einstellen müssen, mit immer neuen Formen von Cyberkriminalität zu leben. Das heißt aber nicht, dass wir den digitalen Gefahren hilflos ausgeliefert sind. Denn natürlich verändern sich auch die Möglichkeiten, wie man sich schützen kann – und auch hier lässt sich KI einsetzen.

Nicht die Technologien sind gefährlich. Die Menschen, die sie benutzen, sind es. Ebenso wenig wie ein Hammer zunächst nur ein neutrales Werkzeug ist, das in den Händen eines Mörders zu einer gefährlichen Waffe werden kann.

Die Debatte über Internetkriminalität wird leider viel zu einseitig geführt. Immer noch wird die Technologie verteufelt, statt kluge Fragen zu stellen, wie sie für einen besseren Schutz verwendet werden kann. Wir haben in Kapitel 1 dargestellt, dass es nichts bringt, Ängste zu schüren – die Chancen der Digitalisierung überwiegen, solange wir die digitale Welt nicht den Kriminellen und Schurken überlassen. Dafür brauchen wie medienkompetente Bürger. Das heißt, wir müssen unser Verhalten so ändern, dass wir es den Tätern schwerer machen. Als Verbraucher und normale Internetnutzer einerseits. Andererseits sind aber auch die Unternehmen gefragt, sie müssten zum Beispiel ihre Geschäftspolitik ändern, beispielsweise keine Rechnungskäufe mehr erlauben und ihren Umgang mit Kundendaten noch sicherer machen.

Kapitel 2 hat gezeigt, wie leicht es heute ist, die persönlichen Daten eines anderen zu missbrauchen und diese beispielsweise für Warenkreditbetrug zu nutzen. Die Unternehmen kalkulieren den Schaden, der auf diese Weise entsteht, mit ein – an die Opfer denkt indes kaum jemand. Auch wenn die neue Datenschutzgrundverordnung künftig die Rechte der Opfer stärken wird, so werden sie dennoch für Schadensersatz in die juristische Auseinandersetzung mit den Firmen gehen müssen. Wir gehen davon aus, dass trotz der Beweisumkehr auch künftig die Opfer von Identitätsdiebstahl den datenverarbeitenden Unternehmen und Versandhändlern beweisen müssen, dass ihnen ein Schaden entstanden ist – und das, obwohl in vielen Unternehmen der Datenschutz lange nicht so eingehalten wird, wie es das Gesetz eigentlich vorsieht.

Immerhin, das hat Kapitel 3 dargelegt, reagiert die Politik auf die neuen Phänomene. Nicht zuletzt auch, weil sie selbst betroffen ist: Das Netzwerkdurchsetzungsgesetz ist ein Beispiel dafür. Es ist die Antwort der Politik auf die zunehmenden Hasskommentare im Netz. Schon lange geht es ja nicht nur um Taten, mit denen sich Kriminelle wirtschaftlich bereichern wollen – es geht darum, politisch Einfluss zu nehmen. Dafür werden beispielsweise Bots eingesetzt, die sich wie echte Nutzer verhalten und Debatten in eine bestimmte Richtung drängen, und wer politisch vorne mitspielen will, kauft sich gleich Tausende Fake-Follower. Alles das ist möglich, weil Unternehmen wie Facebook, Twitter oder YouTube das Spielchen mitspielen und Gesetzen auf nationalstaatlicher Ebene wenig Beachtung schenken. Auch wenn im Zuge des Netzwerkdurchsetzungsgesetzes mittlerweile mehr Hasskommentare gelöscht werden, reichen die Bemühungen noch lange nicht aus. Das wird auch von zahlreichen Netzaktivisten wie beispielsweise dem Journalisten und Blogger Richard Gutjahr bemängelt.[213] Gutjahr hat die Erfahrung gemacht, dass beispielsweise Hassvideos nicht verschwinden. Im Gegenteil: Wer gegen sie vorgeht, muss oft damit rechnen, dass eine Flut von Bildern, Videos und Kommentaren hinterherkommen. Er fordert, dass sich alle stärker mit der Parallelwelt der Trolle, Kriminellen und bösen Hacker auseinandersetzen sollen. Denn es geht um die Frage, wie frei und wie sicher das Netz sein kann.

In Kapitel 4 haben wir erklärt, dass die Orte und die Wege, wo und wie Daten über uns gesammelt werden, schier unendlich zu wachsen scheinen. Immer mehr Dienste, Anwendungen und Angebote im Netz erheben und verarbeiten Daten – und immer öfter nutzen wir bereitwillig vermeintlich kostenlose Apps und Dienste. Hierbei bezahlen wir jedoch mit unseren wertvollen persönlichen Daten. Und dann erst die vielen smarten Geräte – vom Auto bis zur Küchenmaschine sind immer mehr Gebrauchsgegenstände internetfähig und sammeln und verwerten Daten, selbst wenn sie nicht einmal angeschlossen sind. Big Data bedeutet, dass die vielen Datentöpfe immer neu vermischt und vermengt werden. Eine Prise hiervon, ein Löffelchen davon, dreimal umrühren – fertig ist die neue Datenanalyse, die für uns die eine oder andere Konsequenz entfalten kann. Schon das allein ist kaum zu überblicken, noch viel chaotischer wird es aber, wenn uns »falsche« Daten zugeordnet werden, die beispielsweise etwas mit einer Straftat zu tun haben. Das können falsche Forderungen aus einem Identitätsdiebstahl sein, die unsere Bonität auf Jahre immer wieder beeinträchtigen. Noch fataler ist es, wenn falsche Daten in die Akten von Behörden gelangen. Die Fälle der Journalistinnen und Journalisten, deren Akkreditierungen für eine Berichterstattung über den G-20-Gipfel in Hamburg im Jahr 2017 kurzfristig wieder entzogen wurden, deuten daraufhin, dass bei den betroffenen Medienvertretern personenbezogene Daten teilweise unrichtig abgespeichert und zusammengeführt wurden.[214] Und so wurden diese Journalisten plötzlich von den Behörden als Gefahr eingestuft – mit der Folge, dass sie ihren Beruf nicht ausüben konnten.[215] Recherchen von ARD-Journalisten zufolge trifft dies auch nicht nur auf Medienvertreter zu. Personenbezogene Daten werden über viele Bürgerinnen und Bürger von den Behörden gespeichert – oft über Jahre und Jahrzehnte. Und so ist nicht auszuschließen, dass jemand, der als Student am Rand einer Demonstration von Linken erwischt wurde, sich Jahrzehnte später als gefährlicher Linksextremer in den Akten der Sicherheitsbehörden wiederfindet. Schlicht weil mit Daten nicht sauber gearbeitet wird und vieles zwar schnell gespeichert, aber eben kaum gelöscht, aktualisiert oder bereinigt wird. Man stelle sich nun vor, dass die Daten von einem Identitätsdiebstahl auf diese Weise in die Behördenspeicher geraten und nicht gelöscht werden ... da sind böse Überraschungen für die Zukunft vorprogrammiert.

Die Macht, die Behörden, Unternehmen und erst recht globale Plattformen wie Facebook bei der Verarbeitung, Speicherung und Weitergabe von Daten haben, darf nicht unterschätzt werden. Gut ist es, wenn man sich Big Data bewusst ist – und im Zweifel zumindest weiß, wie man überprüfen kann, wer welche Daten gespeichert hat und wie man eine Löschung von falschen Daten veranlassen kann.

Kapitel 5 schließlich hat einen Blick auf die Täter geworfen: Nicht jeder Hacker führt Böses im Schilde. Und nicht jeder digitale Vandale steht im Dienste des organisierten Verbrechens. Die einen verfolgen vielleicht sogar eine politische Absicht, manche stehen gar im Dienste von Staaten, aber den meisten geht es darum, sich zu bereichern. Sie wissen, dass sie auf diese Weise schnell und leicht viel Geld verdienen können.

Wie aus der Beute dann reales Geld wird, das haben wir im sechsten Kapitel erläutert und gezeigt, dass die Täter oftmals dafür gar nicht im Darknet oder mit Kryptowährungen operieren müssen. Es reicht schon, Menschen – ohne dass sie es wissen – zu illegalen Finanzagenten zu machen oder ihnen als moderner Heiratsschwindler sehr viel Geld aus der Tasche zu ziehen. In Westafrika ist eine regelrechte Scamming-Wirtschaft entstanden. Recherchen der Fernsehjournalistin Petra Wernz und ihres Teams zeigen in der SWR-Dokumentation »Betrogene Liebe: Auf der Spur der Internet-Abzocker«[216] beispielsweise eindringlich, dass jene jungen Männer und Frauen, die sich einsamen Europäern gegenüber als große Liebe ausgeben und oft über Wochen und Monate eine innige Beziehung per Chat aufbauen, selbst Opfer sind – Opfer der wirtschaftspolitischen Umstände: Sie leben oft in bitterer Armut und haben wenig Chancen darauf, mit ehrlicher Arbeit ein besseres Leben aufbauen zu können, geschweige denn in dem Reichtum und Überfluss und der Sicherheit leben zu dürfen, die es in Westeuropa gibt. Heißt das also, die Opfer müssen Mitleid mit den Tätern haben? Nein, es heißt aber, wie in den meisten Fällen von Kriminalität, dass mehr Chancengleichheit, weniger Armut und mehr Stabilität weltweit dazu führen können, dass es weniger Straftaten gibt. Und das wäre langfristig das große Ziel.

Blicken wir wieder auf die Opfer. Denn sie sind es, die oft Jahre mit den Folgen der Taten zu kämpfen haben, wie wir in Kapitel 7 gezeigt haben. Für sie wird sich künftig mit dem neuen EU-Datenschutzgesetz etwas verbessern. Noch mehr wäre getan, wenn weniger Menschen nicht mehr die Grundannahme hätten, dass sie nie Opfer von Internetkriminalität werden könnten, weil sie ja nicht fahrlässig mit ihren Daten umgingen. Denn das ist leider ein Mythos.

Wir müssen anerkennen, dass wir in der digitalisierten Welt ein neues »Normal« haben.[217] Wir sind immer online und immer erreichbar. Wir hinterlassen permanent Datenspuren, die von den unterschiedlichsten Akteuren ausgelesen werden.

Das führt zu verschiedenen Trends, die unsere künftige Welt prägen werden, die unser Verhalten beeinflussen und letztlich auch die Art und Weise, wie wir mit anderen interagieren und kommunizieren, sprich: wie wir leben und welchen digitalen Gefahren wir dabei ausgesetzt sein werden.

Zum einen ersetzt der bloße Wissenszugang mehr und mehr Wissen. Denn es ist ja irrelevant, wer wie viel weiß. Man kann jegliches Wissen in Sekundenschnelle herbeigoogeln. Allerdings kann nicht jeder die Seriosität der Quelle einschätzen. Falschnachrichten werden zunehmen, Unwahrheiten werden zu »alternativen Fakten« erklärt.

In Zukunft ersetzt die Crowd-Befragung zunehmend echte Kreativität. Brainstorming war noch nie so einfach – aber wenn wir unsere Ideen nur noch entlang der Masse entwickeln, kann das langfristig dazu führen, dass ganz neue und vielleicht erst einmal abwegige Gedanken von Einzelnen nicht mehr vorkommen oder untergehen. Es waren aber in der Menschheitsgeschichte stets die Querdenker, die echte Innovationen hervorgebracht haben.

Darum ist es nicht ohne Risiken, dass Big Data zunehmend auch Intuition ersetzt. Firmenstrategien werden beispielsweise nur noch durch gigantische Datenanalysen festgelegt. Aber Datenanalysen sind immer rückwärtsgewandt – sie basieren auf einem bestehenden Datensatz. Und auch da, wo künstliche Intelligenz künftige Entwicklungen prognostiziert, tut sie es auf der Basis bestehender Daten. Man muss infrage stellen, ob das die richtige Grundlage für künftige Entwicklungen und Entscheidungen ist. Es sollte mindestens nicht die einzige sein.

Ein weiterer Trend ist, dass Selbstverständlichkeit zunehmend Freude verdrängt. Denn die Vorstellung darüber, was ein schöner Erfolg ist, verändert sich. Vieles wird immer einfacher – die Technik nimmt uns schließlich vieles ab. Ein Beispiel? Kluge Algorithmen sagen uns unser künftiges Handeln voraus, nehmen Entscheidungen vorweg, beeinflussen uns allerorten und immerzu. Dadurch verlieren wir einerseits Kreativität und andererseits die Fähigkeit, auch kritisch zu denken. Eigenständiges, unbeeinflusstes Handeln und Entscheiden wird zur Rarität. Wir erwarten Selbstverständlichkeiten, statt spontan zu handeln. Wir legen eine Art Flatrate-Denken an den Tag und verlernen, gezielt auszuwählen. Da, wo alles digitalisiert ist, brauchen wir uns ja nicht zu beschränken. Weil so vieles selbstverständlich und immer verfügbar ist, weil wir uns immer weniger hart verdienen müssen, werden wir unzufriedener.

Wir werden auch deshalb unzufriedener, weil uns allerorten vorgegaukelt wird, wie perfekt andere sind. Wir sind ja ständig mit dabei – wir sehen Selfies aus dem Urlaub von Freunden und weil wir sowieso Hunderte von Freunden in den sozialen Netzwerken haben, fehlt uns die Zeit, sie wirklich zu treffen und mit ihnen eine schöne Zeit zu verbringen. Aber das macht langfristig etwas mit der Qualität unserer Beziehungen: Wir sind zwar ständig mit dabei, aber nirgends so richtig. Und so ersetzt Erreichbarkeit echte Nähe. Weil wir jetzt mit dem Smartphone jederzeit überall sein können, sind wir es oft auch. Das führt jedoch zu Stress. Oder zu einer neuen Form von Kommunikation. Wir reden in Häppchen und führen Konversationsfäden statt ganze Gespräche: Denn all die Chatprogramme ersetzen kein echtes, reales Gespräch. Ein solches lässt sich auch nicht auf Pause setzen wie ein Chat. Ein echtes Gespräch ist viel eindringlicher, fordernder, wir müssen schnell und ungefilterter reagieren, als wenn wir tippen und Emoticons verwenden können.

Alles das führt auch dazu, dass Unverbindlichkeit Zuverlässigkeit ersetzt. Für Pessimisten ist das ein Verlust von Loyalität und Verantwortungsbewusstsein, für Optimisten ein Gewinn an Autonomie und Flexibilität. Manche haben sogar auf ihrem Smartphone Vorlagen gespeichert wie: »Ich verspäte mich 10 Min.« Und wie wirkt das auf andere? Zunehmend erleben wir, dass soziale Kontrolle Vertrauen ersetzt. Soziale Netzwerke werden zur Waffe von eifersüchtigen Partnerinnen oder Partnern. Oder gleich zum digitalen Pranger. Und der Ortungsdienst auf dem Handy sowie das Gelesen-Häkchen im Chatprogramm befeuern unablässig den Überwachungsdrang. Schließlich wird Wertschätzung von Aufmerksamkeit abgelöst. Es reicht uns schon, dass unsere Kontakte den Like-Button klicken, statt uns ein qualifiziertes Feedback zu geben. Zustimmung ist wichtiger als der Dialog der Meinungen.

Wir leben in einer Welt, in der es die vielfältigsten Dauerangebote gibt – Zerstreuung ist allgegenwärtig. Aber wie lange ist es her, seit wir wirklich mal allein waren und uns mit uns selbst beschäftigt haben? Wir verlernen zu warten. Selbst wenn es nur wenige Minuten an der U-Bahn sind, die wir nutzen könnten, um uns in der immer schneller werdenden Welt kurz auf uns selbst zu fokussieren und die Gedanken schweifen zu lassen: Immerzu ist das Smartphone griffbereit, das Dauerfeuer geht weiter. Und so wird Alleinsein zu einem sehr raren Gut.

Am Ende ersetzt Performance Authentizität: Wer ständig vernetzt ist, wird auch ständig beobachtet. Deswegen versucht man, immer nur Positives zu berichten. Und so verlernen wir, mit Schicksalsschlägen umzugehen. Wem etwas Schlimmes widerfährt, sieht sich an den Rand katapultiert, weil er keine Erfolgsmeldungen mehr liefern kann. Doch die ständige Selbsttransparenz macht noch etwas anderes mit uns: Sie vernichtet Geheimnisse.

Fakt ist: Die Art und Weise unserer Kommunikation hat sich komplett verändert. Und jeder muss mitmachen – ansonsten besteht die Gefahr, an den digitalen Pranger gestellt zu werden. Nur wenige Menschen widersetzen sich dem. Sie verweigern sich den sozialen Netzwerken, sie kommunizieren nur verschlüsselt, verwenden sichere Nachrichtendienste wie Telegramm oder Threema oder sie lehnen jegliche digitale Kommunikation gleich gänzlich ab. Dafür werden sie als Verschwörungstheoretiker abgetan, sie gelten sogar als verdächtig. Dabei wird künftig verschlüsselte Kommunikation immer wichtiger – und rechtlich sogar vorgeschrieben.

Überblick über Verschlüsselungstechniken

Studien zufolge nutzen 16 Prozent der Internetnutzer standardmäßig Verschlüsselung.[218] Die Zahl dürfte in Zukunft steigen, denn mit Inkrafttreten der EU-Datenschutzgrundverordnung (DSGVO) darf kein Unternehmen mehr unverschlüsselt per E-Mail kommunizieren. Verschlüsselte E-Mails sind das eine.

Leider kommt es sehr oft vor, dass viele Nutzer vermeintlich alte USB-Sticks, Handys, Laptops oder Rechner einfach so wegwerfen oder verschenken. Man speichert vielleicht die wichtigsten Daten, manchmal formatiert man auch die Festplatte. Aber die wenigsten sorgen wirklich dafür, dass alle Daten komplett zerstört werden. Heutzutage gibt es vielfältige Möglichkeiten, Daten wiederherzustellen, und tatsächlich gibt es Kriminelle, die sich darauf spezialisiert haben, von vermeintlichen Schrottgeräten einfach die Daten zu ziehen.

Daher sollte man besser generell auf Verschlüsselung setzen. An dieser Stelle liefern wir einen kurzen Überblick über die gängigen Methoden und Techniken.

Da wäre zum einen die *Hardware-Verschlüsselung*, mit der sich Festplatten sichern lassen. Möglich ist auch die Verschlüsselung mithilfe des Prozessors. Natürlich gibt es auch *Softwareverschlüs-*

selung – also Programme, die die Festplatte oder Cloud-Laufwerke schützen. Es gibt *Verschlüsselung von mobilen Daten*, meist in Form einer App auf dem Smartphone. Und die Nutzung eines *IndependenceKey*: Hier erfolgt die Verschlüsselung auch auf Hardwarebasis. In diesem Fall benutzt man einen speziellen USB-Stick, der sowohl Festplatten als auch Cloud-Laufwerke, Internettelefonie und Chats verschlüsseln kann. Mit einem *virtuellen privaten Netzwerk (VPN)* werden Internetverbindungen und virtuelle Netzwerkverbindungen verschlüsselt. Eine *HPPTS-Verschlüsselung* zeigt an, dass eine Internetseite verschlüsselt ist und die Verbindung entsprechend sicher. Und E-Mails werden entweder vom Anbieter selbst oder mit einem Programm wie *GPGTools (für Mac) und Gpg4Win (für Windows)* verschlüsselt.

Verschlüsselung zu praktizieren, ist heute ganz einfach: mit der entsprechenden App auf dem Smartphone, einem Verschlüsselungsprogramm oder einem Stick. Die Anwendungen sind mittlerweile leicht handzuhaben. Wer sich lieber die verschiedenen Tools direkt zeigen lassen möchte, kann auch eine sogenannte Krypto-Party beispielsweise beim Chaos Computer Club (CCC) besuchen.

Genauso wichtig ist es, dass wir unsere menschliche Firewall immer aktuell halten. Das bedeutet erstens, die zumindest gängigsten Gefahren zu kennen, und zweitens, über mögliche Sicherheitslücken Bescheid zu wissen. Und damit meinen wir nicht die Lücken in der Soft- oder Hardware, von denen es immer wieder neue geben wird. Wir meinen die Lücken in unserem Verhalten: Sicherheitswarnungen nicht ernst zu nehmen, aus Faulheit Updates nicht zu installieren oder, weil es Arbeit macht, Sicherheitseinstellungen nicht vorzunehmen.

Angesprochen sind vor den Nutzern aber in erster Linie die Hersteller: Die Handhabung von Sicherheitsprogrammen muss einfach sein. Gerade Menschen, die mit der Technik nicht so vertraut sind, haben heute oftmals Probleme damit, alle Sicherheitsvorkehrungen richtig zu treffen. Oftmals aus Unsicherheit klicken gerade ältere Nutzer den Knopf »später erinnern«, wenn ein Update des Betriebssystems ansteht, zum Beispiel, weil sie nicht verstehen, um was es geht, weil Programme, die man gerade benutzen möchte, dafür geschlossen werden müssen oder ein zeitfressender Neustart des Computers erforderlich ist. Oder weil die erwachsenen Kinder erst an Weihnachten Zeit dafür haben werden. Und so werden die erforderlichen Installationen eben nicht durchgeführt – im schlimmsten Fall so lange, bis Software inaktuell geworden ist und etwa mehrere Programme nicht mehr miteinander kompatibel geworden sind und es deshalb ganz andere Probleme mit dem Rechner gibt. Irgendwann wird es für viele Nutzer gänzlich unüberschaubar. Und dann? Werden vermeintlich kostenlose Lösungen aus dem Internet heruntergeladen, die ihrerseits Sicherheitsrisiken mitbringen. Oft stecken hinter solchen Angeboten aber erst recht unseriöse oder ihrerseits unsichere Lösungen und man lädt sich statt eines Antivirenscanners beispielsweise Schadware herunter. Und so zieht ein Problem ein anderes nach sich.

Eine weitere Schwäche in unserem Verhalten ist es, wichtige Back-ups zu vergessen oder eben aufzuschieben. Man denke nur an all die Fotos, die man nie wieder wird machen können. Doch auch hier scheitern viele Nutzer an den Bedingungen: Da fehlt der Speicherplatz einerseits, andererseits ist die erforderliche Soft- und Hardware zu kompliziert in der Handhabung. Da wird auch diese Aufgabe als lästig empfunden und auf später verschoben, sogar dann, wenn der Computer eigentlich von selbst daran erinnert und die Back-ups automatisch ausführen würde. Zum Beispiel nachts, ohne dass man dann durch die Aktualisierung beeinträchtigt wird. Gefragt sind daher auch hier einfache Lösungen, die trotzdem umfassend sind und die so leicht auszuführen sind, dass eben auch eine 80-Jährige, die gerade erst anfängt, sich mit dem Netz zu beschäftigen, damit umgehen kann.

Ferner ist es wichtig, kritisch zu bleiben – gerade, wenn ein neuer Trend gehypt wird, wie beispielsweise die vielen neuen Entwicklungen im Bereich Smarthome. Die neuen Errungenschaften sind zwar verlockend, aber derzeit gibt es noch viele Sicherheitslücken. Daher lautet unser Rat drittens, kritisch infrage zu stellen, ob wirklich jedes internetfähige Gerät auch mit dem Netz verbunden werden sollte oder ob wirklich jede Funktion in einem Gerät aktiviert werden muss. Wer sein Haus mit solchen Geräten und Innovationen ausstatten möchte, sollte sich daher schlaumachen, wo die Grenzen der Technik liegen. Auch hier gelten die Schritte eins und zwei: mögliche Risiken und Gefahren kennen und dafür sorgen, dass diese mit einfach handhabbaren Schutzmaßnahmen abgesichert werden.

Viertens gehört dazu, dass wir nicht blind vertrauen, denn Sicherheit kommt vor Höflichkeit. Auf diese Weise kann man vielleicht vermeiden, Opfer eines CEO-Frauds oder eines Scammers zu werden. Und auch da, wo unsere Hilfsbereitschaft gefragt ist, sollten wir lernen, uns, bevor wir Daten herausgeben, kurz zu fragen: Kann damit ein Schaden angerichtet werden? Das ist vielleicht eine der schwierigsten Herausforderungen.

Fünftens gilt es, den Wert der eigenen Daten und Informationen nicht zu unterschätzen. Und den Wert der Daten unseres Arbeitgebers auch nicht. Stichwort Shoulder Surfing und allzu freigiebige Telefonate im Zug.

Oft überblicken wir die Folgen eines solchen Fehlers zudem nicht. Besonders fatal ist es, wenn das in einem Unternehmen geschieht, in dem auf Fehler mit Sanktionen reagiert wird. Natürlich führt dies dazu, dass Fehler vertuscht werden – aus Angst vor Strafe. Daher fordern wir, sechstens, dass Unternehmen generell mehr für eine Fehlerkultur der Transparenz und Offenheit tun sollten und Beschäftigte gut schulen, aber eben nicht bestrafen dürfen.

Im Übrigen sollte jeder beharrlich seine digitalen Kompetenzen schulen. Dafür muss man keine umfangreichen Weiterbildungen absolvieren und man muss noch nicht einmal Fachmagazine lesen. Man sollte einfach den klaren Menschenverstand einschalten. Und im Zweifel folgende sechs Quellen zurate ziehen, von denen wir bereits einige erwähnt haben und die wir an dieser Stelle zusammengefasst aufführen wollen.

Da wäre, erstens, das Bundesamt für Sicherheit in der Informationstechnik (BSI), das für Fragen der IT-Sicherheit zuständig ist und Bürger über Cybersicherheit informiert. Es ist unter www.bsi-fuer-buerger.de erreichbar. Zweitens empfehlen wir die Seite www.klicksafe.de, die EU-Initiative für mehr Sicherheit im Internet, auf der sowohl Eltern als auch Kinder wertvolle Informationen finden. Ebenso wie auf www.schau-hin.info, einem Elternratgeber, der unter anderem vom Bundesfamilienministerium gefördert wird. Zudem empfehlen wir die digitalen Marktwächter der Verbraucherzentralen (www.verbraucherzentrale.de) sowie die Seite www.polizei-beratung.de, die Präventionsseite der Polizei.

Fehlt nur noch eine Seite: Auf www.blackstone432.de ist mehr von uns zu finden.

Tina Groll und Cem Karakaya

Quellenangaben

Kapitel 1

1. Vgl. http://www.zeit.de/digital/datenschutz/2010-01/identitaetsdiebstahl-selbsterfahrung
2. Vgl. https://de.statista.com/statistik/daten/studie/235852/umfrage/identitaetsdiebstahl-in-deutschland/
3. Vgl. https://www.heise.de/newsticker/meldung/Analyse-zur-Prozessorluecke-Meltdown-und-Spectre-sind-ein-Security-Super-gau-3935124.html
4. Vgl. https://www.bmbf.de/de/schneller-als-die-datendiebe-5528.html
5. Vgl. https://www.heise.de/newsticker/meldung/Meltdown-und-Spectre-Spontane-Neustarts-nach-Updates-von-Intels-Haswell-und-Broadwell-CPUs-3940326.html

Kapitel 2

6. Vgl. http://www.zeit.de/online/2009/34/schufa-kreditinformationen-falsch
7. Vgl. http://www.berliner-zeitung.de/berlin/online-abzocke-kriminelle-betruegen-berliner-politiker-in-grossem-stil-27872342
8. Vgl. http://www.pwc.de/de/handel-und-konsumguter/pwc-umfrage-zu-cyber-security-jeder-dritte-von-identitaetsklau-im-netz-betroffen.html
9. Vgl. https://www.schufa.de/de/ueber-uns/presse/pressemitteilungen/identitaetsdiebstahl.jsp
10. Vgl. https://de.statista.com/statistik/daten/studie/235852/umfrage/identitaetsdiebstahl-in-deutschland/
11. Vgl. http://www.deutschlandradiokultur.de/in-meinem-namen-identitaetsdiebstahl-und-die-folgen.976.de.html?dram:article_id=321685

12 Vgl. http://www.ndr.de/nachrichten/netzwelt/Identitaetsdiebstahl-im-Netz-was-tun-hilfe,identitaetsdiebstahl102.html
13 Vgl. https://www.diw.de/documents/publikationen/73/diw_01.c.498298.de/15-12-6.pdf
14 Vgl. https://www.bka.de/DE/UnsereAufgaben/Deliktsbereiche/Internetkriminalitaet/internetkriminalitaet_node.html
15 Vgl. http://www.ndr.de/nachrichten/netzwelt/Identitaetsdiebstahl,identitaetsdiebstahl100.html
16 Vgl. ebenda
17 Name aus Datenschutzgründen geändert.
18 Nachdem Identitätsdiebstahl auch der Wirtschaft geschadet hat, wurde 2006 die sogenannte President's Identity Theft Task Force ins Leben gerufen, die bereits ein Jahr später einen strategischen Plan präsentierte und im September 2008 einen ersten Erfolgsbericht veröffentlichte. Darin sind unter anderem Schulungen für Menschen vorgesehen, die etwa bei Behörden mit sensiblen Daten umgehen, außerdem eine Verschärfung der gesetzlichen Bestimmungen und eine strengere Verfolgung der Täter bei Identitätsdiebstahl und eine bessere Unterstützung der Opfer.
19 Vgl. www.identitaetsdiebstahl.info
20 Vgl. http://www.zeit.de/wirtschaft/unternehmen/2010-02/auskunfteien-datenschutz-verbraucher
21 Vgl. http://www.zeit.de/digital/datenschutz/2010-06/identitaetsdiebstahl-studie
22 Einem Beschluss der EU-Kommission aus dem Jahr 2000 zufolge sollen Unternehmen personenbezogene Daten nur in Übereinstimmung mit der europäischen Datenschutzrichtlinie aus einem Land der Europäischen Union in die USA übermitteln dürfen. Die sogenannte Safe-Harbor-Entscheidung wurde aber vom Europäischen Gerichtshof (EuGH) im Oktober 2015 für ungültig erklärt. Im August 2016 trat eine Nachfolgeregelung in Kraft, die den Namen EU-US Privacy Shield trägt.
23 Vgl. http://www.handelsblatt.com/finanzen/banken-versicherungen/wirtschaftsauskunftei-equifax-datenklau-im-grossen-stil/20303392.html
24 Vgl. https://www.golem.de/news/identitaetsdiebstahl-versicherungen-wittern-geschaeft-mit-der-internetangst-1401-103820.html

25 Vgl. https://www.meineschufa.de/downloads/SCHUFA_Broschuere_UpdateService.pdf
26 Vgl. https://www.schufa.de/de/ueber-uns/unternehmen/schufa/
27 Vgl. ebenda
28 Vgl. https://www.heise.de/newsticker/meldung/Schufa-erfasst-ab-sofort-Identitaetsdiebstahl-3312239.html
29 Vgl. https://www.meineschufa.de/index.php?site=22_1
30 Vgl. https://selbstauskunft.net/produkte
31 Vgl. Boyle, T. C.: Talk talk. München 2008
32 Vgl. https://www.gesetze-im-internet.de/urhg/__22.html
33 Vgl. https://www.gesetze-im-internet.de/stgb/__131.html
34 Vgl. https://www.gesetze-im-internet.de/stgb/__184.html
35 Vgl. https://www.welt.de/vermischtes/article110103789/Der-stumme-Hilferuf-der-Amanda-Todd-15.html

Kapitel 3

36 Vgl. https://www.pwc-wissen.de/pwc/de/shop/publikationen/Economic+crime+-+Global+Economic+Crime+Survey/?card=12954
37 Vgl. http://www.sueddeutsche.de/muenchen/fuerstenfeldbruck/firmen-fuerchten-imageverlust-schaedling-aus-dem-cyberspace-1.3632495
38 Vgl. https://www.cisco.com/c/m/en_au/products/security/offers/cybersecurity-reports.html
39 Vgl. http://www.faz.net/aktuell/wirtschaft/schaeden-in-milliarden-hoehe-durch-Cyberangriffe-15164764.html
40 Vgl. http://www.searchsecurity.de/meinung/Ransomware-as-a-Service-Erpressersoftware-als-Dienstleistung
41 Vgl. https://www.experten.de/2016/08/31/betrugsmasche-zahlungsverkehr/
42 Vgl. http://www.capital.de/themen/betrueger-erbeuten-40-mio-euro-von-leoni.html
43 Vgl. https://www.heise.de/newsticker/meldung/Wanna-Cry-Was-wir-bisher-ueber-die-Ransomware-Attacke-wissen-3713502.html
44 Vgl. https://www.google.de/url?sa=t&rct=j&q=&esrc=s&source=web&cd=2&ved=0ahUKEwjTmp2nodnVAhXBLlAKHZleADcQ

FggrMAE&url=https%3A%2F%2Fwww.rolandberger.com%2Fpublications%2Fpublication_pdf%2Froland_berger_krankenhaus-studie_2017.pdf&usg=AFQjCNHFDs6Q_VlytlzSGc1qlv3ccpqLiA

45 Vgl. https://www.bsi.bund.de/DE/Presse/Pressemitteilungen/Presse2016/Ransomware_Umfrage_27042016.html
46 Vgl. https://yougov.de/news/2017/08/03/cyber-attacken-hochriskante-lage-fur-unternehmen/
47 Vgl. http://www.wiwo.de/unternehmen/it/steven-wilson-ohne-cyber-sicherheit-wird-es-bald-wirklich-ungemuetlich/19999260-all.html
48 Vgl. https://www.kaspersky.com/blog/the-human-factor-in-it-security/
49 Vgl. http://www.sueddeutsche.de/muenchen/fuerstenfeldbruck/firmen-fuerchten-imageverlust-schaedling-aus-dem-cyberspace-1.3632495
50 Vgl. http://www.focus.de/digital/computer/hacker-angriffe-cyber-attacken-koennen-so-teuer-werden-wie-hurrikan-sandy_id_7366763.html
51 Vgl. http://www.faz.net/aktuell/wirtschaft/netzwirtschaft/sicherheit-im-internet-der-naechste-angriff-kommt-15081210.html
52 Vgl. http://www.zeit.de/digital/internet/2012-04/rezension-poerksen-entfesselte-skandal
53 Vgl. http://www.zeit.de/gesellschaft/zeitgeschehen/2010-03/nestle-regenwald
54 Vgl. https://www.youtube.com/watch?v=ToGK3-2tZz8
55 Vgl. https://www.nestle.de/unternehmen/frag-nestle/antwort/nestle-palmoel
56 Vgl. https://www.youtube.com/watch?v=xdrkY_NpgrY
57 Vgl. http://www.zeit.de/wirtschaft/unternehmen/2013-02/amazons-abbitte
58 Vgl. https://www.verdi.de/themen/geld-tarif/amazon
59 Vgl. https://www.golem.de/1111/87818.html
60 Vgl. https://www.youtube.com/watch?v=kfVsfOSbJY0
61 Vgl. https://www.youtube.com/watch?v=H9HqWhtrzfU
62 Vgl. http://www.deutschlandfunk.de/social-bots-wahlkampf-der-algorithmen.740.de.html?dram:article_id=376345

63 Vgl. Brodnig, Ingrid: Lügen im Netz: Wie Fake-News, Populisten und unkontrollierte Technik uns manipulieren. Wien 2017
64 Vgl. https://www.welt.de/politik/deutschland/article166016998/Bei-der-AfD-fehlt-offensichtlich-eine-Fehlerkultur.html
65 Vgl. http://www.deutschlandfunk.de/social-bots-wahlkampf-der-algorithmen.740.de.html?dram:article_id=376345
66 Vgl. http://comprop.oii.ox.ac.uk/
67 Vgl. http://www.kas.de/wf/doc/kas_46486-544-1-30.pdf?161222122757
68 Vgl. http://www.zeit.de/digital/internet/2016-10/bundestagswahl-kampf-2017-afd-social-bots
69 Vgl. https://www.heise.de/tr/artikel/Wenn-Bots-Fake-News-verbreiten-3796457.html
70 Vgl. https://twitter.com/boenisch2012
71 Vgl. http://www.mz-web.de/mitteldeutschland/fake-account-von-stahlknecht-bei-twitter--28-jaehriger-magdeburger-student-ist-der-falsche-holger-2684280-seite2
72 Vgl. http://www.mz-web.de/mitteldeutschland/landesregierung-arbeitet-an-gegenstrategie-zu-fake-accounts-2684052
73 Vgl. ebenda
74 Vgl. http://www.mz-web.de/sachsen-anhalt/landespolitik/fake-profile-ministerpraesident-haseloff-hat-tausende-unechte-twitter-follower-25609084
75 Vgl. https://motherboard.vice.com/en_us/article/nz77mq/i-let-a-robot-take-over-my-social-media-for-48-hours
76 Vgl. http://www.mimikama.at/allgemein/in-satira-ver-itas-das-mrchen-von-der-integrationssteuer/
77 Vgl. http://hoaxmap.org/index.html
78 Vgl. http://www.sueddeutsche.de/digital/falschmeldungen-im-internet-diese-karte-entlarvt-geruechte-ueber-fluechtlinge-1.2856642
79 Vgl. http://www.sueddeutsche.de/politik/berlin-marzahn-staatsanwalt-angeblich-vergewaltigtes-maedchen-verbrach-te-nacht-bei-freund-1.2840429
80 Vgl. https://www.merkur.de/lokales/dachau/landkreis/schluss-geruechten-6049789.html

81 Vgl. https://www.morgenweb.de/mannheimer-morgen_artikel,-heidelberg-falsche-geruechte-ueber-fluechtlinge-verbreitet-_arid,713275.html
82 Vgl. https://www.facebook.com/NJOY.de/videos/1015347680701 8229/
83 Vgl. http://www.mimikama.at/allgemein/freikarte-frs-bordell-fr-flchtlinge/
84 Vgl. http://www.huffingtonpost.de/2016/08/26/falschmeldung-fluchtlinge-urinieren-angeblich-an-kirche-_n_11718798.html
85 Vgl. http://www.computerbild.de/artikel/avf-News-Digitalkameras-Fake-Fotos-Studie-18554925.html
86 Vgl. http://www.zeit.de/digital/internet/2018-01/netzwerkdurch-setzungsgesetz-netzdg-maas-meinungsfreiheit-faq
87 Vgl. https://hoax-info.tubit.tu-berlin.de/hoax/keyring.shtml
88 Vgl. http://www.zpd.polizei-nds.de/zpd_aktuell/-108939.html
89 Vgl. http://www.zeit.de/politik/deutschland/2017-06/bamf-asylbewerber-deutschland-jutta-cordt
90 Vgl. http://www.faz.net/aktuell/politik/kampf-gegen-den-terror/attentaeter-der-anschlaege-in-paris-als-fluechtlinge-eingereist-13968835.html
91 Vgl. http://www.spiegel.de/politik/deutschland/islamischer-staat-reisen-terroristen-mit-falschen-paessen-nach-deutschland-a-1069188.html
92 Vgl. http://www.faz.net/aktuell/politik/is-nutzt-soziale-netzwerke-als-medium-des-terrorismus-13216504.html
93 Vgl. http://edition.cnn.com/videos/world/2014/06/03/pkg-paton-walsh-isis-twitter-media-recruitment.cnn
94 Vgl. https://de.wikipedia.org/wiki/James_Foley_(Journalist)
95 Vgl. http://www.sueddeutsche.de/digital/is-video-in-sozialen-netzwerken-virale-propaganda-der-terroristen-1.2095997
96 Vgl. https://www.antworten-auf-salafismus.de/salafismus/zieht-jugendliche-an/index.php
97 Vgl. http://www.n-tv.de/politik/IS-baut-eigenes-soziales-Netzwerk-auf-article19821651.html
98 Vgl. http://www.theatlantic.com/international/archive/2014/06/isis-iraq-twitter-social-media-strategy/372856/

99 Vgl. http://www.spiegel.de/politik/ausland/isis-auf-twitter-die-radikalen-nutzen-social-media-a-975856.html
100 Vgl. http://www.tagesspiegel.de/politik/tv5-monde-is-hacker-legen-franzoesischen-tv-sender-lahm/11611286.html
101 Vgl. http://www.bmi.bund.de/DE/Themen/Sicherheit/IT-Cybersicherheit/Cyberterrorismus/cybersterrorismus.html
102 Vgl. ebenda

Kapitel 4

103 Vgl. http://www.sueddeutsche.de/karriere/digitalisierung-gratisarbeit-gerne-1.2606785
104 Vgl. Lambert, Craig: Zeitfresser. Wie uns die Industrie zu ihren Sklaven macht. München 2015
105 Vgl. http://www.zeit.de/digital/datenschutz/2014-04/big-data-schwangerschaft-verheimlichen
106 Vgl. https://de.wikipedia.org/wiki/Big_Data
107 Vgl. https://netzpolitik.org/2016/98-daten-die-facebook-ueber-dich-weiss-und-nutzt-um-werbung-auf-dich-zuzuschneiden/
108 Vgl. https://allfacebook.de/toll/state-of-facebook
109 Vgl. https://netzpolitik.org/2016/98-daten-die-facebook-ueber-dich-weiss-und-nutzt-um-werbung-auf-dich-zuzuschneiden/
110 Vgl. http://www.sueddeutsche.de/digital/facebook-filterblase-selbst-schuld-1.3479639
111 Vgl. http://www.faz.net/aktuell/technik-motor/digital/datenkrake-abgefischt-von-facebook-14590869.html
112 Vgl. ebenda
113 Vgl. ebenda
114 Vgl. https://de.wikipedia.org/wiki/Cookie
115 Vgl. https://www.golem.de/news/fingerprinting-nutzer-lassen-sich-ueber-browser-hinweg-tracken-1701-125627.html
116 Vgl. https://de.wikipedia.org/wiki/Sitzungsbezeichner
117 Vgl. http://www.henning-tillmann.de/2013/10/browser-fingerprinting-93-der-nutzer-hinterlassen-eindeutige-spuren/
118 Vgl. http://www.zeit.de/digital/datenschutz/2015-07/tastatur-verhalten-analyse-profiling-behaviosec
119 Vgl. https://www.behaviosec.com/demos/

120 Vgl. http://www.zeit.de/digital/datenschutz/2015-07/tastatur-verhalten-analyse-profiling-behaviosec
121 Vgl. https://www.darpa.mil/
122 Vgl. https://www.behaviosec.com/darpa-and-behaviosec-go-beyond-passwords/
123 Vgl. http://www.wiwo.de/technologie/smarthome/sicherheitsrisiko-smart-home-geringes-bewusstsein-fuer-risiken/9583254-2.html
124 Vgl. https://de.wikipedia.org/wiki/Nest_Labs
125 Vgl. https://www.ft.com/content/e472eec2-031b-11e6-af1d-c47326021344
126 Vgl. http://www.chip.de/news/Fieser-Preistrick-bei-Amazon-Zahlen-Apple-Nutzer-wirklich-mehr_107203775.html
127 Vgl. http://www.sueddeutsche.de/wirtschaft/handel-apple-besitzer-zahlen-mehr-wenn-preise-undurchschaubar-werden-1.2982331
128 Vgl. http://www.computerbild.de/artikel/cb-News-Handy-Apps-Studie-iPhone-Besitzer-wohlhabender-als-Android-Nutzer-10786998.html
129 Vgl. http://www.faz.net/aktuell/finanzen/meine-finanzen/geld-ausgeben/dynamische-preise-das-ende-des-einheitspreises-13522679.html
130 Vgl. http://www.berliner-zeitung.de/wirtschaft/rabattmarke-bei-kaiser-s-in-berlin-jeder-kunde-zahlt-einen-anderen-preis-447890
131 Vgl. https://bigbrotherawards.de/
132 Vgl. http://www.fr.de/leben/recht/geldanlage/datenschutz-das-geben-payback-kunden-von-sich-preis-a-509257
133 Vgl. http://www.spiegel.de/lebenundlernen/uni/erbgut-analyse-internetportal-untersucht-dna-auf-krankheitsrisiken-a-830951.html

Kapitel 5

134 Vgl. https://de.wikipedia.org/wiki/Scriptkiddie
135 Vgl. http://www.zeit.de/campus/2017/02/programmieren-digitalisierung-arbeitsmarkt-berufschancen
136 Vgl. Levy, Steven: Hackers: Heroes of the Computer Revolution. Newton, Massachusetts 2010
137 Vgl. http://www.ccc.de/hackerethics?language=de

138 Vgl. http://www.zeit.de/politik/ausland/2017-06/cyberattacke-russland-us-heimatschutzministerium-wahlsysteme
139 Vgl. http://www.n-tv.de/politik/Nordkorea-soll-Rekord-Raub-begangen-haben-article19760450.html
140 Vgl. http://www.dw.com/de/innenminister-de-maizi%C3%A8re-verteidigt-neue-cyber-sicherheitsbeh%C3%B6rde-zitis/a-40514455
141 Vgl. https://www.heise.de/newsticker/meldung/Innenministerium-gibt-Staatstrojaner-FinSpy-offenbar-frei-aber-noch-kein-Einsatz-3959660.html
142 Vgl. https://hpi.de/pressemitteilungen/2016/die-top-ten-deutscher-passwoerter.html
143 Vgl. http://www.deutschlandradiokultur.de/in-meinem-namen-identitaetsdiebstahl-und-die-folgen.976.de.html?dram:article_id=321685
144 Vgl. https://de.norton.com/norton-blog/2016/11/was_ist_spear_phishi.html
145 Vgl. https://www.evz.de/de/verbraucherthemen/vorsicht-falle/lotteriebetrug/
146 Vgl. https://www.heise.de/newsticker/meldung/Spam-Mails-verbrauchen-jaehrlich-33-Milliarden-Kilowattstunden-213130.html
147 Vgl. http://www.smh.com.au/news/technology/web/spammers-a-scourge-to-the-environment/2009/04/16/1239474971863.html
148 Vgl. http://praxistipps.chip.de/wlan-verstecken-so-erschweren-sie-unbefugten-den-zugang_1680
149 Vgl. http://www.zdnet.de/88301165/wikileaks-cia-spaeht-seit-jahren-wlan-router-aus/
150 Vgl. https://blogs.microsoft.com/on-the-issues/2017/05/14/need-urgent-collective-action-keep-people-safe-online-lessons-last-weeks-cyberattack/
151 Vgl. https://www.heise.de/security/meldung/USB-Stick-zerstoert-Computer-3317929.html
152 Vgl. https://www.heise.de/security/meldung/Fast-unauffindbar-Skimming-mit-Deep-Insert-Wanzen-in-Bankautomaten-3199294.html
153 Vgl. https://de.wikipedia.org/wiki/Skimming_(Betrug)
154 Vgl. https://www.heise.de/newsticker/meldung/Polizeiorganisation-Interpol-verstaerkt-Kampf-gegen-Cyberkriminalitaet-2599811.html

155 Vgl. https://de.wikipedia.org/wiki/Hacker_(Computersicherheit)
156 Vgl. https://www.botfrei.de/de/index.html
157 Vgl. http://empownetworks.com
158 Vgl. https://www.wallstreet-online.de/nachricht/9899250-algorithmus-gedanken-cyber-kriminellen
159 Vgl. Hostettler, Otto: Darknet: Die Schattenwelt des Internets. Frankfurt am Main 2017, S. 17
160 Angeblich soll es sogar eine noch dunklere und geheimnisvollere Seite des Darknet geben – Marianas Web, Matrix oder Mutter des Internets wird sie genannt. Und hier sollen die größten Geheimnisse der Menschheit versteckt sein: Staatsgeheimnisse und sogar Dokumente, die die Existenz von Aliens belegen sollen. Der Legende nach sollen nur ganz wenige Hacker Zugang zu diesem Bereich haben. Wir vermuten allerdings, dass es sich bei dieser Geschichte um eine Verschwörungstheorie handelt.
161 Vgl. Hostettler, Otto: Darknet: Die Schattenwelt des Internets. Frankfurt am Main 2017, S. 60
162 Vgl. https://www.gruenderszene.de/allgemein/ross-ulbricht-darknet-silk-road-haft-verurteilung
163 Vgl. https://www.gruenderszene.de/allgemein/silk-road-ross-ulbricht-darknet
164 Vgl. https://www.economist.com/news/business-and-finance/21631360-fbi-try-close-down-silk-road-again-winning-battle-losing-war
165 Vgl. http://www.spiegel.de/wissenschaft/mensch/sexualforschung-paedophile-fantasien-bei-jedem-20-mann-a-1053724.html
166 Vgl. https://www.trendmicro.de/media/wp/tl-forschungspapier-deep-web-whitepaper-de.pdf
167 Vgl. Hostettler, Otto: Darknet: Die Schattenwelt des Internets. Frankfurt am Main 2017, S. 68

Kapitel 6

168 Vgl. https://de.statista.com/statistik/daten/studie/295265/umfrage/polizeilich-erfasste-faelle-von-cyberkriminalitaet-im-engeren-sinne-in-deutschland/
169 Vgl. http://www.sueddeutsche.de/geld/finanzbetrug-der-gefaehrliche-job-als-finanzagent-1.774162

170 Vgl. http://www.polizei-beratung.de/themen-und-tipps/betrug/scamming/romance-scamming/
171 Vgl. https://dejure.org/gesetze/StGB/261.html
172 Vgl. https://www.heise.de/newsticker/meldung/Studie-Illegales-Online-Gluecksspiel-in-Deutschland-boomt-3675519.html
173 Vgl. https://file.gdatasoftware.com/web/de/documents/whitepaper/G_DATA_PC_Malware_Report_Jul-Dez_2015_German.pdf
174 Vgl. https://www.basicthinking.de/blog/2018/02/13/energiebedarf-bitcoin-mining/
175 Vgl. https://www.welt.de/wirtschaft/bilanz/article167051623/So-funktioniert-die-Blockchain.html
176 Vgl. https://blockchain.info/
177 Vgl. https://www.welt.de/finanzen/article171408831/Der-Bitcoin-ist-weniger-anonym-als-gedacht.html
178 Vgl. http://www.focus.de/digital/praxistipps/bitcoin-mining-so-gehts_id_6570065.html
179 Vgl. https://www.basicthinking.de/blog/2018/02/13/energiebedarf-bitcoin-mining/
180 Vgl. https://www.welt.de/wirtschaft/webwelt/article147126453/Darum-habe-ich-mir-einen-Chip-unter-die-Haut-gespritzt.html
181 Vgl. https://iamrobot.de/

Kapitel 7

182 Die jeweiligen Geldinstitute haben unterschiedliche Fristen, innerhalb denen ein Missbrauch angezeigt werden muss.
183 Vgl. http://www.lka.niedersachsen.de/forschung/dunkelfeldstudie/dunkelfeldstudie-befragung-zu-sicherheit-und-kriminalitaet-in-niedersachsen-109236.html
184 Vgl. https://weisser-ring.de/hilfe/wissenswertes/verhaltenstipps
185 Vgl. https://www.bmjv.de/SharedDocs/Gesetzgebungsverfahren/DE/Staerkung_Opferrechte_Strafverfahren.html
186 Vgl. https://weisser-ring.de/node/3503/h2#rechtaufschadens-ersatzundentschdigung
187 Vgl. http://www.sueddeutsche.de/wirtschaft/banken-auf-der-schwarzen-liste-der-banken-1.3557704

188 Vgl. http://www.zeit.de/digital/datenschutz/2014-07/identitaetsdiebstahl-falsche-schufa-daten
189 Vgl. https://www.gesetze-im-internet.de/bdsg_1990/__28a.html
190 Vgl. https://dsgvo-gesetz.de/art-82-dsgvo/
191 Vgl. https://de.statista.com/statistik/daten/studie/203600/umfrage/absatz-von-apples-mac-computern-weltweit/
192 Vgl. https://www.kaspersky.de/blog/is-antivirus-really-dead/9706/
193 Vgl. https://agilebits.com/onepassword
194 Vgl. https://www.eisy.eu/1password-sync-passwort-manager-fuer-mac-windows-iphone-ipad-und-android/
195 Vgl. https://www.google.de/alerts
196 Vgl. https://support.google.com/websearch/answer/1325808?hl=de
197 Vgl. https://www.robinsonliste.de/
198 Vgl. https://sec.hpi.uni-potsdam.de/leak-checker/search?
199 Vgl. ebenda
200 Vgl. https://haveibeenpwned.com/
201 Vgl. https://hacked-emails.com/
202 Vgl. https://www.bmbf.de/de/schneller-als-die-datendiebe-5528.html
203 Call of Duty, ein Ballerspiel
204 Vgl. http://www.sueddeutsche.de/panorama/ice-bucket-challenge-was-sie-ueber-das-phaenomen-eiskuebel-wissen-muessen-1.2102571
205 Vgl. http://www.tagesspiegel.de/weltspiegel/cinnamon-challenge-junge-nach-zimt-spiel-tagelang-im-koma/12777154.html
206 Vgl. http://www.focus.de/familie/videos/salz-und-eis-auf-der-nackten-haut-die-schmerzhafte-kaelte-mutprobe_id_6569582.html
207 Vgl. https://www.austria.info/de/digital-detox
208 Vgl. http://www.reisereporter.de/artikel/2314-digital-detox-6-gruende-fuer-urlaub-im-kraeuterdorf
209 Vgl. http://campgrounded.org/
210 Vgl. Zeitschrift, Kinder und Jugendarzt, Ausgabe 2006/4

Kapitel 8

211 Vgl. http://www.spiegel.de/netzwelt/gadgets/eugene-goostman-computer-besteht-erstmals-turing-test-a-974131.html
212 Vgl. https://de.wikipedia.org/wiki/Turing-Test

213 Vgl. http://www.faz.net/aktuell/feuilleton/medien/hass-im-netz-und-dann-hatten-sie-seine-adresse-15393719.html
214 Vgl. https://www.tagesschau.de/inland/gzwanzig-journalisten-109.html
215 Vgl. https://mmm.verdi.de/recht/die-diskreditierten-stellen-ihre-fotos-aus-45473
216 Vgl. http://www.ardmediathek.de/tv/betrifft-/Betrogene-Liebe-Auf-der-Spur-der-Inter/SWR-Fernsehen/Video?bcastId=1100786&documentId=50795946
SWR-Dokumentation »Betrogene Liebe: Auf der Spur der Internet-Abzocker« aus der Sendung »betrifft«
217 Vgl. http://www.zeit.de/2016/05/online-kommunikation-leben-alltag-auswirkungen
218 Vgl. https://www.heise.de/newsticker/meldung/Umfrage-Nur-16-Prozent-der-Deutschen-verschluesseln-ihre-E-Mails-3720597.html